ESG를 생각하는
소비와 소비자

ESG minded consumption and consumers

서여주 저

🅑 (주)백산출판사

"본 교재는 2022년 우송대학교 대학혁신지원비로 제작되었음"

머리말

최근 들어 ESG에 대한 관심이 고조되고 있고, 누구나 이를 자신의 영역에 접목시키려는 움직임이 광범위하게 일어나고 있다. 코로나로 인해 '삶의 문법'이 달라진 것과 유사한 맥락으로, 기업계에서는 ESG로 인해 '기업의 삶의 문법'이 확연히 달라졌기 때문이다.

ESG에 진정성이 있는 기업은 소비자들이 자신들의 소비 의사결정을 할 때, 중요한 나침반 역할을 한다. 제품이나 서비스만 잘 만들어 파는 기업인가라고 묻는 대신에 창업자나 경영자가 선한 경영철학을 가지고 있는지, 기업이 세금을 잘 내고 경영을 투명하게 유지하고 있는지, 협력업체와 상생은 잘 하는지, 친환경 제품을 생산하거나 사용하는지 등을 따져보는 것이다. 기존에 기업들이 사회적 책임 활동으로 수행해 온 윤리적 생산이나 수익금 기부 등의 활동보다는 기업들이 평소에 만들어 온 전반적인 이미지가 소비자들의 선택에 더 중요한 영향을 미치는 것이다.

따라서 본 책은 ESG의 본질에 대한 이해를 높이기 위해 소비자가 바라본 시선에 초점을 맞추었다. 즉 소비자 관점에서 바라본 ESG를 보다 쉽게 이해하는 데 도움을 주고자 했다.

이 책은 총 5부 12장으로 구성하여 심도있게 다루었다.

제1부는 ESG의 개념과 의의에 관한 내용으로 ESG의 개념과 역사, ESG의 의의, ESG의 특징에 관하여 알아보았다.

제2부는 ESG와 소비에 관한 내용으로 소비 트렌드, 소비자행동 모델에 대하여 설명하였다.

제3부는 ESG와 소비자에 관한 내용으로 소비자의 개념, 소비자 문제, 소비자 가치, 소비자 성격에 관하여 다루었다.

제4부는 ESG와 정부 그리고 민간조직에 관한 내용으로 중앙정부, 소비자단체 및 한국소비자단체협의회, ESG와 연관된 인증제도에 관하여 다루었다.

제5부는 ESG와 기업에 관한 내용으로 ESG와 성공 기업, ESG와 실패 기업에 관하여 다루었다.

이 책을 준비하는 데 여러분이 도움을 주셨다. 무엇보다 무리한 일정에도 기꺼이 출판을 허락해 주신 백산출판사 진욱상 대표님과 책을 만드느라 애써주신 편집부 및 마케팅부 여러분께도 진심을 담아 고마움을 표시하고자 한다.

2023년 2월
서여주

차례

ESG의 개념과 의의

PART

1

ESG를
생각하는
소비와 소비자

01 ESG의 개념과 역사

CHAPTER

1 ESG의 의미

ESG는 환경(Environmental), 사회(Social), 지배구조(Governance)의 영문 첫 글자를 조합한 단어로, 기업의 가치 평가를 할 때 일반적 분석대상인 재무정보의 상대적 개념인 '비재무정보'를 의미한다.

세계 3대 연기금 중 하나인 노르웨이의 국부펀드는 ESG 평가 기준에 따라 석탄, 담배, 핵무기를 생산하는 기업과 환경오염을 일으키는 기업, 부패하거나 인권을 침해하는 기업을 투자 대상에서 제외하고 있다. 마찬가지로 세계 3대 연기금 중 하나인 우리나라의 국민연금기금도 ESG 요소를 투자 결정에 반영하고, 2022년까지 ESG관련 투자를 운용하는 기금의 50%로 확대하겠다고 밝혔다. 기업이 돈을 빌리거나 투자를 받을 때 중요한 평가 기준인 신용등급을 평가하는 스탠더드앤드푸어스(S&P)와 무디스, 피치와 같은 신용평가기관은 이미 2019년부터 기업의 신용을 평가할 때 ESG 요소를 고려해 왔다.

ESG 관련 새로운 규제나 법안도 등장하고 있다. 유럽연합(EU)은 ESG 관련 여러 법안을 도입하고 있는데, 그중에는 기업의 생산·공급망 전체에서 환경과 인권 보호 상황에 대한 조사를 의무화하는 제도도 포함하고 있다. 기업의 ESG 관련 정보를 의무적으로 공개하도록 하는 움직임도 나타나고 있다. 영국은 2025년까지 모든 기업에 ESG 정보 공시를 의무화한다는 계획을 밝혔으며, 우리나라의 금융위원회도 코스피 상장사를 대상으로 2030년까지 기업의 지속가능경영 보고서 공시를 의무화할 계획이다. 이외에도 미국, 일본 등 여러 국가에서 ESG 공시 의무화를 추진하고 있다.

ESG가 다루는 영역은 방대하다. 환경(E)은 오염방지, 지속가능한 자원 사용, 기후 변화 및 탄소 배출, 자연환경 보호 및 복원, 사회(S)는 인권, 노동관행, 공정 운영관행, 소비자 이슈, 지역사회 발전, 지배구조(G)는 주주권리보호, 이사회, 감사기구, 공시 등이 주요 의제이다.

ESG를 구성하는 세부 요소들은 〈표 1−1〉과 같다.

〈표 1−1〉 ESG 구성 세부 요소

환경(Environmental)	사회(Social)	지배구조(Governance)
▶ 기후 변화 ▶ 자원 고갈 ▶ 낭비 ▶ 공해 ▶ 삼림 파괴	▶ 인권 ▶ 현대 노예 ▶ 아동 근로 ▶ 근로조건 ▶ 고용관계	▶ 뇌물 및 부패 ▶ 경영진 보상 ▶ 이사회 다양성 및 구조 ▶ 정치적 로비 및 기부 ▶ 조세 전략

출처 : UN, 「Principles for Responsible Investment」

기업이나 비즈니스의 투자가 갖는 지속가능성 혹은 윤리적 영향력을 대표하는 '3가지 중요 요소'이다. 환경(Environmental) 관련 요소에는 쓰레기와 오염, 자연자원 고갈, 온실효과, 산림의 황폐화, 기후 변화 등이 포함되고, 사회적(Social) 요소에는 취약계층 고용증대, 다양성 추구, 근무환경 개선, 지역사회 개선, 건강과 안정성 제고 등이 있으며, 지배구조(Governance) 요소에는 이사회 역할, 임원 보수체계, 부정부패 방지, 성실 납세전략 등이 있다.

과거에는 기업을 평가함에 있어서 '얼마를 투자해서, 얼마를 벌었는가?' 중심으로 '재무적'인 정량 지표가 기준이었다. 그러나 기후변화 등 최근 기업이 사회에 미치는 영향력이 증가하며 '비재무적'인 지표가 기업의 실질적인 가치평가에 있어서 더 중요할 수 있다는 인식이 늘어나고 있다. 기업의 사회적 책임에 대한 담론이 형성되며, 투자자와 소비자들도 기업을 평가함에 있어 재무적 가치가 아닌 비재무적 가치를 중시하고 있다.

ESG는 비재무정보를 말하지만, 주로 투자 및 그에 대한 성과, 비교를 통한 평가등급 등과 결합한 의미로 사용되기도 한다. 투자의 관점에서 더 좋은 투자 성과를 만들어내기 위해서는 기업의 재무정보뿐만 아니라 환경, 사회, 지배구조 등 비재무정보도 고려해야 한다는 움직임에서 ESG가 시작됐기 때문이다. 따라서 ESG는 기업의 ESG 수준에 대한 평가, 그러한 평가를 가능하게 하는 기업의 비재무적정보 공시, ESG가 좋은 기업들로 구성된 ESG 지수, ESG가 좋은 기업에 투자하는 직간접적 ESG 투자상품의 성과, 성과에 따른 금융소비자의 선택 등 ESG 금융시스템과 밀접한 관계가 있다.

ESG 투자 규모가 확대되면 기업들은 투자를 유치하기 위해 ESG 정보 공시를 확대하고, ESG 경영을 강화하는 선순환 구조에 돌입하게 된다. 기후 재난의 정도와 빈도 증가, 코로나19 등 기업을 둘러싼 경영 환경의 불확실성이 커짐에 따라 투자자들은 ESG 리스크를 줄이는 투자를 하게 되고, 기업의 ESG 경영 도입은 가속화할 전망이다.

2 ESG의 역사

1) 브룬트란트 보고서

ESG의 시작은 ESG라는 용어 자체가 아니었다. '지속가능발전(Sustainable Development)'이라는 용어에서 시작되었다. '지속가능한 발전'은 UN 조직인 '유엔환경계획(United Nations Environment Program, UNEP)'이 1987년 '세계 환경 및 개발위원회(World Commission on Environment and Development, WCED)'에서 발간한 '우리의 공통된 미래(Our Common Future)'라는 선언문을 채택하면서 처음 사용된 용어로 이 선언문은 세계 경제 주체로서 각국이 상호 의존하고 협력하여 다자주의에 입각한 공생적 발전을 도모하자는 취지였다. 여기서 '지속가능발전'이란 '미래 세대가 자신들의 필요를 충족시킬 수 있는 능력을 훼손하지 않으면서 현재 세대가 자신들의 필요를 충족시키는 발전'을 뜻한다. 이는 '브룬트란트 보고서'라고도 부르는데 당시 위원장이 그로 할렘 브룬트란트(Gro Harlem Brundtland) 노르웨이 전 총리였기 때문이다. 정리하면 ESG의 시작은 '지속가능발전'이라는 용어를 본격적으로 사용한 브룬트란트 보고서에서 비롯되었다. 경제 활동뿐만 아니라 환경, 생태계와 사회를 생각하는 공존의 패러다임이 제시된 것이 큰 의미다.

2) 리우선언 '지속가능한 발전'

1992년 브라질 리우데자네이루에서 '지구를 건강하게, 미래를 풍요롭게'라는 슬로건 아래, 178개국 정상은 환경적으로 건전하고 지속가능한 발전을 추진하기 위한 협력 방안으로 27가지 원칙을 채택하였다. 리우데자네이루에서 채택된 선언이라 '리우선언'이라고도 한다.

ESG는 마치 족보를 찾듯이 모두 연결되어 있다. '리우선언' 제1원칙은 '인류는 지속가능에 관한 논의의 중심에 있다.'이다. 브룬트란트 보고서 이후 5년 만에 지속가능발전이란 단어가 활발히 통용되며 국제 용어로 자리 잡은 것이다. '리우선언' 원칙 27가지 모두 개발과 환경의 조화, 국가의 환경보호에 대한 책임 등에 관한 내용이다. 특히 원칙 7은 이후에 기후변화협약의 근간이 되었다.

원칙 7은 '국가는 지구 생태계의 건강과 무결성에 대한 보존, 보호 및 복원을 위해 글로벌 파트너십 정신으로 협력해야 한다. 지구 환경 파괴에 대한 다양한 기여를 고려할 때, 국가는 공통적이지만 차별적인 책임을 지고 있다. 선진국은 지구 환경에 대해 그들이 취하는 압력과 그들이 지휘하는 기술 및 재정 자원을 고려하여 지속가능한 발전을 위한 국제적 추구에 대한 책임을 인식한다.'고 되어 있다. 여기에서 중심적인 단어는 '선진국의 차별적 책임(differentiated responsibilities)'이란 단어다. 선진국은 재원이나 기술이 앞서 있고, 지구 환경 보존에도 경제 활동에 따른 책임이 있으니 그만큼 개발도상국보다 더 책임을 부담해야 한다는 논리였다. 이 표현은 기후변화협약의 아주 중요한 흐름이 되며 '교토의정서'의 키워드가 된다.

3) 유엔환경계획의 3가지 협약

'유엔환경계획'은 리우선언에서 3가지 협약을 채택한다.

① 기후변화협약(United Nations Framework Convention on Climate Change, UNFCCC)

차별화된 책임 원칙에 따라 협약 부속서 1에 포함된 42개국(Annex I)에 대해 2000년까지 온실가스 배출 규모를 1990년 수준으로 안정화시킬 것을 권고하였다. 부속서 1에 포함되지 않은 개도국에 대해서는 온실가스 감축과 기후변화 적응에 관한 보고, 계획 수립, 이행과 같은 일반적인 의무를 부여하였다. 한편, 협약 부속서 2(Annex II)에 포함된 24개 선진국에 대해서는 개도국의 기후변화 적응과 온실가스 감축을 위해 재정과 기술을 지원하는 의무를 규정하였다.

② 생물다양성협약(Convention on Biological Diversity, CBD)

이 협약은 전문과 42개 조항, 2개 부속서로 구성되어 있는데, 국가별 지침을 별도로 마련해 생물자원의 주체적 이용을 제한하고 있다. 이 협약의 주요 목표는 3가지다. 생물다양성 보전, 생물다양성 구성요소의 지속가능한 사용, 유전자원 이용으로 얻은 이익을 공평하게 공유하는 것이다. 이 협약의 원칙은 '국가는 유엔 헌장, 국제법 원칙 및 자국의 환경 정책에 따라 자체 자원을 개발할 주권적 권리와 관할권 또는 통제 내의 활동으로 인해 다른 국가나 자국 관할권을 벗어난 지역에 환경적 피해를 주지 않을 책임을 소유한다.'이다.

③ 사막화 방지 협약(United Nations Convention to Combat Desertification, UNCCD)

이 협약은 197개국 당사국이 있으며 각국은 사막에 사는 사람들의 생활 조건을 개선하고 토지와 토양 생산성을 유지 및 복원하며 가뭄의 영향을 완화하기 위해 협력한다는 것이 주된 내용이다.

4) 교토의정서

1997년 일본 교토에서 당사국들이 모여 의정서(Protocol)이라는 이름으로 체결한 협약이다. 교통의정서는 출범 당시부터 선진국과 개발도상국 간의 '차별적 책임'이 문제가 되었다. 교토의정서가 선진국과 개발도상국을 구분하여 감축 기준, 시한 등을 차별했다는 등의 이유로 온실가스 감축 부담이 컸던 미국의 조지 W. 부시 대통령은 비준을 거부했다. 교토의정서는 조건부 발효였던 터라, 2001년 미국이 탈퇴하면서 발표가 불확실했지만, 2004년 11월 러시아가 비준하여 2005년 2월 16일 국제 협약으로서 공식 발효되었다.

5) 파리기후변화협약

교토의정서는 시도는 좋았지만, 미국의 탈퇴, 중국과 인도의 개발도상국 분류 등으로 활발히 실행되지 못한 면도 있다. 결국 교토의정서는 미완의 상태로 2020년 12월 31일 효력을 다했고, 2021년 1월 부터는 '파리기후변화협약'이 그 자리를 대신하게 된다.

파리 협약의 주요 내용은 모든 회원국의 자발적인 감축 목표 설정으로 교토의정서에서 미진했거나 문제였던 부분을 개선했다. 특히 파리협약은 교토의정서와 달리 미국 바이든 정부가 적극적인 동조를 보여 그야말로 ESG의 E에 관한 국제헌법이 되었다.

파리기후변화협약과 교토의정서의 가장 큰 차이점은 당사국 모두에게 구속력 있는 보편적 감축 의무를 부여하고 있다는 점이다. 각 국가는 자발적 감축목표(Intended Nationally Determined Contributions, INDC)에 따라 온실가스를 저감하고, 5년마다 상향된 목표를 제출하게 되어 있다. '선진국의 차별적 책임' 기조는 유지되었다. 선진국은 절대량을 줄여야 하지만, 개발도상국은 '절대량 방식' 혹은 '배출 전망치 대비 방식' 중 선택하여 온실가스 저감을 추진해야 한다.

파리협약의 공통 목표는 '산업화 이전보다 지구 평균기온 상승을 2℃보다 낮은 수준으로 유지'하는 것이다. 비록 국제법까지 되지는 못하였지만, 파리협약은 195개 전 당사국이 환경보호에 관한 인류 공동의 목표 지점을 찾고, 실행방안에 합의하였다는 점에서 본격적인 기후변화협약이라 할 수 있다.

우리나라는 2015년 제21차 당사국총회(COP21, 파리)에서 2020년부터 모든 국가가 참여하는 신기후체제의 근간이 될 파리협정(Paris Agreement)이 채택되었다. 이로써 선진국에만 온실가스 감축 의무를 부과하던 기존의 교토의정서 체제를 넘어 모든 국가가 자국의 상황을 반영하여 참여하는 보편적인 체제가 마련되었다.

파리협정은 지구 평균기온 상승을 산업화 이전 대비 2℃보다 상당히 낮은 수준으로 유지하고, 1.5℃로 제한하기 위해 노력한다는 전 지구적 장기 목표하에 모든 국가가 2020년부터 기후행동에 참여하며, 5년 주기 이행점검을 통해 점차 노력을 강화하도록 규정하고 있다. 파리협정은 또한, 모든 국가가 스스로 결정한 온실가스 감축목표를 5년 단위로 제출하고 국내적으로 이행토록 하고 있으며, 재원 조성 관련, 선진국이 선도적 역할을 수행하고 여타국가는 자발적으로 참여하도록 하고 있다. 협정은 기후행동 및 지원에 대한 투명성 체제를 강화하면서도 각국의 능력을 감안하여 유연성을 인정하고 있으며, 2023년부터 5년 단위로 파리협정의 이행 및 장기목표 달성 가능성을 평가하는 전 지구적 이행점검(global stocktaking)을 실시한다는 규정을 포함하고 있다.

2015년 12월 파리에서 채택되고, 2016년 4월 22일 미국 뉴욕에서 서명된 파리협정은 10월 5일 발효요건이 충족되어 30일 후인 11월 4일 공식 발효되었다.

파리협정 발효 이후 처음으로 개최된 제22차 유엔기후변화협약 당사국총회(COP22)(2016.11.7.–18)에서는 2018년까지 파리협정 이행에 필요한 세부지침을 마련하자는 데 합의하였다. 이와 관련, 2018년 제24차 당사국총회(COP24, 카토비체)에서는 파리협정 제6조(국제탄소시장) 지침을 제외한 감축, 적응, 투명성, 재원, 기술이전 등 8개 분야 16개 지침을 채택하였다. 그리고 마침내 2021년 제26차 당사국총회(COP26, 글래스고)에서 6년간 치열한 협상을 진행해 온 국제탄소시장 지침을 타결함으로써 파리협정의 세부이행규칙(Paris Rulebook)을 완성하였다.

출처 : 외교부 (https://www.mofa.go.kr/www/wpge/m_20150/contents.do)

6) ESG 용어의 등장

ESG라는 용어는 언제부터 활용되었을까? ESG 용어가 최초로 사용된 것은 2004년 6월 UN 글로벌콤팩트(The Global Compact)가 국제금융공사와 스위스 정부가 공동으로 발간한 '돌보는 자가 이긴다(Who Cares Wins, WCW)'라는 보고서였다. 이 보고서는 자산 규모 총합계 6조 달러인 골드만삭스, 모건스탠리, UBS, 도이체방크 등 23개 금융기관들의 지지를 얻어냈다. 2006년에는 UN PRI(United Nation Principle of Responsible Investment, 유엔책임투자원칙)가 제정되면서, ESG 투자를 지지하는 금융기관들의 참여를 이끌어냈고, ESG 투자가 더욱 널리 알려지게 되었다.

6가지 책임투자원칙은 기관투자자들이 ESG를 투자 의사결정 절차와 주주행동 정책에 포함시켜 책임투자원칙 실행의 효율화를 꾀하도록 하는 ESG 투자의 프레임워크를 처음으로 제시했다. 유엔이 지원하는 국제투자자네트워크인 PRI의 2021년 3월 말 기준 3,826개까지 확대되었고, 서명기관의 운용자산은 총 121조 달러에 달한다. 이는 2006년 설립 당시 6조 달러에서 연평균 22%씩 성장한 것이다. 우리나라에서는 국민연금을 포함해서 11개 금융기관이 서명했다.

① 6가지 유엔책임투자원칙

• 원칙 1. 우리는 ESG 이슈를 투자 분석 및 의사결정 프로세스의 일부로 반영한다.

- 원칙 2. 우리는 ESG 이슈를 오너십 정책 및 관행에 통합하는 적극적인 주인이 된다.
- 원칙 3. 우리는 우리가 투자하고 있는 기업에 대해 ESG 이슈에 대한 적절한 공시를 요청한다.
- 원칙 4. 우리는 투자 산업 내에서 원칙의 수용과 이행을 위해 노력한다.
- 원칙 5. 우리는 원칙을 시행하는 데 있어 우리의 효율성을 높이기 위해 함께 노력한다.
- 원칙 6. 우리는 각각 원칙을 이행하기 위한 우리의 활동과 진척 상황을 보고한다.

이렇듯 ESG는 기관투자자들의 장기 투자 성과 극대화를 위한 모색에서 시작되었지만, 앞에서도 말한 것처럼 환경 문제가 가져온 지속가능성에 대한 고민 역시 ESG 확산에 기여한 바가 크다.

② ISO 시리즈

ISO 국제 표준은 ESG 평가기관의 평가 못지않게 권위를 가진 국제 표준 인증이다. ESG 관련 4대 ISO 표준은 ISO 14001(환경경영), ISO 37031(준법경영), ISO 45001(안전보건경영), ISO 26000(사회적 책임)이다.

- ISO 14001은 기업이 환경경영을 실행할 때 환경경영의 시스템에 대한 요구사항을 지정한다. 환경 목표의 설정, 환경 의무의 준수, 환경 성과의 향상 등을 위하여 기업이 지켜야 할 표준 지침을 망라한 것이다.
- ISO 37301은 기업이 규정과 법률을 준수함으로써 준법 경영을 실행하고 법규 위반으로 인한 손해 및 비용을 감소시킬 수 있는 지침이다.
- ISO 45001은 산업현장에서 발생할 수 있는 각종 위험을 방지하기 위한 지침으로 기업의 안전과 보건 시스템을 마련하고 내재화하기 위한 지침이다.

- ISO 26000은 ESG와 관련하여 가장 많이 인용되는 표준이다. ISO 26000은 기업이 단순한 법규 준수를 넘어 공동의 이익을 촉진하고 기업이 사회적 책임을 다할 수 있는 지침이며, 인증을 받는 것은 적절하지 않고, 다른 사회적 규범과 조화롭게 될 지침이라고 되어 있다.

③ ISO 26000에서 보는 사회적 책임

ISO 26000은 사회적 책임을 조직이 수행하는 데 있어 핵심주체 7가지를 제시했다. 7대 주제는 '거버넌스, 인권, 노동 관행, 환경, 공정 운영 관행, 소비자 이슈, 지역사회 참여와 발전'이다.

- 거버넌스(organizational governance) : 조직은 '사회적 책임 수행을 위한 인센티브를 개발하고, 재무 경영과 같은 민감한 영역에 대해서는 제3자 검토를 포함하도록 조직 구조를 조정하며, 책임과 완료까지 보장할 수 있도록 의사 결정과 실행을 추적하는 방법을 창안하고, 이해관계자들과 의미 있는 양방향 커뮤니케이션 프로세스를 실행하라'라고 되어 있다.
- 인권(human right) : 조직은 '귀 조직의 행동으로 야기되는 실제적, 잠재적 인권 손상을 확인하고, 다루고 방지할 방법으로 실사(due diligence)를 위한 메커니즘을 개발하고, 장애인, 노령자, 이주민과 같은 사람, 인종, 민족이나 종교에 근거하여 역사적으로 차별받아 온 이들, 여성, 원주민 같은 이들처럼 취약한 그룹에 대한 처우를 점검하고 처리와 고충 처리 절차를 제공하라'라고 되어 있다.
- 노동 관행(labor practice) : 조직은 '아동 노동과 강제 노동을 제거하고, 의료 조치 및 노동조합 권리, 단체교섭권, 일시적 노동 불가 휴가 등과 같은 사회적 보호와 같은 법과 규정을 준수하며, 채용과 해고에 있어 차별을 제거하고, 활동에 관련되는 건강과 안전 위험을 이해하고 통제하며, 안전장비와 훈련을 제공하고, 일정 결정을 할 때 노동자의 가정 생활에 대한 영향

을 고려하며, 불공정하고 폭력적인 노동관행(아동 노동 포함)을 사용하는 공급자나 하청업체와의 계약은 회피하라'라고 되어 있다.

- 환경(environment) : 조직은 '공해를 방지하고, 공기, 물, 토양 등에 가능하면 최대한 공해물질 배출을 감소시키고, 공급사의 제품과 서비스가 환경에 미치는 영향을 평가하고 녹색조달(green procurement)을 실행하며, 언제든 가능하다면 지속가능하고 재생가능한 자원을 활용하고, 물을 보존하며, 물을 절약하고, 제품이나 부품을 재사용하며 자원을 재생하는 생활 주기적 접근(life-cycle approach)을 수행하라'라고 되어 있다.

- 공정 운영 관행(fair operating practice) : 조직은 '정직을 실행해야 한다. 뇌물을 멀리하고, 정치적 영향력을 통해 위법을 시도해선 안 된다. 재산권을 존중해야 한다. 귀 조직이 취득하거나 사용하는 재산에 대해서는 정당한 보상을 하여야 한다. 문제에 대한 즉각적인 주목과 즉각적인 보상을 포함하여 공급자와 고객을 공정하게 대우하며, 귀 조직의 가치 사슬과 공급사슬을 점검하고 귀 조직의 공급자들이 그들의 사회적 책임을 완수할 수 있도록 충분히 보상하라'라고 되어 있다.

- 소비자 이슈(consumer issues) : 조직은 '고객의 건강과 안전을 보호하며 제품의 설계와 테스트도 이를 담보한다. 포장재를 최소화하여 쓰레기를 저감하고, 만약 적절하다면 재생과 처리 서비스를 제안하며, 소음과 폐기물처럼 제품과 서비스의 건강과 환경에 부정적인 임팩트를 제거하거나 최소화한다. 제한된 시간, 청각, 해독력을 가진 취약한 개인들의 정보 수요에 특별한 주목을 하라'라고 되어 있다.

- 지역사회 참여와 발전(community involvement and development) : 조직은 '프로그램을 설계하기 전에 지역사회 구성원들과 상의하고, 지역 고용을 창출하는 데 초점을 맞춘다. 지역에 투자할 때는 투자의 경제적, 사회적, 환경적 영향을 고려하고, 지역 주민에 의한 자원의 전통적 사용을 존중하고, 처벌이 없다 하더라도 법상 세금 등 여타 의무를 완수하며, 삶의 질

을 향상하고 지역사회를 지속가능하게 발전시킬 역량을 증대할 수 있는 인프라와 프로그램을 고려하여 사회적 투자를 하라'라고 되어 있다.

④ 지속가능발전목표(UN-SDGs)

2015년 제70차 UN총회에서 2030년까지 달성하기로 결의한 의제인 지속가능발전목표(Sustainable Development Goals, SDGs:)는 지속가능발전의 이념을 실현하기 위한 인류 공동의 17개 목표다. '2030 지속가능발전 의제'라고도 하는 지속가능발전목표(SDGs)는 '단 한 사람도 소외되지 않는 것(Leave no one behind)'이라는 슬로건과 함께 인간, 지구, 번영, 평화, 파트너십이라는 5개 영역에서 인류가 나아가야 할 방향성을 17개 목표와 169개 세부 목표로 제시하고 있다. 유니레버, 파타고니아 등 ESG 경영의 선두주자들은 지속가능경영 목표를 설정할 때 이 지표를 활용하고 있다. 우리나라는 지속가능발전법, 저탄소 녹색성장기본법, 국제개발협력기본법 등 정부정책 및 관련 법을 통해 UN-SDGs의 개별목표를 이행하고 있다.

- Goal 1. No Poverty : 모든 곳에서 모든 형태의 빈곤 종식
- Goal 2. Zero Hunger : 기아 종식, 식량 안보와 개선된 영양상태의 달성, 지속가능한 농업 강화
- Goal 3. Good Health and Well-Being : 모든 연령층을 위한 건강한 삶 보장과 복지 증진
- Goal 4. Quality Education : 모두를 위한 포용적이고 공평한 양질의 교육 보장 및 평생학습 기회 증진
- Goal 5. Gender Equality : 성평등 달성과 모든 여성 및 여아의 권익신장
- Goal 6. Clean Water and Sanitation : 모두를 위한 물과 위생의 이용가능성과 지속가능한 관리 보장

- Goal 7. Affordable and Clean Energy : 적정한 가격에 신뢰할 수 있고 지속가능한 현대적인 에너지에 대한 접근 보장

- Goal 8. Decent Work and Econimic Growth : 포용적이고 지속가능한 경제성장, 완전하고 생산적인 고용과 모두를 위한 양질의 일자리 증진

- Goal 9. Industry, Innovation and Infrastructure : 회복력 있는 사회기반시설 구축, 포용적이고 지속가능한 산업화 증진과 혁신 도모

- Goal 10. Reduced Inequalities : 국내 및 국가 간 불평등 감소

- Goal 11. Sustainable Cities and Communities : 포용적이고 안전하며 회복력 있고 지속가능한 도시와 주거지 조성

- Goal 12. Responsible Consumption and Production : 지속가능한 소비와 생산양식의 보장

- Goal 13. Climate Action : 기후변화와 그로 인한 영향에 맞서기 위한 긴급 대응

- Goal 14. Life Below Water : 지속가능발전을 위한 대양, 바다, 해양자원의 보전과 지속가능한 이용

- Goal 15. Life on Land : 육상생태계의 지속가능한 보호·복원·증진, 숲의 지속가능한 관리, 사막화 방지, 토지황폐화의 중지와 회복, 생물다양성 손실 중단

- Goal 16. Peace, Justice and Strong Institutions : 지속가능발전을 위한 평화롭고 포용적인 사회 증진, 모두에게 정의를 보장, 모든 수준에서 효과적이며 책임감 있고 포용적인 제도 구축

- Goal 17. Partnerships for the Goals : 이행수단 강화와 지속가능발전을 위한 글로벌 파트너십의 활성화

02 ESG의 의의

CHAPTER

1 이해관계자 자본주의

ESG가 각광받게 된 배경에는 환경에서의 관점이 아닌 자본주의의 발전사와 관련된, 더 중심적인 이슈가 있다. 지금까지의 자본주의에서의 기업의 목표는 수익의 극대화, 나아가 주주 이익의 극대화로 대별되는 '주주자본주의(Shareholder Capitalism)'였다. 이는 1970년에 경제학자 밀턴 프리드먼에 의해 제시된 것으로, '프리드먼 독트린(Friedman Doctrine)'으로 불리며 제2차 세계대전 이후 자본주의 경제학의 큰 가정으로 회자되었다. 주주자본주의는 1998년도에 발간된 OECD의 '기업 지배구조(Corporate Governance : A Report to the OECD)' 보고서에서도 그 명맥을 유지하고 있었다.

하지만 최근 들어 이보다 더 큰 개념으로 '이해관계자 자본주의(Stakeholder Capitalism)'가 다수의 지지를 받고 있다. 이 개념은 1973년 다보스포럼이 발표한 '다보스 매니페스토'에서 새롭게 제시되었는데, 기업의 목적을 '여러 이해관계자들의 다양한 이해관계를 잘 조화롭게 하는 것(harmonize the different interest of the stakeholders)'으로 정의하고 있다. 이러한 변화의 움직임은 서서히 형태를 갖춰왔으며, 2019년에는 미국의 상공회의소 격인 비즈니스 라운드테이블(Business Roundtable)이 '기업의 목적에 대한 성명서'를 발표했다. 성명서는 주주자본주의를 탈피해, 모든 이해관계자의 이익에 부합하도록 노력하는 '이해관계자 자본주의'로의 본격적인 이전을 주창하는 내용을 담고 있다. 이러한 변화의 움직임은 대서양을 사이에 둔 영국에서도 나타났는데, 그것이 바로 영국의 유력 경제일간지인 〈파이낸셜 타임즈(Financial Times)〉지가 주창한 '타임 포 리셋

(Time for a Reset)' 운동이었다. 〈파이낸셜 타임즈〉의 수석 경제 평론가인 마틴 울프(Martin Wolf)는 'Rentier Capitalism(불로소득 자본주의)'은 민주주의의 가치를 위협하고 있다고 지적하며, 자본주의의 변화가 필요함을 언급하였다.

자본주의의 병폐에 대한 심각한 인식은 2020년 다보스포럼의 '다보스 매니페스토 II(Davos Manifesto II)'에서 본격화되었다. 2020년은 다보스포럼이 설립된 지 50년이 된 해로, 다보스포럼은 이를 기념해 자본주의의 본질에 대해 재고민했다. 그 결과 2020년의 테마로 '지속가능한 세상을 위한 이해관계자(Stakeholder for a Cohesive and Sustainable World)'를 내세웠고, 다보스 매니페스토 II의 주제도 '제4차 산업혁명 시대의 기업의 보편적인 목적(The Universal Purpose of a Company in the Fourth Industrial Revolution)'으로 결정했다. 다보스 매니페스토는 '이해관계자' 중심 자본주의가 약 47년의 시차를 두고 어떻게 진화해 왔는지를 보여주는데, 관련 내용은 아래 표를 통해 확인 가능하다.

1973년의 다보스 매니페스토 I과는 달리 2020년에 발표된 다보스 매니페스토 II는 본격적으로 이해관계자를 경제활동의 중심에 내세우고, 기업의 목표가 가치를 창출함에 있어서 이해관계자와 직간접적으로 연계되어야 한다(to engate all its stakeholders in shared and sustainable value creation)고 분명히 밝히고 있다. 그리고 기업은 단순한 경제적 주체 그 이상(more than an economic unit)이 되어야 하며, 기업의 성과는 경제적 수익뿐만 아니라, ESG 달성 정도까지도 함께 측정되어 평가해야 한다고 설파하고 있다(나석권, 2021).

〈표 2-1〉 다보스 매니페스토 1973, 2020의 주요 내용과 차이점

다보스 매니페스토 1973 비즈니스 리더 윤리강령	다보스 매니페스토 2020 4차 산업혁명 기업의 보편적 목적
	A. 기업의 목적은 모든 이해당사자를 지속적인 가치 창출에 참여시키는 것이다. 이러한 가치를 창출하는 데 있어 기업은 주주뿐만 아니라 직원, 고객, 공급업체, 지역사회 및 사회 전반에 걸쳐 모든 이해관계자에게 봉사한다. 모든 이해당사자들의 다양한 이해관계를 이해하고 조화시키는 가장 좋은 방법은 기업의 장기적인 번영을 강화하는 정책과 의사결정에 대한 공동의 헌신을 바탕으로 삼는 것이다.
A. 전문경영의 목적은 사회뿐만 아니라 고객, 주주, 근로자, 종업원 등에게 봉사하고 이해관계자의 다양한 이해관계를 조화시키는 것이다.	
B.1. 경영진은 고객에게 서비스를 제공해야 한다. 고객의 요구를 충족시키고 최고의 가치를 제공해야 한다.	i. 기업은 고객의 요구에 가장 적합한 가치를 제공함으로써 고객에게 서비스를 제공한다.
B.2. 경영진은 국채수익률보다 높은 투자수익률을 제공하여 투자자에게 봉사해야 한다. 경영진은 주주들의 수탁자이다.	ii. 회사는 사람을 존엄과 존경으로 대한다. 다양성을 존중하고 근무환경과 직원 복지를 지속적으로 개선하기 위해 노력한다.
B.3. 경영진은 직원들을 섬겨야 한다. 경영진은 직원의 연속성, 실질 소득 향상, 사업장의 인간 등을 보장해야 한다.	iii. 기업은 공급업체를 가치 창출의 진정한 파트너로 간주한다. 신규 시장 진입자에게 공정한 기회를 제공하며, 인권에 대한 존중을 공급망 전체에 통합한다.
B.4. 경영진은 사회에 봉사해야 한다. 미래 세대를 위한 물질적 세계의 수탁자 역할을 맡아야 한다.	iv. 기업은 기업활동을 통해 사회에 봉사하고, 자신이 속한 지역사회를 지원하며, 세금을 공평하게 납부한다. 안전하고 윤리적이며 효율적인 데이터 사용을 보장하고, 미래 세대를 위한 환경 및 물질 세계의 관리인 역할을 한다.
C. 경영진은 자신이 책임지는 기업을 통하여 상기 목적을 달성할 수 있기 때문에 기업의 장기적인 존립을 보장하는 것이 중요하다. 충분한 수익성 없이는 장기적인 존재가 보장될 수 없으므로, 수익성은 경영진이 고객, 주주, 직원 및 사회에 봉사하는 데 필요한 수단이다.	B. 기업은 부를 창출하는 경제 단위 이상이다. 기업은 더 넓은 사회 시스템의 일부로서 인간적이고 사회적인 열망을 충족시킨다. 성과는 주주 수익률뿐만 아니라 환경, 사회, 지배구조 목표 달성 방법에 대해서도 측정해야 한다. 임원 보수는 이해관계자의 책임을 반영해야 한다.
	C. 다국적 기업은 직접 참여하는 모든 이해관계자에게 봉사할 뿐만 아니라 정부 및 시민사회와 함께 전 세계 미래의 이해관계자 역할을 수행한다. 세계 기업 시민으로서 기업의 핵심 역량, 기업가정신, 기술 및 관련 자원을 활용하여 세계를 개선하기 위해 다른 기업 및 이해관계자들과의 협업 노력이 필요하다.

출처 : 김동양 · 황유식(2022)

2 기업변화의 원동력

ESG의 출발점이 기관투자자들의 장기 투자 성과 극대화이기도 하고, 그 위에 전 세계적으로 빠르게 증가하고 있는 ESG 펀드 운용자산이 기업들의 ESG 경영 체제의 도입 확산을 앞당기고 있다. 금융시장 조사 및 투자 관리 서비스 기관인 모닝스타에 의하면, 2021년 1분기 말, 전 세계 ESG 펀드 운용자산은 2조 달러에 육박하며, 기록적인 자금 유입 덕분에 1년 전 대비 2배 이상 늘어난 규모로 성장했다. ESG 펀드는 ESG가 좋은 기업에 직간접적으로 투자하는 상품으로 투자 대상인 기업들은 커져 가는 ESG 펀드의 선택을 받기 위해서라도 ESG 경영에 신경 쓰지 않을 수 없다.

세계 최대 자산운용사 블랙록의 래리 핑크 회장은 고객에 대한 수탁자 책임의 일환으로 2012년부터 연초에 투자하고 있는 기업의 최고경영자에게 지속가능한 장기 성장과 수익성에 도움이 되는 주제들을 담은 서신을 발송해 왔다.

〈표 2-2〉 블랙록 연례 서신 주제의 변화

2012년~2015년	2016년~2017년	2018년~2019년		2020년~2021년
• 우수한 장기 사업 성과를 위한 좋은 지배구조의 필요성	• 환경 및 사회적 요소를 고려한 경영 의사 결정의 필요성	• 외부 이해관계자들의 이익에 대한 부응 및 사회에 대한 더 광범위한 목적의식 필요성	행동 지향적 변화 ⇒	• 기후변화 위기를 투자 위기로 인식 • 지속가능성을 투자의사결정과 리스크 관리 항목으로 고려하기로 결정 • SASB, TCFD 기준을 따르는 공시 요구 • 넷제로 계획 요구

출처 : 김동양 · 황유식(2022)

2000년 서한에서는 기후 변화 위기를 투자 위기로 보고, 지속가능성을 투자 의사결정과 리스크 관리 항목으로 고려하기로 하는 한편, 투자 기업들에게는 지속가능성회계표준위원회(Sustainability Accounting Standards Board, SASB) 및 기후관련재무공시협의체(Task Force on Climate-related Financial Disclosures, TCFD)의 기준을 따르는 공시를 요구했다. 더 나아가 2021년 서한에서는 2050년 넷제로(Net Zero, 대기 중 이산화탄소 제거량과 배출량이 상쇄되어 '제로'가 되는 것) 달성을 위해 투자 기업들로 하여금 사업 모델이 넷제로 경제에서 성공적으로 기능할 수 있는 계획과 해당 계획의 장기 전략과의 통합 및 이사회 검토 진행 상황을 공시하도록 요구했다.

운용자산이 9.5조 달러인 블랙록은 2021년 상반기에만 전 세계 1,604개 기업을 대상으로 ESG 전반에 걸친 2,115건의 주주관여활동(주주들이 기업과의 대화, 비공개 및 공개 서신 발송, 주주제안 등을 통해 기업의 의사결정에 영향력을 행사하여 기업가치 제고를 추구하는 행위)을 벌일 정도로 고객에 대한 수탁자책임에 적극적이기 때문에 투자 대상 기업들은 이 서신을 허투루 볼 수 없는 것이다.

우리나라에서는 2009년 책임투자원칙에 서명한 국민연금이 2018년 스튜어드십 코드(기관투자자들이 타인의 자산을 관리·운영하는 수탁자로서 책임을 충실히 이행하기 위해 만들어진 지침) 도입, 2019년 책임투자 활성화 방안 발표 등을 통해 ESG 투자 규모와 기업의 ESG 경영체제 도입의 판을 키우고 있다.

종합하자면 ESG는 2가지 이슈로 정리할 수 있다. 가시적인 측면에서는 인류의 생명을 위협하는 기후변화의 가속화이고, 철학적·시대적 사고 측면에서는 자본주의의 발전, 즉 주주자본주의에서 이해관계자 자본주의로의 전환이다. 이두 측면에 의해 ESG는 각광을 받게 된 것이다(나석권, 2021).

③ ESG 진화 과정

타임라인별로 본 ESG 관련 주요 이벤트를 간략하게 살펴보면, 우선 기후변화 체제는 1992년 브라질 리우에서 열린 유엔환경개발회의(UNCED)에서 각국 정상이 유엔기후 변화협약에 서명하면서 시작되어, 1997년 교토의정서 채택으로 37개 선진국 중심의 온실가스 감축 의무로 구체화되었다. 이후 2015년 파리협정에서 전 세계 모든 국가가 참여하는 보편적인 기후변화 대응 기조로 전환되었으며, 5년 단위로 각국의 온실가스 배출 현황과 감축 정책 이행 과정을 점검하기로 규정했다.

기후변화에 대응하기 위한 인류의 노력이 전 세계적 합의점을 찾아가면서 ESG는 이런 노력을 측정, 평가, 관리하는 수단으로 주목받고 있고, 특히 세계 각국이 탄소중립, 즉 이산화탄소 배출량만큼 흡수량도 늘려 실질적인 배출량을 0(net-zero)로 만들겠다고 선언하면서 탄소국경제, 플라스틱 규제 등을 도입함에 따라 앞으로 ESG 경영 흐름은 더욱 강화될 것으로 보인다.

출처 : 손광표 · 황원경(2021.09.)

[그림 2-1] 타임라인별로 본 ESG 관련 주요 이벤트

각국 정부도 기후변화 대응 전략을 수립하고 ESG 정보 공시 의무 규정을 마련하고 있다. 2019년에는 유럽연합(EU)이 기후변화와 환경 분야 청사진을 담은 '유럽 그린딜(Green Deal)'을 발표하면서 2050 탄소중립을 선언했고, 2020년에는 중국과 일본 등 주요 국가들의 탄소중립 선언이 이어졌다.

우리 정부도 2020년 12월 관계부처 합동으로 '2050 탄소중립 추진 전략을 수립하고 탄소중립과 경제 성장, 국민 삶의 질 향상을 동시에 달성하겠다고 밝

했다. 산업 부문의 탄소중립 달성을 위한 컨트롤타워로 '탄소중립 산업전환 추진 위원회'를 출범하고, '환경기술 및 환경산업 지원법'을 개정하는 등 관련 산업 경쟁력 강화와 신산업 창출 지원을 위해 다양한 정책을 추진하고 있다.

더불어 ESG 정보 공시 의무화 관련 정책도 마련하고 있다. 2021년 1월 금융위원회는 ESG 정보 공개와 책임투자 확대 추세에 따른 제도적 기반을 마련하기 위해 ESG 정보 자율 공시 규정을 활성화하고 단계적 의무화를 추진하는 '기업공시제도 종합 개선 방안'을 발표했다. 한국거래소는 상장법인의 ESG 정보 공개 활성화를 위해 'ESG 정보 공개 가이던스'를 제정했다. 가이던스는 보고서 작성과 정보 공개 절차 등 기업이 ESG 보고서를 작성할 때 준수해야 할 원칙을 담고 있다. ESG 정보 공개가 자발적 공시에서 의무적 공시로 바뀜에 따라 이제 'ESG는 선택이 아닌 필수'라는 말이 현실이 되고 있다.

〈표 2-3〉 정부2050 탄소중립추진전략

비전	'적응적(Adaptive) 감축'에서 '능동적(Proactive) 대응'으로 : 탄소중립, 경제성장, 삶의 질 향상 동시 달성		
3대 정책 방향	경제구조의 저탄소화	신유망 저탄소산업 생태계 조성	탄소중립 사회로의 공정 전환
10대 과제	• 에너지 전환 가속화 • 고탄소 산업구조 혁신 • 미래 모빌리티로 전환 • 도시·국토 저탄소화	• 신유망 산업 육성 • 혁신 생태계 저변 구축 • 순환경제 활성화	• 취약 산업 계층 보호 • 지역 중심 탄소중립 실현 • 탄소중립사회에 대한 국민의식 제고

출처 : 손광표·황원경(2021.09.)

ESG가 빠른 속도로 확산되면서 기업들도 기후변화 대응 관련 캠페인에 가입하거나, ESG 위원회와 전담 조직을 신설하는 등 자체적으로 노력을 활발히 전개하고 있다.

제조업 분야에서는 2050년까지 전략 사용량의 100%를 태양광, 풍력 등 재생에너지로 전환하겠다는 글로벌 기업들의 자발적 약속인 RE100(Renewable Energy

100%) 캠페인이 화두로 떠올랐다. 2021년 6월 말 기준 전 세계 310여 개 기업이 RE100 캠페인에 참여하고 있으며 애플, 구글, BMW 등 글로벌 기업이 협력업체에도 동참을 요구하고 있다. 국내 기업들도 2020년부터 본격적으로 RE100 참여를 선언하고 나섰으며, 2023년 2월 현재, RE100 정보플랫폼에 의하면 157개 기업이 가입되어 있다.

금융권 역시 그룹 차원에서 ESG 경영전략과 비전을 수립하고, ESG 전담 조직과 의사결정 기구를 신설하며, ESG 관련 상품·투자·대출을 확대하는 등 ESG 확산에 주력하고 있다. 또한 '탈석탄 금융'(국내외 석탄발전소 건설을 위한 프로젝트파이낸싱에 참여하지 않고, 석탄발전소 건설을 위한 채권을 인수하지 않는다는 친환경 금융 전략)을 선언하고, '적도원칙'(대형 개발 사업이 환경 파괴나 인권 침해 등의 우려가 있을 경우 금융 지원을 하지 않는다는 전 세계 금융기관의 자발적 협약)에 가입하는 등, ESG 가치 실현을 위한 움직임도 이어지고 있다.

〈표 2-4〉 국내 RE100 참여 선언 및 가입 기업

선언 일시	기업명(가입 완료 기업)
2020.6	LG화학
2020.11	(주)SK, SK텔레콤, SK하이닉스, SKC, SK실트론, SK머티리얼즈, SK아이이테크롤로지, SK브로드밴드
2021.2	한화솔루션(한화큐셀)
2021.3	아모레퍼시픽, LG에너지솔루션
2021.4	한국수자원공사
2021.6	LS전선
2021.7	현대자동차, 기아자동차, 현대모비스, 현대위아, 현대트랜시스

출처 : 손광표 · 황원경(2021.09.)

4 ESG의 중요성과 우려

1) ESG의 강점

ESG의 장점은 다음과 같다.

첫째, 제품이나 서비스가 지속가능을 지향하다 보면, 실제로 제품과 서비스의 질이 좋아진다. 기업은 순환형 제품을 생산하거나 사회적 가치를 지니는 서비스를 고객에게 제공하기 위해 그 방향으로 자꾸 궁리를 하게 될 것이고, 그 결과물은 실제로 소비자의 선택을 더 받게 될 것이다.

둘째, ESG 경영을 하면 기업과 지역사회, 정부와의 관계가 좋아지면서 여론도 좋아지고, 심지어 국가 지원도 받는 부수효과도 있을 수 있다. 기업 입장에서는 다양한 소스에 접근할 수도 있고, 규제도 덜 받아 기업 경영에 더욱 집중할 수 있다. 특히 세금을 잘 내는 것이 중요하다. 납세를 성실히 하는 것은 ESG 경영의 중요한 가늠자가 되고 있다.

셋째, ESG는 비용절감을 가져다준다. ESG 중 E는 기본적으로 아껴 쓰는 것이다. 공기 중에 탄소를 덜 내보내고, 폐기물을 줄이며, 원단위 에너지 효율을 높이는 것이 ESG의 기본이다. 불필요한 낭비를 하지 않는 것이야말로 ESG의 출발점이다. 투입대비 가장 효율이 좋은 산출을 뽑는 것을 '최적화'라고 한다. ESG는 최적화 경영을 실천하게 해준다.

넷째, 생산성 향상과 우수 인재 영입이다. 기업에 자긍심을 갖는 직원들이 생산성이 좋은 것은 당연하다. 그래서 성과가 좋아지고 생산성이 높아지다 보면, 또 그 기업에는 우수 인재들이 몰려 인사관리 면에서 선순환에 들어가게 된다. 회사의 맨파워도 지속가능해진다는 장점이 있다.

종합하면, ESG는 낭비를 줄이고, 불필요한 자원의 소비를 없애고 우수한 인력을 모으며, 그 인력들이 동기부여가 되어 생산성이 높아진다. 정부로부터 규제를 덜 받고 오히려 호의와 지지를 얻어서 더 좋은 리소스에 접근할 수 있고, 고객 역시 지속가능한 제품이나 서비스를 더 선택한다.

2) ESG의 우려

ESG가 새로운 무역장벽이 되고 있다는 우려도 없지 않다. 유럽연합(EU)은 2022년 12월 12일 수입 공업품에 탄소국경세를 물리는 탄소국경조정제도(Carbon Border Adjustment Mechanism, CBAM) 도입에 합의했다. 이번 합의로 적용되는 품목은 철강·시멘트·비료·알루미늄·전력·수소 등 6개로 기존 입법 초안보다 확대되었으며, 2026년(EU ETS 무상할당 폐지 계획에 따름)부터 2034년까지 단계적으로 도입될 예정이다. 탄소국경조정제도(Carbon Border Adjustment Mechanism, CBAM)는 환경규제가 약한 EU 역외국에서 생산된 제품이 EU 역내로 수입될 경우 제품의 탄소 함유량에 따라 EU ETS에 기반한 탄소 가격을 부과·징수하는 제도로, 적용 대상은 EEA 국가와 스위스를 제외한 모든 EU회원국이다. CBAM은 유럽연합 자국 산업을 보호하고 '핏포55(Fit for 55, 2030년까지 1990년 대비 온실가스 55% 감축)'를 달성하기 위해 유럽연합의 탄소가격 대비 수입 제품에 대해 탄소 배출량 차이만큼을 관세 형태로 물리게 된다.

EU 집행위는 Fit for 55 패키지를 2021년 7월에 제안하였으며, 이의 일부로 탄소국경조정제도(CBAM)의 입법 초안을 공개했다. 이어서 2022년 6월 22일 EU의회 본회의에서 CBAM 도입 법안이 가결 처리되었고, 2022년 12월 12일 EU는 세계 최초로 탄소국경조정제도(이하 CBAM, Carbon Border Adjustment Mechanism) 도입을 합의하였다.

ESG가 기업의 생존과 직결되는 문제로 자리 잡은 가운데, 친환경 기술 개발을 놓고 비즈니스 선점 기회가 열리고 있다. 이 때문에 ESG를 '리스크 관리'이면서 '제2의 배터리'를 찾는 비즈니스 혁신의 기회로 삼아야 한다.

ESG 바람은 슬그머니 사라질 이슈가 아니다. 개별 기업이 스스로 해결할 수 있는 이슈도 아니다. 기업에 일자리가 있고, 기업이 생산하는 제품은 소비자가 쓴다. 그러니 모든 경제주체가 함께 ESG 구현에 나서야 한다.

03 ESG의 특징
CHAPTER

1 CSR(Corporate Social Responsibility)

기업의 사회적 책임(CSR)은, 기업이 이윤 추구 외에 사회적 가치를 위해 어떤 노력을 해야 하고 어떤 책임을 져야 하는지에 대한 논의에서 출발한다. 일찍이 Bowen(1953)은 그의 저서 『기업가의 사회적 책임(Social Responsibilities of the Businessman)』에서 기업가는 사회의 바람직한 목적과 가치를 위해 의사결정을 하고 이를 실천에 옮기는 의무를 지닌다고 규정하였다. 이 정의에 의해 'CSR'이라는 용어가 처음 등장하게 되었으며, 이후 기업의 사회적 책임에 대한 다양한 논의들이 이어졌다. 한편 Friedman(1970)은 기업은 이윤극대화라는 본질적 목적을 추구하는데, 이 과정에서 고용이 창출되고 국가재정이 증대되므로 이윤극대화가 최고의 사회적 책임이라는 주장을 제시했다. 주주 중심의 입장이었던 Friedman은 기업이 본질적 목적인 이윤 추구 외에 다른 사회적 문제에 관심을 기울이는 것은 불필요한 비용 지출이며, 이것은 주주에게 돌아갈 혜택이 줄어드는 것으로서 기업 본연의 임무가 아니라고 하였다. 따라서 그는 기업의 이윤을 극대화하는 것이 곧 사회적 공헌이라고 주장하였다. 그러나 이에 대한 반론으로 기업은 이윤극대화와 더불어 다양한 이해관계자들을 만족시키고 사회적 지지를 얻기 위해 주주, 종업원, 고객, 채권자 및 지역사회 등 경영성과에 영향을 미치는 모든 이해관계자들의 요구를 만족시켜야 한다는 이해관계자론이 제기되었다 (Freeman, 1984). 이러한 이해관계자 이론은 기업의 사회적 책임에 대한 새로운 접근 방식을 제시하고 있다. 기업 본연의 목표가 주주의 이익을 극대화하는 것이지만 그 목적을 실현하기 위해서는 다른 이해관계자들의 이익도 동시에 고려해야 한다는 것이다. 따라서 기업의 목표는 이해관계자 전체의 이익을 증가시키는 것을 전제로 하여 주주의 이익극대화를 추구해야 한다고 하였으며(Hawkins, 2006; Phillips et al, 2003; Wallace, 2003), 사회 문제에 적극적으로 참여하고 이해관계자들이 요구를 받아들인 기업이 결국 주주의 가치를 향상시키는 결과를 가져온다고 하였다(Hillman & Keim, 2001). 이후 CSR의 내용적 연구를 주도한 Carroll(1979, 1991)은 CSR 개념을 4단계 피라미드 모형으로 구분하여, 경제적·법적·윤리적·자선적 책임으로 설명하였다. Carroll의 이론이 현재까지 CSR 연구에 많이 차용되고 있다.

출처 : 이현(2016.09.29)

[그림 3-1] CSR 피라미드 모델

Carroll은 CSR 개념을 4단계 피라미드 모형 가운데 경제적 책임은 기업의 생산 활동을 통하여 가치를 창출하고 고용 및 유효수요를 창출하는 등의 사회적 기여를 의미하고, 법적 책임은 사회가 허용하는 법의 테두리 내에서 공정한 경영을 해야 하는 책임을 의미한다. 윤리적 책임은 법적 강제성은 없지만 사회의 기대에 부합하는 행동을 해야 한다는 것이고, 자선적 책임은 경영 활동과는 직접 관련이 없는 기부, 문화 활동, 자원봉사 등을 의미한다. 또한 CSR을 기업의 주주, 소비자, 근로자, 협력사, 지역사회 등 이해관계자들이 윤리적으로 추구하는 모든 행동으로 규정하면서 기업을 둘러싼 모든 이해관계자 관점을 포괄하여 정의하였다(유승권·박병진, 2017). 사회적 책임 활동은 기업의 긍정적 이미지 제고에 기여하고 기업에 대한 호감도를 상승(Porter & Kramer, 2002)시켜 재구매로 이어지는 역할을 하고 있으며(박상록·박현숙, 2013) 물질적 이윤 추구로만 인식되었던 기업의 브랜드 이미지를 바꾸어 기업 호감도와 명성을 높이고 기업 경영자와 소비자의 우호적 관계를 지속해 나가는 방법이라는 것에 공감하고 있다(Balmer & Greysner, 2006). 또한 CSR과 기업의 재무적 성과 간의 관련성(McWilliams & Siegel, 2000)에 대한 연구도 지속되고 있다. 그리고 기업의 당위적인 차원에서 진행되는 사회적 책임에 대한 논의들을 살펴보면, 보다 장기적 관점에서 지속가능한 발전을 보장하는 기업 성과와 연결시켜 연구하고자 하는 '전략적 CSR'에 관한 연구가 활발하게 진행되고 있다(Lantos, 2001; Porter & Kramer, 2006; 장정우·채서일, 2007; 김진욱·변선영 2011). CSR의 개념이 처음 등장한 시기에는 책임을 포괄하는 범위가 이념적 차원이었다면, 이후 실질적 차원으로 범위가 확장되었고 다시 여러 가지 대안적 개념으로 세분화되는 과정을 거쳐 전략적 CSR로의 전환이 이루어지고 있다.

2 CSV(Created Shared Value)

공유가치창출(CSV)은 자본주의 체계하에서 기업이 사회적 책임을 하면서 기업의 경쟁력을 높일 수 있는 사업적 전략 및 경영활동이다(Porter & Kramer, 2011). CSV는 2006년 1월 FSG의 공동창업자 Porter와 Kramer가 하버드 비즈니스리뷰에 발표한 'Strategy & Society: The Link Between Competitive Advantage & Company Social Responsibility'에서 처음 등장한 개념이다. 기업의 사회적 책임활동에도 불구하고 계속되는 경제, 사회, 환경 문제와 시장경쟁 속 새로운 전략적 패러다임의 필요에 의해 CSV는 연구되기 시작했다(이영일·김영신, 2015). 기업의 이윤추구는 불공정 거래, 빈부 격차 심화, 노동자의 인권침해 등 다양한 사회적 갈등을 유발할 수 있기 때문에 기업과 사회의 이익을 동시에 추구하는

CSV의 중요성이 언급되었다. CSV는 기업과 협력업체, 주주, 구성원, 소비자를 포함하는 이해관계자들이 공유가치를 창출하고, 그 공유가치가 사회적·경제적·문화적 가치로써 합리적 배분을 통해 균형적인 성장을 함으로써 사회와 기업의 동반성장을 유도하는 활동을 의미한다(김세중·박의범, 2012). CSV는 기업의 발전이 사회의 발전으로 이어지고, 또 사회의 발전으로 인해 다시 기업의 발전이 촉진되는 선순환 구조에 있으며(박병진·김도희, 2013), 기업과 사회가 상호 발전하는 것을 의미한다. 즉, 기업이 수익을 창출한 이후 사회공헌활동을 진행하는 것이 아니라 기업의 수익창출활동이 사회적 가치와 경제적 가치를 동시에 창출해 내는 활동이 CSV이다(임종혁·전달영, 2018). Porter와 Kramer(2011)는 CSV는 기업이 사회적 가치 창출과 경제적 수익을 분리해서 계획하는 것이 아니라 기업 활동이 사회적 가치 창출과 경제적 수익을 동시에 추구하는 것으로, 기업 활동이 경제적·사회적 여건을 개선시키면서 기업의 핵심 경쟁력을 강화하는 기업정책 및 경영활동이라고 설명했다. CSV는 기업이 사회와 환경에 부정적인 영향을 미치지 않도록 비즈니스 프로세스를 구성하고 공유 가치를 반영하도록 기업을 경영하는 확장된 의식이다(Pavlovich & Corner, 2014). 다시 말해서, CSV는 기업 성과와 사회구성원의 이익 관계를 이분법적으로 나누는 것이 아니라 사회, 기업, 이익 등이 양립 가능한 관계를 형성할 수 있다는 전제하에 이를 궁극적인 사회발전과 경제적 효율성 추구의 원동력으로 볼 수 있다(나종연 등, 2014). 재무적 성과와 거리가 멀었던 CSR과 달리, CSV는 사회공헌을 기업의 경쟁력 향상과 장기적 발전을 위한 투자로 보고(윤각·이은주, 2014) 사회적 책임과 함께 경제적 이윤을 동시에 추구한다(Porter, 2011; 이영일·김영신, 2015). 이처럼 CSR과 CSV는 공유가치를 창출하는 과정과 목적에 차이가 있다(Porter and Kramer, 2011). 즉, CSR은 브랜드 이미지와 내외부 압력에 의한 사회적 책임 활동이며, CSV는 경제적 가치를 더한 사회적 책임 활동이라는 점에서 차이가 있다. 이렇듯 CSV의 등장으로 인하여 기업들은 공유가치창출을 위한 활동을 하면서 동시에 기업의 이익을 도모할 수 있었다(김세중·박의범, 2012). CSR이 기업의 사회적 영향력을 확인할 수 있도록 도왔다면, CSV는 기업이 사회에서 추구해야 할 존재가치를 확인한다(이영일·김영신, 2015).

3 CSR, CSV, ESG 비교

CSR은 기업활동에 영향을 받거나 영향을 주는 직간접적 이해관계자에 대한 법적, 경제적, 윤리적 책임을 감당하는 경영 기법을 말한다. 20세기 후반 기업활동으로 인한 대형 안전사고, 환경사고, 노동 이슈들이 연이어 대두하면서 CSR이 전 세계적인 화두가 되었다. CSR과 ESG는 비재무요소에 대한 고려와 개선이라는 공통점을 갖고 있지만, CSR이 '시장실패(시장 경제 제도에서 정부의 개입 없이 시장의 기능에만 맡겨둘 경우, 효율적 자원배분이 곤란한 상태)'에 대한 기업의 책임 이행이나, 기업가의 노블레스 오블리주(noblesse oblige)[1]의 실천처럼, 말 그대로 책임에서 시작하여 사회적 가치를 추구하는 활동 자체에 집중한다면, '수탁자책임'에서 출발한 ESG는 모든 비재무요소 개선을 통한 투자 성과에 집중한다. 따라서 CSR의 비재무요소 고려 및 개선은 자선, 기부, 환경보호 등 시혜적 사회공헌활동을 말하고 그에 따른 비용을 수반하지만, ESG 의 비재무요소 고려 및 개선은 투자자와 금융시스템의 요구에 부합하기 위한 투자활동으로, 기업가치의 상승으로 이어지게 된다.

또한 CSR이 사회적 논란을 감추기 위한 선택적인 사회공헌활동으로 악용될 소지가 있는 반면, ESG는 비재무요소의 종합적인 개선의 정도를 평가해 ESG 등급을 산출하고, 투자 성과로 이어진다는 점에서 차별화된다.

마지막으로 ESG가 추구하는 사회적 가치 중에는 CSR에서는 다루지 않는 가치들이 있다. 즉, 기업 구성원까지 포함한 모든 이해관계자의 가치와 지배구조이다. 지배구조는 ESG 경영을 가능하게 하는 컨트롤타워이다. 한마디로 ESG는

---

1) 사회 고위층 인사에게 요구되는 높은 수준의 도덕적 의무

CSR보다 포괄적인 사회적 가치를 실현하고 이에 따른 성과를 지향한다. 이렇듯 ESG와 CSR은 분명 다른 개념임에도 불구하고, 그동안 CSR이 사회책임경영의 대명사로 자리 잡았기 때문에, 최근 ESG 경영 및 투자가 강조되는 상황에서 과거부터 있었던 기업의 CSR 실무조직이 ESG 실무조직 역할을 하는 등 ESG와 CSR이 여전히 혼용되기도 한다.

CSR만큼은 아니어도 자주 쓰이는 CSV는 마이클 포터와 마크 크레이머가 2011년 〈하버드 비즈니스 리뷰〉에 실은 논문, 〈전략과 사회: 경쟁력과 CSR의 관계〉에서 정립된 개념으로 기업이 사회 문제 해결을 통해 경제적 성공도 달성하는 새로운 방법이다. 즉, CSR에서의 사회공헌활동이 기업의 경제적 수익 창출과 괴리된 반면, CSR에서 진일보한 CSV는 기업활동을 통해 경제적 수익과 동시에 사회적 가치를 창출하는 사업 전략이다. 그러나 ESG처럼 투자자 및 금융시스템과의 상호작용을 전제로 하지는 않는다는 점에서 필수적이지 않은, 자발적 사업 전략이며, 지배구조를 명시적으로 다루고 있지 않다는 점도 ESG와 차이가 나는 부분이다.

종합하자면, 각각의 개념은 다음과 같다.

- CSR: 책임에서 시작. 비용을 수반하는 사회공헌활동 자체에 집중
- CSV: 기업활동을 통해 경제적 수익과 사회적 가치를 동시에 창출하는 기업의 자발적 사업 전략
- ESG : 금융시스템과 상호관계 속에서 비재무요소 개선을 통한 기업가치 상승 성과에 집중

〈표 3-1〉 CSR · CSV · ESG 비교

구분	CSR	CSV	ESG
가치	선한 일의 수행	비용 대비 사회적 편익 및 경제적 가치 창출	비용이 아닌 투자 개념 확대
활동	시민의식을 바탕으로 한 자선 및 지속가능성	기업과 공동체 모두를 위한 공동 가치의 창출	비재무적 관점의 평가 시스템 확보
동기	이해관계자의 평판 관리에 중점	경쟁 우위 확보 및 추구	지속가능경영을 위한 생태계 조성
지향점	투자 비용	투자 가치	미래 가치 향상
사회공헌에 대한 의식	수익 창출과는 무관한 사회 활동(비용으로 인식)	이윤 극대화를 위한 요소	장기적 관점의 이해관계자 수익 및 권리 강화
접근	외부 요청에 대한 응답	이윤 극대화 및 경쟁 우위 확보	지속가능 성장 잠재력 제고

출처 : 강진수 · 정대현(2021)

4 ESG를 이끄는, ESG 이니셔티브(Initiative)

ESG를 이해하는 데 있어 ESG를 이끄는 협의체인 이니셔티브에 대한 정보를 파악하는 것이 중요하다. 그러한 관점에서 ESG 이니셔티브에 대해 알아보자.

이니셔티브는 어떤 주제에 대한 논의를 이끌고 실천 방안을 만들어내는 구조를 말한다. 다시 말해, ESG 이니셔티브는 ESG 경영의 목표 설정, 실행, 보고, 평가와 관련된 프레임워크를 제시하는 협의체를 의미한다. 그리고 다양한 이해관계자들이 참여하여 지속가능성과 관련한 주요 이슈를 균형감 있게 논의함으로써 새로운 주제를 주도하고 확산시키는 역할을 한다. 또한 ESG 경영과 평가의 가이드라인이 된다. 그 종류로는 투자기관 중심의 이니셔티브나 다국적 기업 연합도 존재한다. 협업하거나 합병하는 경우도 있다. 최근에는 ESG 정보 공시 기준을 통일하기 위해서 여러 이니셔티브들이 협업하거나 합병하는 경우도 있다(김동양 · 황유식, 2022).

1) UNGC

UNGC(UN Global Compact, 유엔글로벌콤팩트)는 1999년 세계경제포럼에서 유엔 사무총장 코피 아난에 의해 선언된 후 2000년 뉴욕에 본사를 두고 출범했다. UNGC는 기업이 핵심 가치인 인권, 노동, 환경, 반부패 등 4개 분야에 걸친 10대 원칙 및 17개 지속가능발전목표(SDGs)와 같은 포괄적인 유엔의 목표를 기업의 운영과 경영 전략에 내재회시키는 것을 목표로 한다. 그것을 통해 지속가능성과 기업 시민의식 향상에 동참할 수 있도록 권장하고, 이를 위한 실질적 방안을 제시하는 이니셔티브이다. 2021년 7월 현재 162개 국가에서 1만 3,555개 기업 및 기관이 참여하고 있으며, 8만 808건의 보고서를 발간했다. 우리나라에서도 262개 기업 및 기관이 참여했다. UNGC 10대 원칙은 인권 존중, 인권 침해 연루 금지, 결사의 자유와 단체교섭권 보장, 강제노동 금지, 아동노동 금지, 차별 철폐, 환경 문제에 대한 예방적 접근, 환경 책임, 친환경 기술 개발, 부패방지 등이다.

2) UNEP FI

UNEP FI(UN Environment Programme Finance Initiative, 유엔환경계획금융 이니셔티브)는 1992년 유엔환경계획 브라질 리우회의에서 지속가능한 발전에 대한 합의를 계기로 상업은행, 투자은행, 자산운용사들의 제의로 설립된 UNEP와 금융 산업 간의 공공–민간 파트너십이다. 후에 따로 설립된 UNEP 보험 산업 이니셔티브와 2003년 합병했다. UNEP FI는 금융기관의 전반적인 경영활동이 지속가능성을 바탕으로 이루어지는 것을 목표로 한다. 2021년 7월 현재 400여 개의 회원사를 두고 있으며, 한국의 금융 기업 14개사도 회원사이다.

3) PRI

PRI(Principle of Responsible Investment, 책임투자원칙)는 유엔 사무총장 코피 아난 주도로 2006년 설립된 국제적 투자자 네트워크이다. 6가지 책임투자원칙은 기관투자자들이 수탁자책임을 다하기 위해서 ESG를 투자 의사결정 절차와 주주행동 정책에 포함시켜 책임투자원칙 실행의 효율화를 꾀하도록 했다. 유엔과는 창립부터 협력 관계를 유지하고 있는데, 유엔 산하 UNEP FI와 UNGC가 PRI의 이사회 멤버이다. PRI의 서명기관은 2021년 3월 말 현재 3,826개까지 확대되었고, 운용자산은 총 121조 달러에 달한다. 이는 2006년 설립 당시 6조 달러에서 연평균 22%씩 성장한 것이다.

우리나라에서는 국민연금을 포함해서 11개 금융기관이 서명했다. 서명한 기관은 매년 책임투자 이행 상황을 보고하고 그에 대해 6단계로 평가를 받는다. 미흡할 경우 2년간의 재평가 기회가 있지만, 여전히 미흡할 경우 탈락하게 된다.

4) GSIA

GSIA(Global Sustainable Investment Alliance, 글로벌지속가능투자연합)는 2014년 유럽, 호주, 캐나다, 영국, 미국, 일본, 네덜란드 등 7개 국가의 지속가능 투자연합 기관들이 설립한 글로벌 이니셔티브이다.

GSIA의 목표는 지속가능 투자기관의 영향력과 가시성을 글로벌 레벨에서 강화하는 것이며, 전 세계에서 ESG 요소가 기존의 금융시스템과 투자 과정에 통합되는 환경을 만들고자 한다. 격년 발행하는 보고서 〈트렌드 리포트〉를 통해 네거티브 스크리닝(투자 대상 선정을 위해 규칙을 정하고 규칙에 따라 취사선택하는 투자방식), 포지티브 스크리닝, 규범 기반 스크리닝, ESG 통합, 지속가능 테마, 임팩트 및 지역사회, 주주관여활동 등 7가지 투자 전략별 및 지역별 지속가능 투자 규모 통계와 정책, 시장 동향 등을 발표하고 있다.

5) GRI

GRI(Global Reporting Initiative, 글로벌리포팅이니셔티브)는 환경책임경제연합과 유엔환경계획이 중심이 되어 1997년에 설립되었다. 이후 2002년 네덜란드 암스테르담으로 본부를 이전하고 상설기관으로 확대 개편했다. GRI는 지속가능성(기후 변화, 인권, 지배구조 등)과 관련된 비재무적 요소 보고를 위한 글로벌 프레임워크, 가이드라인을 개발하는 비영리기관이다. 현재 VRF와 함께 세계적으로 통용되는 가장 권위 있는 지속가능성보고서 가이드라인인 GRI 기준을 2016년 제정하고 지속해서 개정하고 있다.

GRI 기준은 90개 이상 국가의 NGO, 정부, 기업체 등에서 비재무 정보 공시 기준으로 다양하게 사용되고 있으며, 회계법인 KPMG 조사에 따르면 2020년에는 포춘250 기업(G250, 선정 전 세계 매출액 상위 250개 기업) 중 73%가 GRI 기준을 사용한다고 응답했다(단일 및 공동 기준 합계). 2020년 CDP, CDSB, SASB, IIRC 등과 함께 ESG 공시 표준화를 위한 협업을 결의했다.

6) CDP

CDP(Carbon Disclosure Project, 탄소공개프로젝트)는 전 세계 기업, 도시들의 기후 변화 대응 및 환경 관련 정보공개 시스템을 제공하는 비영리단체로 2000년 설립되었다. CDP 글로벌이 CDP 월드와이드그룹, CDP 노스아메리카, CDP 유럽 AISBL을 지배하는 구조로 50개 이상 국가에 거점을 보유하고 있다. 현재 90개 이상 국가 소재 기업 및 도시들이 CDP를 통해 정보공개를 하고 있다. 또한 CDP는 제공된 정보를 활용하여 각국의 9,600개 이상의 기업, 800개 이상의 도시에 대해 기후 변화, 수자원, 산림자원 등 세 가지 영역에 대한 평가를 A~D 및 F등급으로 공개하고 참여 기관의 기후 변화 대응과 환경 관리에 대한 인센티브를 제공한다.

2020년 기후 변화 277개 기업, 수자원 106개 기업, 산림자원 16개 기업이 A등급을 받았으며, 우리나라에서는 LG디스플레이 등 4개 기업이 기후 변화, 수자원에서 동시에 A등급을 받았다. CDP를 통한 정보 공개는 TCFD 공시와도 문항 간 유사성 및 관련성이 크기 때문에, CDP 정보 공개를 통해 TCFD 공시 가이드라인 역시 상당 부분 충족할 수 있다. 2020년 GRI, CDSB, SASB, IIRC 등과 함께 ESG 공시 표준화를 위한 협업을 결의했다.

7) CDSB

CDSB(Climate Disclosure Standards Board, 기후공시기준위원회)는 세계경제포럼에서 제기된 환경정보 공시의 일관성 및 통합성 결여 문제를 개선하기 위해 출범했다. CDSB는 기후 변화와 관련된 정보를 금융 공시 시스템에 통합함으로써, 투자자 및 금융시장에 중요한 비재무적 정보를 제공하는 비영리기관으로 기업과 환경 NGO의 국제 컨소시엄이다. CDSB는 환경정보 공시 프레임워크를 제공하여 현존하는 기준과 사례들이 어떻게 금융시스템과 기후 변화 정보 통합에 사용될 수 있을지를 살피는 협력 포럼의 역할도 수행하고 있다.

CDSB 공시 프레임워크는 2018년 4월에 업데이트되었으며, 일관성을 위해 TCFD, GRI, CDP 등 각종 주요 공시 가이드라인에 적용될 수 있도록 만들어졌다. 또한 회계사, 교수 등 외부 인력으로 구성된 기술적 업무그룹을 통해 CDSB 공시 프레임워크를 관리하고, 이해관계자들의 소통을 촉진하는 시스템도 보유하고 있다. 2020년 GRI, CDP, SASB, IIRC 등과 함께 ESG 공시 표준화를 위한 협업을 결의했다.

CDSB는 ESG 공시 기준 통합에 활발한 행보를 보이고 있는 IFRS 재단에 2022년 1월 통합되었다.

8) VRF

VRF(Value Reporting Foundation, 가치공시재단)는 2021년 6월 SASB(지속가능성회계표준위원회)와 IIRC(국제통합보고위원회)가 합병되어 만들어진 재 단으로, 지속가능성, 전략, 거버넌스 등 비재무요소 공시를 위한 통합적 프레임워크와 가이드라인을 제공한다. 2011년 설립된 SASB는 11개 산업의 총 77개 하부 산업군별로 세분화된 비재무정보 공개 지침과 산업별로 다르게 적용되는 이슈별 중대성 정도에 특화되어 있고, 2010년 설립된 IIRC는 기업의 재무성과와 비재무성과를 통합적으로 공개하는 기준에 특화되어 있기 때문에, 양사 간 합병 시너지가 기대된다.

합병이 이뤄지기 전까지 2014년 IIRC가 주도한 CRD를 통해 8개 ESG 이니셔티브들이 ESG 공시 기준 통합 논의를 시작했고, 2020년에는 그중 GRI, CDP, CDSB, SASB, IIRC 등 5개 기관이 ESG 공시 표준화를 위한 협업을 결의한 바 있다. VRF는 IFRS와 같은 전통적 회계 기반 공시 기구들과도 긴밀하게 협업하여, 궁극적으로는 더욱 통합적이며 유용한 공시 시스템을 만드는 것을 목표로 삼고 있다.

VRF는 ESG 공시 기준 통합에 활발한 행보를 보이고 있는 IFRS재단에 2022년 6월 통합될 예정이다.

9) TCFD

TCFD(Task Force on Climate-related Financial Disclosures, 기후관련재무공시협의체)는 2015년 G20 산하에 국제 금융규제·감독 역할을 하는 금융 안정위원회에서 설립했다. TCFD는 기후 변화와 관련된 데이터를 기존 금융 공시 자료에 적용할 수 있는 프레임워크를 개발하는 이니셔티브이다. 2017년 발표한 TCFD 권고안은 지배구조, 전략, 리스크 관리, 지표 및 목표치 등 4개 주요 공개 항목에 걸쳐 기업이 조직의 위험 관리 및 의사결정에 반영하도록 하는 것을 목표로 한다.

2020년 블랙록 CEO 연례 서신에서 TCFD 기준에 따른 공시를 요구한 이후로 빠르게 확산해, 2021년 7월 현재 전 세계 88개 국가에서 2,300개 이상의 정부, 기업 등 기관이 TCFD 권고안을 지지하고 있고, 우리나라에서도 67개 기관이 지지한다. 국가별 ESG 공시 의무화나 ESG 공시 기준 통합 방안에서도 가장 많이 언급되는 기준 중 하나이다.

10) VBA

VBA(Value Balancing Alliance, 가치균형연합)는 2019년 화폐화 기반 사회적 가치 측정 표준 개발을 위해, BASF 등 8개 다국적 기업들이 설립한 글로벌 민간 협의체이다. VBA는 사업의 환경적, 사회적 영향을 정량화하여 비교 가능한 금융 데이터화하고 궁극적으로는 하나의 일관적이며 국제적으로 통용 가능한 지속가능성 평가 및 비교 방법론을 만드는 것을 목표로 하는 다국적 기업 연합이다. 해당 방법론은 회원사들이 유효성 및 유용성을 테스트하고 있다. 세계 4대 회계법인 KPMG, EY, 딜로이트, PWC가 무료 봉사 컨설팅을 맡고 있고, 현재 18개 회원사 중에는 우리나라의 SK, 신한금융지주도 포함되어 있다.

5 평가 지표 및 평가기관

1) K-ESG

기업의 ESG활동 추진에 대한 필요성이 높아지고 있으나, 시작에 대한 어려움과 목표를 어떻게 설정해야 하는지, 구체적인 실천방안에 대해 특히 중소기업은 더욱 어려워하고 있다. 또한 국내외 600개 이상의 ESG 평가지표들이 제시되고 있으나, 기업 내부에서 평가기준, 평가방식을 파악하기 어려운 상황이다. 이에 정부는 기업이 우선적으로 고려해야 할 K-ESG 경영요소와 평가기관에서 가장 많이 다룬 항목을 제시하여, 국내외 주요 13개 평가지표와 공시기준 등을 분석하여 공통적이고 핵심적인 61개 사항을 마련하였고, 주요 평가기관들이 사용하는 공시방법, 사용 단위 등 항목별 평가기준 기반의 항목해설서를 제공하여 기업 사용자의 이해도를 제시하였다. 또한 각 분야별 전문가, 전문기관, 관계부처 의견 등을 반영하여 글로벌 기준에 충족하면서도 국내 기업이 활용 가능한 문항으로 구성하였고, 글로벌 기준 중심의 기본진단 항목, 일부 사용되고 있는 국내 제도의 중요한 ESG 활동 요소를 추가진단항목으로 구분하여 제시하였다. 일반기업을 대상으로 ESG 활동 수준을 높이기 위한 방향성을 제시하는 것에 초점을 두고 기업 스스로 ESG 활동 목표수립이 용이하도록 활용가이드를 제시하였고 기업을 대상으로 ESG 활동수립을 하고자 하는 중소 · 중견기업이 먼저 활용할 수 있는 27개 항목을 선별하여 제시하였다. 평가 및 검증기관은 ESG 평가를 진행할 경우 K-ESG 가이드라인을 활용하여 설계하고 평가 · 검증기관의 수요를 고려하여 기본 진단항목 외의 대체 및 추가 항목을 제시하였다. K-ESG 가이드라인은 ESG 정의를 기반으로 하여 ESG 관련 정보 공개여부 측정 항목을 추가하여, 정보공시, 환경, 사회, 지배구조 4개의 영역을 기준으로 가이드라인 대분류를 설정하였다. 각 항목은 조직의 ESG 성과를 진단하기 위한 항목을 설명하고, 기본 진단항목의 단계별 상세 기준 및 방향성, 자가 진단을 위한 기본 진단항목에 대한 상세 설명, 기본 진단항목 외 추가/대체 활용가능한 추가 진단항목, 다양한 이해관계자가 활용할 수 있는 활용방안 등을 발표하였다.

〈표 3-2〉 K-ESG 진단항목 체계

분류		세부내용
정보공시 (5개 문항)	정보공시형식	ESG 정보공시 방식, ESG 정보공시 주기, ESG 정보공시 범위
	정보공시 내용	ESG 핵심이슈 및 KPI
	정보공시 검증	ESG 정보공시 검증
환경 (17개 문항)	환경경영 목표	환경경영 목표 수립, 환경경영 추진체계
	원부자재	원부자재 사용량, 재생 원부자재 비율
	온실가스	온실가스 배출량, 온실가스 배출량(Scope1 & Scope2) 검증, 온실가스 배출량(Scope3) 검증
	에너지	에너지 사용량, 재생에너지 사용 비율
	용수	용수 사용량, 재사용 용수 비율
	폐기물	폐기물 배출량, 폐기물 재활용 비율
	오염물질	대기오염물질 배출량, 수질오염물질 배출량
	환경 법/규제위반	환경 법/규제 위반
	환경 라벨링	친환경 인증 제품 및 서비스 비율
사회 (22개 문항)	목표	목표 수립 및 공시
	노동	신규 채용 및 고용 유지, 정규직 비율, 자발적 이직률, 교육훈련비, 복리후생비, 결사의 자유 보장
	다양성 및 양성평등	여성 구성원 비율, 여성 급여 비율, 장애인 고용률
	산업안전	안전보건 추진체계, 산업재해율
	인권	인권정책 수립, 인권 리스크 평가
	동반성장	협력사 ESG 경영, 지원, 협약사항
	지역사회	전략적 사회공헌, 구성원 봉사 참여
	정보보호	정보보호 시스템 구축, 개인정보 침해 및 규제
	사회 법/규제위반	사회 법/규제 위반
지배구조 (17개 문항)	이사회 구성	이사회 내 ESG 안건상정, 사외이사 비율, 대표이사 이사회 의장 분리, 이사회 성별 다양성, 사외이사 전문성
	이사회 활동	전체 이사 출석률, 사내이사 출석률, 이사회 산하 위원회, 이사회 안건 처리
	주주권리	주주총회 소집 공고, 주주총회 개최일, 투표제, 배당정책 및 이행
	윤리경영	윤리규범 위반사항 공시

감사기수	내부감사부서 설치, 감사기구 전문성
지배구조 법/규제 위반	지배구조 법/규제 위반

출처 : K-ESG 가이드라인(2021)

2) MSCI ESG 평가기관

MSCI는 모건스탠리의 자회사로 전 세계적으로 가장 공신력 있는 ESG 평가기관으로 전 세계 주식, 채권, 헤지펀드 지수를 제공하여 산업별 자본 및 채권발행 규모를 기준으로 평가 대상을 선정하고 있다. 1년에 2~3회 수시로 평가를 진행하며, 대기업의 경우 평가 후 평가결과보고서를 제공하고 있다.

MSCI는 2010년부터 ESG 평가를 시작하였으며, 현재 약 8,500개 기업을 대상으로 평가를 시행하고 있다. 심층적인 기업 리뷰는 연 1회 진행하지만, 투자자 정보 제공을 위해 주 단위로 업데이트된 정보를 제공하고 있다.

MSCI ESG 평가의 평가 대상 정보는 기업의 홈페이지와 지속가능성보고서 공시자료, 정부 및 NGO의 데이터베이스, 미디어조사 등을 활용하여 수집된다. 다른 평가기관과 달리 별도 질문지 조사는 진행하지 않고 있다.

평가등급은 신용평가 등급과 유사한 AAA-CCC 7개 등급으로 부여된다. 평가지표는 총 37개 ESG 이슈에 대해 자체 개발한 지표로 평가를 수행하고 있다(양진수, 2021).

〈표 3-3〉 MSCI ESG 평가항목

분류		세부내용
환경	기후변화	• 탄소배출 • 탄소발자국 • 자금조달의 환경영향 • 기후변화 취약성
	천연자원	• 물부족 • 생물다양성 및 토지 사용 • 원자재 조달
	오염물질 및 폐기물	• 유독성 물질 배출 • 패키징 원자재 • 전력낭비
	환경 관련 기회	• 친환경 기술 기회 • 근린빌딩기회 • 신재생에너지 기회
사회	인적 자원	• 노무관리 • 보건&안전 • 인적 자본 개발 • 공급망 근로기준
	제품책임	• 제품 안전&품질 • 화학제품 안전 • 금융소비자 보호 • 개인정보 및 데이터 보안 • 사회책임 투자 • 보건&인구구조 위험
	이해관계 상충	• 논쟁의 원천
	사회적 기회	• 의사소통, 재무적 접근성 • 의료서비스 접근성 • 보건 및 건강 기회
지배구조	기업 지배구조	• 이사회 다양성 • 경영진 임금 • 오너십, 회계
	기업 행동	• 기업윤리 • 비경쟁요소 • 세금투명성 • 부정부패 불안전성 • 재무관리 체계 불안정성

출처 : MSCI 홈페이지

3) 랩리스크 ESG 평가기관

랩리스크(RepRisk)는 가장 오래된 ESG 평가지표 중 하나로 1998년부터 평가를 시작하여 현재 약 8,400개 기업에 대해 평가를 수행하고 있다. 평가대상 정보는 80,000여 개의 미디어 및 이해관계자 데이터소스를 기반으로 자동 모니터링을 수행하고 있으며, 일 단위로 ESG 정보를 업데이트하는 것을 원칙으로 하고 있다. 랩리스크는 CDP(Carbon Disclosure Project)와 UNPRI와 파트너로 정보를 공유하고 있는 가장 영향력 있는 ESG 평가기관 중 하나이기도 하다. 평가지표는 4개의 대분류와 총 28개의 이슈로 구성되어 있으며, 크로스 이슈(cross-cutting issues) 항목을 통해 ESG 전체 이슈를 총괄 관리하는 규정을 두고 있다. 크로스 이슈는 사회적 논란(제품 또는 서비스), 보건과 환경 이슈(제품), 공급망 관리, 국내법/국제법 위반 등이다(양진수, 2021).

〈표 3-4〉 K-ESG 진단항목 체계

분류		세부내용
크로스 이슈 (Cross-cutting issues)		• 사회적 논란(제품 또는 서비스) • 보건과 환경 이슈(제품) • 공급망 관리 • 국내법 위반 • 국제법 위반
환경		• 기후변화, 온실가스 배출량, 글로벌 오염 • 지역(local) 오염 • 환경, 생태계, 생물다양성에 미치는 영향 • 자원 오남용 • 폐기물 문제 • 동물학대
사회	지역사회	• 인권침해와 이와 관련된 기업의 공모 • 지역사회에 미치는 영향 • 지역사회 발전에 대한 참여 • 사회적 참여
	임직원	• 강제노동 • 아동노동

	• 단체교섭 및 결사의 자유 • 노동자 차별 • 직장 내 보건과 안전 • 열악한 고용 조건
지배구조	• 부패, 뇌물, 착취, 자금세탁 • 임원 보상 문제 • 잘못된 의사소통 • 사기 • 탈세 • 조세 최적화 • 반경쟁관행

자료 : RepRISK 홈페이지

4) 한국ESG구조원 ESG 평가기관

한국ESG구조원으로 국내에서는 가장 영향력 있는 ESG 평가기관이다. 2003년부터 실시해 오던 지배구조 평가와 더불어 ESG에 발맞춰 환경과 사회책임을 추가하고, 2011년부터 경제협력개발기구(OECD) 기업지배구조 원칙과 사회적 책임에 관한 국제표준 ISO26000 등과 관련된 국제기준을 충족하는 ESG 평가모형을 개발하였다. 주로 상장법인의 ESG 활동을 평가하여 그 결과를 바탕으로 ESG의 각 부문별 등급과 ESG 통합등급 등 4개의 등급을 발표해 오고 있으며, 매년 3월과 6월에 평가를 시작하여 10월에 정기평가로 등급을 부여한다.

ESG 등급 평가결과는 2015년부터 한국거래소 KRX 사회책임투자지수(SRI Index)인 KRX ESG Leaders 150, KRX Governace Leaders 100, KRX Eco Leaders 100, KRX ESG 사회책임경영지수(S), KRX KOSPI 200 ESG 등의 종목구성에도 활용되고 있다(채건석, 2020).

현재까지 ESG 평가를 통해 기업의 지속가능성을 유도하고 이해관계자에게 정확한 판단 정보를 제공하고자 노력하고 있다. 이해관계자는 기관투자자, 국내 상장기업, 자본시장 인프라, 정부 등이다(안용준, 2021).

〈표 3-5〉 ESG 항목별 핵심지표

구분	핵심지표
환경	• 환경경영인증 • 환경 정보 공개 • 국제이니셔티브 참여 • 환경 경영 조직 • 환경 교육 • 환경 성과 평가 • 온실가스 배출량 • 에너지 사용량 • 유해화학물질 배출량 • 용수 사용량/재사용량 • 폐기물 배출량/재활용량
사회	• 기간제 근로자 비중 • 인권보호 프로그램 운영 • 여성 근로자 비중 • 협력사 지원 • 공정거래 프로그램 • 부패방지 프로그램 • 제품 및 서비스 안전성 인증 • 사회공헌 지출액
지배구조	• 주주총회 • 배당 • 기업지배구조 공시 • 이사회 독립성 • 이사회 운영 실적 • 이사회 내 전문위원회 • 감시기구 • 감사위원회 운영 현황 • 외부감사인 독립성 • 이사회운영규정 등 공개 • ESG등급 공개

출처 : 한국ESG구조원(2022)

ESG 등급명칭 및 의미는 〈표 3-6〉에 작성하였다. ESG 평가는 기업의 지속가능경영과 사회적 책임에 대한 관심이 증가함에 따라 평가절차와 방법을 개선하고 있다. 다양한 선행 연구에서 한국ESG구조원이 발표하는 ESG 자료를 활용하였으며, 그 밖에 경제정의실천시민연합(경실련) 산하 경제정의연구소에서 평가하는 경제정의지수(KEJI Index)와 함께 발표된 자료를 활용해 2015년부터 2018년까지 ESG활동이 기업 가치에 미치는 효과를 분석하여, ESG 성과와 기업 가치 간의 관계는 대체적으로 유의하였으며 외국인 투자자의 지분이 많고 기업 경영의 글로벌화가 많이 전개되는 기업에서 ESG활동의 효과가 큰 것으로 확인 하였다(정무권 외, 2020)

〈표 3-6〉 ESG 등급 명칭 및 의미

등급	의미
S	지배구조, 환경, 사회 모범규준이 제시한 지속가능경영 체계를 매우 충실히 갖추고 있으며, 비재무적 리스크로 인한 주주가치 훼손의 여지가 매우 적음
A⁺	지배구조, 환경, 사회 모범규준이 제시한 지속가능경영 체계를 충실히 갖추고 있으며, 비재무적 리스크로 인한 주주가치 훼손의 여지가 상당히 적음
A	지배구조, 환경, 사회 모범규준이 제시한 지속가능경영 체계를 적절히 갖추고 있으며, 비재무적 리스크로 인한 주주가치 훼손의 여지가 적음
B⁺	지배구조, 환경, 사회 모범규준이 제시한 지속가능경영 체계를 갖추기 위한 노력이 다소 필요하며, 비재무적 리스크로 인한 주주가치 훼손의 여지가 다소 있음
B	지배구조, 환경, 사회 모범규준이 제시한 지속가능경영 체계를 갖추기 위한 노력이 다소 필요하며, 비재무적 리스크로 인한 주주가치 훼손의 여지가 있음
C	지배구조, 환경, 사회 모범규준이 제시한 지속가능경영 체계를 갖추기 위한 노력이 절대적으로 필요하며, 비재무적 리스크로 인한 주주가치 훼손의 여지가 큼
D	지배구조, 환경, 사회 모범규준이 제시한 지속가능경영 체계를 거의 갖추지 못하여 비재무적 리스크로 인한 주주가치 훼손이 우려됨

자료 : 한국ESG구조원(2022)

5) 서스틴베스트 ESG 평가기관

서스틴베스트는 국내 평가기관으로 한국적 상황에 맞게 개발한 자체 평가 모델 ESG Value를 통해 국내 기업에 대해 ESG 평가를 시행하고 있으며, UNPRI, UN Global Compact 등에 가입하여 활동하고 있다. 평가대상은 국내 1,000개 이상의 상장사를 대상으로 하며, 평가대상 정보는 기업보고서 및 공시자료, 뉴스, 공공부문 데이터 등에 대한 데이터 수집을 알고리즘을 통해 자동화하였다. 평가는 국내 ESG 관련 정책, 학계 및 산업계 관계자들과의 인터뷰, 증권사 애널리스트와의 설문조사 등을 통해 수행된다. 이해관계자 관점에서 기업의 가치사슬과 ESG 성과 간의 관계를 분석, 기업의 리스크와 기회요인을 평가하고 있다. 서스틴베스트 평가지표는 랩리스크 평가지표의 크로스이슈와 같이 공급망 관리와 고객관리 부문을 모든 부문에 추가하여 차별화하고 있다(양진수, 2021).

〈표 3-7〉 서스틴베스트 ESG Value 평가항목

분류		세부내용
환경	혁신활동	• 친환경 혁신역량 • 환경성 개선성과 • 환경경영시스템 인증
	생산공정	• 환경사고 예방 및 대응 • 공정관리 • 온실가스
	공급망 관리	• 친환경 공급망 관리
	고객관리	• 그린마케팅
사회	인적 자원 관리	• 근로조건 • 고용 평등 및 다양성 • 노사관계 관리 • 근로자 보건 및 안전
	공급망 관리	• 공정거래 • 상생협력 • 공급사슬관리
	고객 관리	• 고객정보보호 • 소비자만족경영 • 품질관리

	사회공헌 및 지역사회	• 국제 이니셔티브 가입 및 활동 • 사회공헌활동 • 지역사회 관계
지배구조	주주의 권리	• 경영권 보호장치 • 주주총회 • 주주가치 환원
	정보의 투명성	• 공정공시 • 공시위반 • 회계 투명성
	이사회의 구성과 활동	• 이사의 선임 • 이사회의 구성 • 이사회의 활동 • 감사 및 감사위원회
	이사의 보수	• 이사 보수의 적정성 • 보상위원회
	관계사 위험	• 관계사 우발 채무 • 관계사 거래 • 내부거래 위반
	지속가능경영 인프라	• 지속가능경영 거버넌스 • 지속가능경영 보고 • 윤리경영

자료 : 서스틴베스트 홈페이지

6) 경제정의연구소 KEJI 지수

KEJI 지수는 1991년 경제정의실천시민연합(이하 경실련) 산하 (사)경제정의연구소가 개발한 것으로, 기업의 사회적 책임을 국내 최초로 평가하는 지수이다. 기업이 윤리경영을 근간으로 하여 사회공동체에 대한 책임의식을 가지고 사회 환원에 먼저 실천하여 시민기업이 될 수 있는 문화를 조성하는 것을 목적으로 하고 있다. 1991년에 개발된 이후 꾸준히 시행되고 있으며, 글로벌 금융위기가 발생했던 2008년을 제외한 매년 평가를 시행하여 그 결과를 발표하고 있다

매년 전년도 코스피 시장 상장기업을 대상으로 '3개년 순이익 적자회사, 자본잠식, 이자보상배율 1.0 미만 기업, 합병회사, 결산기 변경사, 신규상장사, 관리

대상기업 및 자료 미제출 기업' 등은 평가대상에서 제외하고 있다.

따라서 매년 300여 개 코스피 시장 상장기업을 대상으로 평가가 이루어진다.

KEJI는 각 평가항목과 관련하여 평가대상 기업의 2차 자료를 수집하여 정량적 평가를 시행한다. 2011년까지는 정량평가(75점)와 정성평가(25점)를 혼합하여 평가하였으나 2012년부터 정량평가(100점)만으로 이루어지고 있다(황수현 외, 2019). 정성평가는 KEJI 평가 이후 우수기업 시상 시 활용되고 있다. 정량평가 절차는 평가항목에 해당하는 실제값을 평점화하여 100점 만점을 기준으로 평점을 환산하고, 이를 항목별 가중치를 적용해 최종적으로 100점 만점을 기준으로 산출한다. 평점화는 두 가지 방법을 통해 산출된다.

첫째, 표준화 방식을 각 항목별로 전체 평가대상 기업이 가진 값의 분포 정도에 따라 각 항목당 최소 25점에서 최대 100점까지 부여하고 있다.

둘째, 등급화 방식으로 각 항목의 값을 'A, B, C, D, E'의 5개의 등급으로 구분하고, 항목의 유형에 따라 등급별로 배정된 점수를 부여하는 방식으로 기업별 평가한 내용에 대해 점수를 종합하여 총 100점 만점으로 산출한다.

경실련은 매년 평가대상 기업 중 평가점수 상위 200개 기업에 대한 평가 결과를 총점 및 평가항목별 점수로 공개하고 있고, KEJI 결과를 활용해 1991년부터 우수기업을 대상으로 '경제정의기업상'을 시상하고 있으며, 2012년 '좋은기업상'으로 명칭을 변경하여 이어오고 있다(양진수, 2021).

〈표 3-8〉 경제정의연구소 KEJI 평가항목

분류			세부항목
환경	환경경영	환경개선 노력	• 환경경영보고 • 에너지효율 • 환경투자(투자실적, 경영방침) • 환경보호 프로그램
		환경친화성	• 환경관련 인증 및 수상
		위반 및 오염실적	• 수질, 대기분진, 특정유해물질 오염실태

사회	사회공헌도	고용평등 및 확대	• 장애인 고용 비율 • 여성 채용 비율 • 고용인력증가율 • 고용 관련 정부 포상
		사회공헌 활동	• 기부금 • 사회복지지원
		국가 재정기여	• 조세납부
	소비자보호	소비자 권리보호	• 고객만족 관련 인증 • 고객만족 관련 수상 • 소비자불만 상담 건수 • 금융소비자 보호
		소비자관련법 준수	• 불공정약관 • 전자상거래소비자보호법령 위반 • 청약확인 등 통지의무 위반 • 구매 등 거부의사표시에 대한 강요행위 • 방문판매 등에 관한 법률 위반 관련 • 가맹사업거래의 공정화에 관한 법령 • 위반 관련 • 표시광고 공정화에 관한 법률 위반
		소비자 안전	• 품질 및 소비자안전 인증
	직원만족	작업장 보건 및 안전	• 산재다발 및 중대사고 발생 • 작업장 보건 및 안전 관련 인증 및 수상
		인적 자원 개발	• 1인당 교육훈련비 • 교육훈련비 증가율
		임금 및 복리후생	• 임금보상수준 • 복리후생 • 근속연수 • 사내근로복지기금
		노사관계	• 노사분규 발생여부 • 비정규직 비율 • 노사관계 개선 프로그램

지배 구조	건전성	지배구조의 건전성	• 내부지분율 • 전문경영인 정도 • 사외이사 활동 • 소유지배괴리도
		투자지출의 건전성	• 소비성 지출 • 연구개발 지출 • 설비투자
		자본조달의 건전성	• 위험성 • 관계사 출자 • 관계사 채무보증
	공정성	경제력 집중	• 대규모 기업집단 지정 • 공정거래법 준수
		협력사 관계	• 불공정 하도급 거래행위 • 재판매가격 유지행위
		금융관련 법규준수	• 자본시장과 금융투자업에 관한 법률 준수 • 은행법 준수 • 보험업법 준수
		금산분리	• 비금융회사의 금융자회사 보유 • 금융회사의 비금융자회사 보유
		투명성	• 불성실공시 • 사업보고서 적정성 • 감사위원회 운영 • 투표제 실시

자료 : 경제정의연구소 홈페이지

ESG와 소비

PART

2

ESG를
생각하는
소비와 소비자

04 소비 트렌드
CHAPTER

1 ESG와 소비자 인식

미래학자 토머스 프리드먼은 뉴욕타임스에 기고한 "Our New Historical Divide: B.C. and A.C."를 통해 인류사는 이제 B.C.(Before COVID & A.C.(After COVID) 즉, 코로나 이전과 이후로 나뉠 거라 말했다. 역사학자 유발 하라리 또한 현재 일어나는 변화들, 비상 대책들이 우리 삶에 고착화되어 근본적이고 장기적인 변화를 가져올 것이라 말했다. 중앙방역대책본부의 정례 브리핑에서도 "코로나19 팬데믹 발생 이전 세상은 다시 오지 않는다. 이제는 완전히 다른 세상으로, 생활 속에서 감염병 위험을 차단하고 예방하는 방역 활동이 우리의 일상이다"라는 발언이 화제가 됐다.

코로나19 팬데믹은 계절과 시간의 변화에 따라 규칙적으로 일어나던 일들을 완전히 바꾸어 놓았다. 훗날 역사는 코로나-19 팬데믹을 단순한 보건, 경제 위기의 범위를 넘어서는 것으로 기록할 것이다. 다시 말해 글로벌 기후 위기가 심화되고 새롭고 예측할 수 없는 위협이 더해지는 가운데, 코로나-19 팬데믹이 초래한 보건과 경제 위기는 전 세계적인 불평등에 대한 관심을 높이는 등 사회적인 인식을 촉발했다.

특히 코로나19 팬데믹으로 기후변화의 물리적 위험을 일상으로 체감하고, ESG 경영 확산으로 다양한 기업 정보를 접하게 되면서 소비자의 소비 행태와 기업에 대한 요구도 변화하고 있다. 이는 소비자 선택, 투자 선호도, 취업 결정, 보이콧을 통해 이루어질 수 있다. 건강, 경제, 사회, 기후의 종합적인 위기는 사람들이 기업의 권력에 반해 목소리를 낼 수 있는 분기점이 되었다. 소셜미디어를 통해 노동자를 혹사하거나, 인종차별 또는 성차별을 용인하거나, 환경을 해치는 기업에 대한 보이콧이 가능하게 되면서, 전 세계 곳곳에서 개인들의 목소리가 증폭되었다.

미국에서는 고용주가 지속가능성에 반하는 행동을 저질렀을 때 노동자들은 퇴사를 두려워하지 않는다. 그리고 점점 많은 소비자들이 기업의 지속가능성에 대한 평가에 따라 소비결정을 내리고 있다. 따라서 기업들은 소비자와 투자자가 내린 결정을 경청하고 이에 대응해야 하며 이러한 목소리를 외면해서는 안된다.

미국 설문조사 : 다음과 같은 이유로 브랜드를 보이콧하시겠습니까?
"예"라고 응답한 퍼센트

노동자 착취	41
부패/사기	40
인종차별 용인	38
환경 파괴	35
성차별 용인	32

출처 : Global X ETFs(2020)

[그림 4-1] 소비자 보이콧 이유

기업의 ESG 경영이 소비자의 제품 구매에 영향을 준다고 답한 응답자의 비율은 63%, ESG에 부정적인 기업의 제품을 의도적으로 구매하지 않은 경험이 있다고 답한 비율은 70%였다. ESG 우수 기업 제품에 추가 가격을 지불할 의사가 있다고 답한 비율도 88%에 달했는데(대한상공회의소, 2021.05.), 이를 통해 기업의 ESG 활동이 소비자가 어떤 기업의 제품을 구입할지 결정하는 데 영향을 준다는 것을 알 수 있다. 같은 조사에서 기업의 역할에 대한 소비자의 인식도 변화한 것으로 나타났다. 기업의 역할이 '주주의 이익극대화'라고 답한 응답자는

9%에 그친 반면, '주주가 아닌 사회 구성원의 이익'이라고 답한 응답자는 39%에 달했다. 이는 기업이 단순히 제품을 팔아 이익을 추구하는 것에서 나아가 사회적 책임을 다해야 한다는 소비자의 요구가 드러난 결과로 볼 수 있다.

[그림 4-2] 기업 ESG 활동과 소비자의 제품 구매

[그림 4-3] ESG 우수 기업의 제품 구매 시 추가 지불 의향

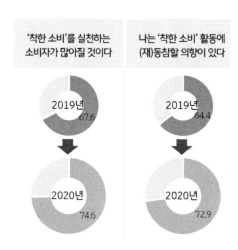

[그림 4-4] 착한 소비인식과 동참 의향

[그림 4-5] 착한 소비의 의미

출처 : 대한상공회의소(2021.05.30), KB 트렌드 보고서(2021.09.)

또한 소비자의 대표적인 변화로 '미닝아웃(MeaningOut)'을 꼽을 수 있다. 미닝아웃은 정체성을 드러낸다는 의미의 '커밍 아웃(ComingOut)'과 '신념

(Meaning)'이 합쳐진 말로, 소비를 통해 자신의 가치관이나 신념을 표출하는 행위를 말한다. 기업이 환경 보호에 기여하는지, 제품이 윤리적으로 생산되는지 등을 고려해 구매를 결정하는 '착한 소비'를 의미한다. 시장조사 전문기업 엠브레인 트렌드모니터가 2020년 실시한 '착한 소비 활동' 설문조사에 따르면, 소비자 10명 중 7명이 '착한 소비를 실천하는 사람이 늘 것이다', '착한 소비에 동참할 의향이 있다'고 답했다. 또 '착한 소비는 친환경 소비를 의미한다'는 응답이 59%로 가장 많았다.

기업의 ESG 경영 여부가 제품이나 서비스 구매를 넘어, 최근에는 청년세대가 취업하고 싶은 기업을 선택하는 데까지 영향을 미치고 있는 것으로 나타났다. 채용 플랫폼 잡코리아가 알바몬과 함께 2022년 1월 현재 취업 활동 중인 청년세대 구직자 1,183명을 대상으로 'ESG 경영 기업 취업선호도'를 조사한 결과, 기업의 ESG 경영 여부가 청년세대 구직자들의 입사 지원율을 높이는 것으로 나타났다. 청년세대 구직자에 '취업 희망 기업 선정 시, 기업의 ESG 경영 여부를 확인하는지' 질문한 결과, 51.6%가 '확인하는 편'이라고 답했다.

이들이 기업의 ESG 경영 여부를 확인하는 이유로는 'ESG 경영을 실천하는 기업이 앞으로 더욱 성장할 것이기 때문'이란 응답이 41.5%로 가장 높게 나타났다. 이외에 'ESG 경영을 실천하는 기업의 근무환경이 더 우수할 것 같아서'(28.9%), '환경보호와 사회문제 등을 중요하게 생각하는 나의 가치관과 맞아서'(20.7%), 'ESG 경영 실천 기업에서 일한다면 애사심과 업무 보람이 더욱 높아질 것 같아서'(8.5%) 등을 이유로 꼽았다.

ESG는 기업의 지속가능성을 위한 중요 요소이며(민재형·김범석, 2019) 소비자중심경영과 부합되는 가치이다. 다양한 산업이 가진 제품/서비스의 라이프사이클과 공급사슬을 분석하여 잉여가치를 교환하고 지역 내 다양한 공동체 수요에 주목하여 ESG 생태계를 확장할 필요가 있다. 더욱이 특히 기업들은 노사갈등, 산업재해 관련 사건이 지속적으로 발생하면서 제품문제, 지배구조개선, 오너리스크 등 각종 리스크에 대한 사전 예방 및 전문적 홍보 등의 실천력 있는 프로그램들도 중요하지만 소비자들과의 3가지 원칙(빠르고, 투명하고, 책임 있는)에 따른 진정성 있는 소통이 가장 중요하다.

한편, 개인의 영향력이 강화되는 사회의 변화에 맞추어 혁신적 소비가치(ESG)를 창출하고 소비자평판(김성숙, 2021)을 관리할 필요가 부상하고 있다. 궁극적으로 투자자 및 소비자에게 정확한 정보를 줄 수 있어야 하므로 소비자중심경영지표의 역할이 중요하다(서여주, 2016).

ESG의 시작은 신뢰할 수 있는 제품과 서비스의 품질로 소비자중심경영 모니터 방안을 제도화하는 등 기업의 자율성이 침해되지 않는 선에서 최소한의 소비자 경영 운영 사항을 ESG 평가지표에 명시해 볼 필요가 있다.

ESG 비즈니스 모델을 만들기 위해서는 신뢰를 기반으로 한 본질적인 소비자 가치 창출에 집중해야 한다(서여주, 2018). 즉 도덕적 경영활동은 선택이 아닌 의무가 되며, 실질적 소비자 가치 창출은 소비자의 목소리를 듣는 것(VOC)에서 출발하므로, 소비자 분야에서 그간 축적해 온 소비자상담, 피해구제 등의 사례를 바탕으로 소비자의 후생(welfare) 증진을 ESG와 연계하도록 하는 노력이 필요하다.

2 소비 트렌드 2023

여러 영역별로 트렌드가 존재하지만, '소비'의 트렌드는 결국 사람으로부터 읽어내야 한다. 사회적, 경제적 요인들이 소비에 많은 영향을 미칠 수밖에 없지만, 그래도 결국 소비 행동이란 욕망의 방향에 의해 좌우되기 때문이다. 사람은 욕망 때문에 논리적이지도 합리적이지도 않은 선택을 할 수 있기에 더욱 그렇다.

또한 기술이나 상품, 마케팅에 의해 새로운 흐름이 만들어지기도 하지만 결국 그것을 선택하는 것은 소비자, 즉 사람이다. 사람들의 인식, 언어, 행동에서 나온 데이터로부터 변화의 단초, 즉 '시그널(Signal)'을 읽어내는 것이 중요하다. ESG시대에 맞는 소비자의 니즈가 완전히 변했다. 시장이나 사회는 물론이고 개인의 삶과 가치관에서, 그동안 당연하게 여겨지던 '전형성'이 사라지고 있다. 이는 새로운 흐름 속에서 서로 다름을 인정하고 변화를 수용하며 각자의 삶의 방식을 만들어간다는 뜻이다. 이러한 흐름에서 보다 구체적으로 2023 소비 트렌드 지형(대홍기획, 2023)을 살펴보자.

1) 효율의 감각 - 더 큰 소비를 위한 전략

한때 플렉스를 외쳤던 사람들이 짠테크, 무지출 챌린지로 돌아서며 2023년의 경기를 낙관하지 않는 모습이다. 하지만 불황이라고 지갑이 완전히 닫히지는 않는 법, '가성비'와 '플렉스'가 아무렇지 않게 공존하고, 살 때부터 팔 것을 생각하며, 어떤 영역에서든 이익을 내는 방법이 무엇인지 궁리한다.

유로모니터 2023 소비자 트렌드에서도 '짠테크 소비자(Budgeteers)'를 주요 키워드로 선정했다. 고물가 시대에 생활비 위기가 소비자 구매를 압박, 절약이 소비자들의 최우선 순위에 오르고 있고, 2022년에는 75%의 소비자가 전체 소비 지출을 늘릴 계획이 없었다고 응답했다.

신한카드 빅데이터연구소(2023)에서도 첫 번째 키워드인 '소비 디톡스의 시대'를 선정했다. 소비를 무작정 줄이기만 하는 것이 아니라, 다양한 플랫폼을 활용해 보다 가성비 있고 현명하게 소비하려는 생활 모습을 의미한다. 유통기한이 임박한 식품을 저렴하게 구입할 수 있는 플랫폼의 이용이 증가하고, 필요한 쿠폰은 할인된 가격에 구입하며 불필요한 쿠폰은 판매해 수익을 올릴 수 있는 모바일 쿠폰 거래 플랫폼의 이용도 증가세에 있다. 일상 속 소비 디톡스를 위한 방법들은 SNS에서 활발히 공유되고 있으며, 특히 '무지출챌린지' 단어는 하나의 밈을 형성하며 큰 유행을 이어가고 있다. 신한카드 고객의 2022년도 1~9월, 유통기한 임박 식품몰 이용 현황을 분석한 결과, 전년 동기 대비 이용건수는 22%, 이용회원 수는 17%, 이용금액은 10% 증가했다. 모바일 쿠폰 거래 플랫폼 이용건수는 2022년 3분기 누적 기준, 전년 동기 대비 183% 증가한 것으로 나타났다.

뿐만 아니라, 2022년 1~9월의 소셜데이터 언급량을 분석한 결과, 전년 동기대비 소비 디톡스와 관련된 단어인 '반값'의 언급은 12%, '앱테크'는 46%, '무지출챌린지'는 무려 864% 증가한 것으로 분석됐다.

따라서 불황의 2023년을 관통하는 핵심 시그널은 '효율의 감각'이다. 이는 모든 면에서 득실과 손익을 따지면서도 지금까지 누려본 소비 경험에 의한 만족은 극대화하려는 감각을 가리킨다. 효율의 감각과 연결된 맥락에서 대표적인 것이 '중고 거래'와 '투자'다. 그렇게 더 큰 소비를 위한 전략적인 소비가 '효율'이라는 이름으로 모든 영역에 침투한다.

2) 덕질의 승리 - 좋아서 하는 일의 힘

빈부격차와 소비 양극화가 극심할수록 알 수 없는 미래보다 현재의 즐거움을 포기하지 않으려는 경향은 강화된다. 사람들은 코로나19 이후 많은 영역에서 소비를 줄였지만 살아가는 데 필수가 아님에도 소비를 가장 '덜 줄인' 영역이 바로 '취미 소비'다. 아이돌 덕질하는 중장년층과 뜨개질 같은 할매 취미를 즐기는 Z세대 등 취미생활의 전형성 또한 깨지는 가운데 좋아서 하는 일이기에 불황 속에서도 취미는 필수적인 소비 동기가 된다. 또 좋아서 하는 것이기에 많은 기업이 목표로 하는 브랜드 커뮤니티와 팬덤의 씨앗이 되기에 적합하다. 그리하여 취미와 관심사는 '마음'을 얻는 효과적 전술이 된다.

트렌드코리아 2023에서도 이를 디깅모멘텀(Digging Momentum)이라 명명했고, 이들은 몰입의 재미를 위해 콘셉트에 열중하고, 특정 물건이나 경험을 수집해 자랑하기도 하며, 같은 관심사를 가진 사람과 함께 소통하면서 몰입의 정도를 높인다.

유로모니터 2023에서는 '지금 이 순간(Here and Now)'의 키워드를 선정하여, 절약, 지속가능성 못지않게 지금 이 순간의 '즐거움'을 추구하는 소비자가 늘면서 이들이 경제에 주요한 구매 동력이라고 높게 평가했다. 더욱이 선구매후결제

(Buy Now Pay Later, BNPL)와 같은 유연한 지불 수단들이 이를 뒷받침해 주고 있으며, 2022년 글로벌 BNPL 시장은 1,560억 달러에 이른 것으로 나타났다.

신한카드 빅데이터연구소(2023)에서는 '밀도 있는 취향 탐구(Xenogenesis of Tastes)'로 명명하면서 일반인에게 어렵게 느껴졌던 전문 분야도 개인의 취향과 취미가 될 수 있다는 인식이 확대되고, 전문 영역을 배울 수 있는 플랫폼의 이용도 늘어나고 있는 현상을 말한다. 특별한 사람들의 고급 취향으로 여겨졌던 미술, 다소 사치스럽게 여겨졌던 프리미엄 주류 역시 누구나 즐길 수 있는 문화로 받아들여지고 있다. 특히, 미술관의 경우 2030세대의 이용이 크게 증가하고 있으며, 희소성 있는 주류를 쉽게 구매할 수 있는 주류 특화 플랫폼의 이용도 지속적으로 늘어나는 추세다. 신한카드 고객의 2022년 1~9월 미술관·화랑 이용액은 전년 동기대비 36% 증가했다. 특히, 2030세대는 55%, 그 이외 연령대는 26% 증가한 것으로 나타났다. 동일 기간에 주류 특화 플랫폼 이용액은 457% 증가했다.

3) 사냥꾼 본능-귀하거나 귀엽거나

2022년을 풍미한 브랜드 팝업은 물론이고 오픈런, 피케팅 등 유난히 성취감과 과시욕을 자극하는 소비가 두드러지게 나타난다. 생활 수준이 높아질수록, 물질이 풍족할수록 사람들은 물건이 아닌 감각이나 의미에 무게를 둔다. 그래서 하나밖에 없거나, 모두가 가질 수 없거나 심미적 본능을 자극해 마음을 움직이는 것들이 각광받는다. 어디서나 평균적인 질과 균일한 맛을 제공하는 패밀리 레스토랑과 프랜차이즈가 예전만큼 힘을 쓰지 못하는 것도 같은 맥락이다. 사람들은 경험에 있어서만큼은 효율보다 다양함을 선호한다. 특별한 경험을 SNS나 블로그에 기록하고 전시하는 문화는 한정된 상품이나 제한된 자리를 마치 사냥하듯 섭렵하고 쟁취하는 소비를 더욱 부추긴다. 2022년을 거쳐 2023년에도 우리의 소비를 촉진하는 건 다분히 사냥꾼 본능이다.

트렌드 코리아 2023에서도 '공간력'이라는 키워드를 연결할 수 있다. 코로나 19 팬데믹이 진행되면서 우리의 일상은 비대면 원칙을 중심으로 흘러갔고 실제로 수많은 매장이 문을 닫았다. 그런데 흥미로운 것은 이 어려움 속에서 오히려 실제 공간으로서의 '핫플'과 MZ세대 놀이터에 대한 고민이 본격 시작됐다는 점이다. 대표적인 게 루이비통·구찌·디올 같은 명품 브랜드를 비롯해 하이트진로소주, 가나 초콜릿까지 다양한 브랜드가 시도한 '팝업 스토어' 전략이다. 천편일률적인 지루한 매장들은 빠르게 접는 대신, 기발한 상상력으로 제품 대신 경험을 파는 팝업매장에 적극적으로 투자하면서 MZ세대와의 접점을 높였다. 보수적인 박물관들이 유리진열대 밖에 유물을 전시하고(국립경주박물관 로비 가야토기 진열대), 현대 작가들과 색다른 전시공간을 기획(국립중앙박물관 '사유의 방', '고려비색 방')하는 등 새로운 공간을 고민하게 된 것도 MZ세대의 발걸음을 유도하기 위함이다. 방구석 1열로 감상하는 온라인 세계의 판타지도 신비롭지만, 결국 인간에게는 직접 보고 만지는 경험이 더욱 매력적이다. 인간의 오감을 만족하게 하는 '공간력'이 중요한 이유다.

4) 정체성 탐닉 – 더 뾰족하게, 좁혀야 산다

취향의 시대라고 해서 고객의 취향이며 관심사를 찾아 여기저기 헤맸겠지만, 결국 파랑새는 집에 있었던 것처럼 종착지는 '나만의' 정체성일지도 모른다. 여전히 뜨거운 세계관 마케팅, 카페마다 생긴 시그니처 메뉴, 미식의 플렉스 트렌드의 극단인 오마카세까지 알고 보면 모두 고객에게 나의 정체성을 부각하기 위한 몸부림이다. 천 갈래, 만 갈래로 나뉘는 고객 취향을 이쪽에서 일부러 맞추려고 하다 보니 도리어 무뎌지고 두루뭉술해진다. 오히려 내가 누군지 뾰족하게 드러내고 상세히 이야기해야 하는 시대다. 들어보고 매력을 느끼면 친구가 되고 팬이 된다. 내 안의 정체성이 탄탄해야 매력적인 이야기가 많이 나오고 자신만의 제안이 가능하다. 그래서 스토리텔링이 중요한 시대, 매력적인 스토리의 기반인 '정체성'이 중요한 시대다. 내가 뾰족하면 알아서 온다는 진리, 정체성을 명확히 하는 것이 고객의 수를 줄이는 것은 아니다.

MINTEL(2023)의 분석에서도 '스스로의 심리학(Me Mentality)'라는 키워드를 선정했다. 이는 팬데믹 동안 소비자는 공동체 의식의 발로로 공중 보건과 안전을 우선시해 자신의 니즈를 뒷전에 뒀다. 사람들은 이제 팬데믹에서 벗어나 자기 자신에게 다시 집중하기를 열망하고 있다는 것을 나타낸다. 소비자가 자신의 정체성의 새로운 부분을 확립하려 할 때, 브랜드는 새로운 영역에서 역량을 높이고 숙달하는 데 도움이 되는 제품들로 채워줄 수 있다. 소비자가 자신의 맹점을 이해하고, 이를 극복하기 위해 적극적으로 노력함에 따라 브랜드는 정신 건강 및 웰빙 제품에 대한 수요가 증가할 것이라는 점을 인식해야 한다. 머지않아 소비자들은 메타버스를 활용해 디지털 환경에 맞는 고유한 정체성을 개발할 것이다. 이 때문에 소비자가 작업하는 플랫폼이나 상황에 따라 온라인 속 또 하나의 자신을 창조하고 표현하는 단편화한 온라인상 정체성이 생겨날 것이다. 이를 통해 소비자의 디지털 족적(digital footprint)이 견고해지고 계층화면서 데이터 개인 정보 보호 및 소비자 보호를 향한 움직임은 더 거세질 것이다.

트렌드 코리아 2023에서 '평균실종'의 키워드로 연결할 수 있다. 평균은 종 모양의 정규분포가 성립할 때 의미가 있다. 1 표준편차 범위에 68%, 2 표준편차 범위에 95%의 대중을 아우를 수 있어 평균에 맞춘 상품을 내놓으면 기업은 가장 많은 수요를 확보할 수 있었다. 하지만 양극화 또는 단극화, 다극화로 이런 방식이 더이상 통하지 않게 됐다는 진단이다. 팬데믹으로 인한 강제적 고립 시간을 거치면서 우리는 타인의 시선에서 벗어나 오롯이 스스로의 관심사에 귀 기울일 수 있는 시간을 보냈다. 덕분에 개인의 가치관이나 취향을 중시하는 성향이 강해졌고, 소비카테고리도 세분화되었다. 내가 선택하고 소비하는 콘텐츠를 곧 나의 정체성과 연결하려는 태도도 같은 맥락이다.

5) 목표는 젊음－노화에 도전한다

건강에 대한 높은 관심은 유한한 생을 사는 인간에게 어쩌면 필연적이다. 코로나 이후 처음에는 면역에 대한 관심이 급증하는 모습이었고 건기식 매출이 급상승하더니 이제는 매일의 루틴으로 행하는 식단과 운동으로 확대, 전이됐다. 또한 수면의 질을 위한 상품 혹은 서비스에 대한 관심, 정신건강을 위한 진료나 서비스 이용에 오픈된 마인드는 건강에 대한 생각이 한층 진일보했음을 방증한다.

이제 하루 한 끼 정도는 샐러드로 대체하고, 탄수화물 섭취를 꺼리며, 매일 #오운완(오늘 운동 완료의 줄임말)을 인증하고, 건강 지표를 계측하는 디바이스 사용이 보편화되고 있다. 게다가 노화를 자연의 섭리가 아니라 극복 가능한 질병으로 보는 이론까지 국내외에서 발표됐다. 나이를 잊고 싶은 사람들의 마음은 건기식 성분 트렌드의 물밑 변화에서도, 트렌디한 사람들의 건강 관리 목적의 변동에서도 여실히 드러난다. 이제 건강 목적의 소비는 생존과 무병장수를 넘어 궁극적으로 아니 노골적으로 젊음을 목표로 하는 것으로 보인다.

또한 신한카드 빅데이터연구소(2023)의 네 번째 키워드에서도 비슷한 내용이 발견된다. '건강 스펙 시대'는 건강에 대해 높아진 관심으로 이제 건강은 단순히 유지하는 것이 아니라, 꾸준히 관리해서 업그레이드시켜야 하는 스펙의 영역으로 넘어가고 있음을 의미한다. 우리의 몸뿐만 아니라 마음도 적극적으로 돌보려는 이들이 많아져 정신건강의학과 이용이 꾸준히 증가하고, 관련 설문 조사에서도 정신 건강을 위한 활동이나 진료의 필요성을 2030세대 중심으로 크게 공감하고 있는 것으로 나타났다. 또한, 서핑·클라이밍·테니스·주짓수 등 자신에게 맞는 운동을 찾거나, 새로운 운동에도 다양하게 도전하는 경향을 보이고 있다. 신한카드가 정신건강의학과 이용을 분석한 결과, 2022년 3분기 이용회원 수는 코로나 이전인 2019년 1분기 대비 16% 증가했다. 신한카드가 전국 만 20~70세 남녀 1,200명을 대상으로 설문한 조사에 따르면 '코로나 이후 정신건강을 위한 활동을 늘렸다'고 응답한 경우는 세대별로 각각 20대는 17.7%, 30대는 20.1%,

40대 11.1%, 50대 12.9%, 60대 13.7%로 나타났다. 또한, '필요할 때 정신과 진료 의향이 있다'는 문항에 대한 응답 비율은 20대는 32.5%, 30대는 42.1%, 40대 32.2%, 50대 33.3%, 60대 23.5%로 나타나 젊은 세대를 중심으로 적극적인 마인드 케어의 모습을 보이는 것으로 분석됐다.

이와는 다른 의미에서 젊음은 트렌드 코리아 2023에서 '네버랜드 신드롬'은 최근 한국 사회에서 나이보다 어리게 사는 것이 미덕이 되는 현상을 나타내는 말이다. 네버랜드 신드롬은 세 유형으로 나뉜다. ① 공주세트나 포켓몬빵 같은 아이템을 구매하는 등 어린 시절로 돌아가고 싶어하거나(돌아감) ② 외모를 유지하는 것을 넘어 승진을 마다하면서까지 현 상태에서 더 나이 들지 않으려 하며(머무름) ③ 아이들처럼 쉽고 재밌고 명랑하게 노는 것을 좋아하는 것(놂) 등이다. 즉 '네버랜드 신드롬'의 특징으로는 크게 '돌아감', '머무름', '놂' 3가지가 꼽힌다.

이런 현상은 단순히 일부 취향이 아니라 사회 전체의 '사고방식'(way of thinking)이 되었고, 나아가 '생활양식'(modus vivendi)이 되었다. 이런 트렌드의 확산은 미래가 불안정하고 힘든 상황에서 어린 시절에 대한 향수에 젖으며 위안을 얻는 것이라고 해석할 수도 있지만, 가장 근본적인 원인은 인간의 수명이 길어지면서 청춘의 기간이 길어지고, 생애과정이 다양화되며 어른이라고 부를 수 있는 전형적인 모습이 사라지면서 나타난 것이라고 분석할 수 있다.

6) 나 중심 관계-내가 통제할 수 있는 관계

관계의 중심이 혈연이나 연고 등 나를 둘러싼 집단이 아니라 '나'로 급격히 이동한 것이다. 이는 이전부터 나타난 개인화의 한 흐름이지만, 코로나 이후 고립과 단절을 체험하면서 더욱 급진적인 방식으로 진행됐다. 모든 생각이 나 중심으로 돌아간다는 건 이제 같은 집단에 속했다는 이유로 억지로 마음 맞춰가며 관계 맺을 필요가 없고, 나와 마음 맞는 사람들과 관계를 맺는 것이 중요해졌다는 의미다. 결국 관계의 구심점을 '나'로 설정한 사람들은 나를 중심으로, 내가 원할 때 스위치를 켜고 끄듯이 간편하게 통제 가능한 관계를 편하게 느낀다. 무인 포맷이 한층 더 깊숙이 스며드는 것, 나 홀로 살더라도 사랑을 쏟을 대상은 필요하기에 편리한 애착 관계로서 '반려'의 대상이 확장되는 것도 같은 맥락에서 바라봐야 한다.

MINTEL(2023)의 분석에서도 '과도한 피로감(Hyper Fatigue)'에 관한 키워드를 선정했는데, 소비자는 소음을 차단하고 그들에게 중요한 것과 연결하려고 노력하는 것이다.

유로모니터(2023)에서도 '조용히 멀어지다(The Thrivers)'에 관한 키워드에서도 불확실성과 혼돈이 지속되면서 이를 헤쳐나가야 하는 소비자들의 피로도가 최고조에 달하면서 개인의 행복과 안녕이 최우선 순위로 올랐고, 소비자가 일과 삶의 균형, 일명 '워라밸'을 지키고자 일 또는 학업-개인 간에 명확한 선을 긋고 있다고 밝혔다.

트렌드 코리아 2023에서도 '인덱스 관계'도 중요한 키워드로 선정되었다. 다시 말해 친하냐 안 친하냐로 나뉘던 인간관계가 다소 복잡해졌다. 인덱스로 분류하고 정리하듯 인간관계를 맺는 현상이 도드라진다. 특히 SNS와 커뮤니티가 활성화되면서 관계의 범위가 넓어진 영향이다. 사람을 만나는 경로가 다양해지면서 관계를 정리하는 MZ세대만의 방법이 '인덱스 관계'라는 용어로 정리된 것이다. 만들기, 분류하기, 관리하기 등 크게 세 단계로 나눌 수 있다. '친함'의 정도에 따라 관계를 어떻게 맺을 것인지 선택하는 것이다. MZ세대들은 선생님과 부모님에게는 카카오톡으로 소통하고 친한 친구들과는 인스타그램의 DM으로 이야기를 나눈다. 차이는 목적에 있다. 친한 친구들과는 특별한 용건이 없어도 친구의 게시물을 보고 연락하거나 시시콜콜한 이야기를 나눌 수 있어서다. 카카오톡의 멀티 프로필 역시 인덱스를 설명하기에 적합하다. 지정한 친구에 한해 각기 다른 프로필을 노출시킬 수 있는 기능이다. 예를 들어 나의 사생활을 노출하기 싫은 직장 동료에게는 일반 프로필을, 절친들에게는 남자친구와 찍은 사진을 멀티프로필에 보여주는 식이다. 인스타그램 역시 언제나 확인 가능한 피드와 달리 일정 시간이 지나면 볼 수 없는 '스토리'는 내가 친한 친구로 분류해 놓은 이들에게 공개하는 방식이다. 앞으로는 '인덱스 관계'가 일반화돼 직장생활은 물론, 경제 트렌드, 소비에도 적잖은 영향을 미칠 것으로 전망된다.

7) 그만둘 결심 – 덕업일치를 꿈꾸다

팬데믹 시기, 처음으로 경험해 본 재택근무는 홈오피스나 워케이션 같은 새로운 트렌드를 낳는가 하면 근무 방식의 효율성을 두고 세대 간의 첨예한 의견 대립을 낳았다. 어떤 회사는 아예 영원한 전면 재택을 선언했고 또 어떤 회사는 엔데믹이 예상되는 시점에 재택근무를 완전히 철회하기도 했다. 엔데믹 이후 재택근무와 오피스 근무를 절충한 하이브리드형 근무를 만들어내기도 하고 아예 주 4일제에 대한 논의와 실험을 시작한 곳도 있다. 중요한 건 오피스가 아닌 다른 형태로도 일할 수 있다는 걸 모두가 알아버렸다는 사실이다. 최근 화제가 된 '조용한 퇴직(Quiet Quitting)'은 올 상반기 우리나라에서 크게 화제가 됐던 에버랜드 알바 '소울리스좌' 신드롬과도 맞닿아 있다. 그 속뜻은 태업이 아니다. '영혼은 없더라도' 주어진 시간 동안 최선을 다해 일하되, 그 이상 애쓰지 않겠다는 의미다. 그 이면에는 성공과 행복의 기준이 달라졌다는 자각이 존재한다. 사람들이 말하는 성공과 행복은 '하고 싶은 일을 하면서 살 자유'다. 다만 이를 위해서는 경제적 뒷받침이 필요하고 그래서 사람들은 덕업일치, 하고 싶은 일을 하며 수익을 얻는 삶을 꿈꾼다. 크리에이터 이코노미가 만개할 조건이 더할 나위 없이 갖춰진 셈이다.

트렌드 코리아 2023에서도 주요 트렌드로 '오피스 빅뱅'을 꼽았다. 오피스 빅뱅의 원인으로 완전히 다른 환경에서 자란 젊은 세대가 사회에 진입했고, 수명이 길어지면서 인생 전체에서 회사가 차지하는 비중이 줄었으며, 코로나19 속에서 경험한 재택근무로 그간의 업무 관행이나 조직문화에 대한 의문이 제기됐다

는 점 등을 꼽았다. "조직의 성장보다 나의 성장이 중요하다"는 MZ세대의 개인
주의적 가치관이 오피스 빅뱅을 더욱 키우고 있다. 앞으로 오피스 빅뱅은 직장
에 그치지 않고 개인, 조직, 시장의 변화를 연쇄적으로 불러일으킬 것이다.

8) 전방위로 확장하는 클린테크 – 의도적인 클린 소비

클린테크는 에너지 및 자원의 소비를 줄이고, 오염물질의 발생을 줄이는 환
경 기술을 말한다. 태양광, 풍력, 수소경제, 폐기물 처리 등 친환경 에너지 사업
분야나 수소차, 전기차 등 친환경 모빌리티 사업 분야 등이 이에 해당한다. 또한,
에너지 사용 효율성을 높이는 첨단 정보기술(IT)도 클린테크 분야에 포함된다.
최근 탈석탄, 탈탄소 등 환경 · 사회 · 지배구조(ESG)가 금융시장의 주류로 나타
나면서 클린테크 산업에 대한 관심이 커지고 있다. 세계적으로 친환경 정책이
이어지면서 투자자들도 적극적으로 클린테크에 투자하고 있다.

이러한 흐름에서 소비자 역시 달라지고 있다. 유로모니터(2023)에 의하면, 지
속가능성, 그리고 이에 따른 가치 소비에 대한 관심이 늘어나며 소비자행동의
초점은 '더 쓰기'가 아니라 지구에 긍정적 영향을 미치는 '덜 쓰기'에 초점이 맞춰
져 있다. 43%의 소비자가 지난해 에너지 소비량을 줄였다고 밝혔다. 소비자들은
자신에게 가치가 무엇인지에 다시 초점을 맞추고 있으며 그 결과 더 의도적으로
지출하고 있다. 즉 소비자들이 더 적게 구매하고 더 오래 지속되고 다양한 용도
로 사용되는 제품을 소유하려고 함에 따라 내구성, 유연성 및 시대를 초월하는
것에 더 중점을 둘 것으로 기대한다.

이러한 맥락에서 최근 많은 관심을 받고 있는 비거니즘(Veganism)도 전방위
로 중요성이 부각되고 있다. 모든 동물성 제품의 사용을 거부하는 하나의 문화
로서 육식뿐만 아니라 동물의 부산물이 포함된 상품, 동물 실험을 통한 제품 및
서비스에 대한 사용을 금하고 동물복지를 실천하는 문화이다(여은아, 2018). 정
지운 · 권하진(2018)은 환경오염과 윤리적 책임으로 인해 소비패턴이 변화하며

개인 일상생활에 영향을 미치는 친환경 운동이 주목받았고, 이와 관련된 라이프스타일을 비거니즘(veganism), 실천하는 사람을 비건(vegan)이라고 명명했다. 미국에서는 고기, 계란, 유제품 등 동물로부터 오는 어떠한 음식도 소비하지 않고 가죽 같은 동물성 제품 사용을 엄격하게 제한하는 사람을 비건(Vegan)이라고 정의한다(Webster, 2020). Munro(2005)는 비거니즘을 동물 복지를 위해 사람의 식생활과 생활양식에서 동물성 제품 소비를 제한하고 동물의 권리를 목표로 하는 것으로 정의했다. 현재 비건의 범위는 음식, 패션, 액세서리, 화장품 등의 생활용품까지 라이프스타일을 추구하는 개념으로 발전되고 있다(배수정, 2020).

한국비건인증원에서 제시하는 비건 제품 인증 기준은 동물 유래 원재료 사용 금지, 동물실험 금지, 제품 생산공정의 전중후 교차 오염 금지가 포함된 제품에 한하여 인정한다(한국비건인증원, 2020).

패션 분야와 관련된 비건 제품은 좁은 의미에서 모피, 가죽, 실크, 울 등 동물로부터 나오는 그 어떤 소재도 사용하지 않는 것부터 넓게는 친환경 소재나 100% 재생 물질을 사용하고, 생산 환경과 노동자를 생각한 윤리적 소비를 행하는 것까지 의미한다(김윤정 · 권유진, 2016; 배수정, 2020). 최근 구찌는 2년간 자체 연구를 통해 목재 펄프와 비스코스 등 식물성 원료 기반의 비건 레더를 개발했고, 올해 6월 비건 스니커즈 라인을 출시했다. 기존의 가죽 원자재를 비건 레더로 대체한 것으로, 가죽과 같은 방식으로 무두질 처리해 신발만 보면 그냥 가죽이라고 여겨진다. 가격도 기존 가죽으로 만든 제품과 차이 없다. 사실 더 비싸면 비쌌지 쌀 이유는 없다. 구찌는 직접 개발한 비건 레더 소재를 '데메트라(Demetra)'로 상표 출원하고 이 소재를 스니커즈뿐 아니라 액세서리부터 핸드백 등 모든 컬렉션에서 활용할 계획이다. 구찌뿐 아니라 구찌의 모회사인 케링(Kering)그룹 내에 있는 발렌시아가, 생로랑, 보테가 베네타 등 럭셔리 패션 브랜드에서도 데메트라를 활용할 가능성이 크다.

럭셔리 중에서도 하이엔드 럭셔리로 꼽히는 에르메스는 비건 레더로 핸드백을 만들고 있다. 버섯 균사체를 이용해서 진짜 가죽과 비슷한 촉감과 내구성을 가진 비건 레더를 개발한 미국의 바이오테크 스타트업인 마이코웍스의 비건 레더를 에르메스가 3년여에 걸쳐 협업하며 테스트했고, 빅토리아백의 비건 레더 버전을 2021년 연말까지 출시한다고 발표했다.

패션업계만큼이나 자동차업계에도 가죽은 중요한 소재다. 특히 프리미엄 자동차에선 가죽의 품질이 중요하다. 자동차업계도 진짜 가죽을 인조 가죽, 합성 가죽으로 대체하는 시도를 한 지 꽤 됐다. 메르세데스벤츠의 '아티코(Artico)', 페라리의 '마이크로 프레스티지(Mycro Prestige)', 도요타의 '소프텍스(Softex)' 등이 자동차업계가 만든 대표적인 인조 가죽이다. 하지만 플라스틱 합성 소재라는 한계는 명확하다. 동물 가죽을 안 쓴 건 비건이라 할 수 있지만, 공정 과정과 폐기할 때의 환경 오염과 미세 플라스틱 등의 문제로 인해 비거니즘에선 어긋나기 때문이다. 이 때문에 자동차업계에서 비건 레더 시도가 확산하기 시작했는데, 벤틀리가 100주년 기념 모델의 시트를 제작할 때 쓴 가죽이 와인 제조 공정에서 발생하는 포도 껍질과 줄기로 만든 비건 레더였고, 폭스바겐이 2019년 상하이 모터쇼에서 선보인 전기 스포츠유틸리티차량(SUV) 콘셉트카는 사과 껍질에 폴리우레탄을 혼합해 만든 비건 레더로 시트를 제작했다. 테슬라는 모델3에서 천연가죽을 없애고 파인애플 잎과 줄기를 사용한 비건 레더로 시트를 만들기도 했다.

우리나라에서 비거니즘에 대한 인식은 과거 일부 소수층에서의 극단적 채식주의 관점에서, 2010년 이후 MZ세대 등의 새로운 가치관이 합류하면서 확장된 해석을 필요로 하는 맥락 변화의 시점에 서 있다. 코로나 위기를 겪으면서 높아진 건강, 안전, 행복에 대한 욕구는 비거니즘의 채식, 친환경, 동물복지와도 서로 밀접하게 영향을 주고받는 근본적 욕구로 이 같은 욕구 연결성을 기반으로 비거니즘은 주류 트렌드로 부상하고 있다.

비거니즘의 검색량과 소셜 언급량은 2019년 말 코로나 발생 시점 이후 급증했다. 이는 코로나라는 시대적, 환경적 위기의 대안으로써 비거니즘에 대한 관심이 높아졌기 때문으로 해석된다. 질적인 측면에서도 과거 음식·식습관과 관련된 제한적인 키워드와 함께 언급됐으나, 2021년부터 '성분', '화장품', '환경' 등 다양한 주제와 같이 언급되며 하나의 라이프스타일로 비거니즘의 개념이 확장된 것을 볼 수 있다. 아직까지 비건 제품의 구매 경험과 시장 규모는 미미한 수준이나, 이처럼 높아지는 관심도와 향후 구매 의향률 등을 고려했을 때 국내 비건 시장 전망은 매우 긍정적이다.

이처럼 성장하는 비건 시장의 소비자를 사로잡기 위해서는 윤리적 가치, 트렌드, 라이프스타일, 품질 신뢰성 등 비거니즘 시장을 관통하는 소비자의 다채로운 맥락을 이해하고 그 맥락을 균형 있게 접근해야 한다.

05 소비자행동 모델
CHAPTER

1 소비자행동 모델의 정의와 유용성

1) 소비자행동 모델의 정의

모델이란 현실을 단순화시켜 특정현상을 함축적으로 모사(a replica of the phenomena)한 것을 말한다. 모델의 표현방법에는 언어로 서술하는 기술적 방법(verbal representation), 수학적 기호(mathematical symbols)를 사용하는 방법, 그리고 도형(diagram or flow chart)을 사용하는 방법 등이 있다.

소비자행동 모델은 언어로 표현하는 기술적 모델이 주종을 이루고 있다. 그러나 소비자행동을 하나의 의사결정과정으로 보고, 이 과정을 일목요연하게 묘사하기 위해서 구성요소 간의 관계를 도형(diagram)으로 표현하는 방법도 많이 이용되고 있다. 또한 소비자행동의 예측성을 향상시킬 목적으로 최근에는 수리모델에 관해서도 많은 관심을 보이고 있다.

모델은 마치 건물의 설계도처럼 현상에 관련되는 제 변수 간의 관계를 일목요연하게 표현하는 것이 바람직하다. 따라서 모델설계자는 현상의 생성에 중요한 역할을 수행하지도 않으면서 상황만 복잡하게 만드는 요인은 무시해 버리거나, 그가 관심을 가지고 있는 측면만을 상세히 모델화하기도 한다.

소비자행동 분야에서도 어떤 모델은 소비자행동의 특정측면만을 설명하는 반면에, 어떤 모델은 여러 측면의 소비자행동을 포괄적으로 표현한다. 상표 애호도 모델(brand loyalty model)이나 소비자태도 모델(attitude models)들은 전자에 속하고, Howard-Sheth 모델이나 EKB 모델과 같은 포괄적 소비자행동 모델은 후자에 속한다.

일반적으로 모델에 포함된 관련변수와 이들 변수 간의 관계는 상당부문 가설화(hypothesized)된 것이 많으므로, 어느 모델도 완전무결한 것으로 보기는 어렵다. 사실 소비자행동 모델은 새로운 조사와 연구를 통해서 항상 수정 또는 보완될 수 있으며, 또한 그렇게 되어야 한다. 특히 이 분야의 짧은 역사를 감안한다면, 소비자행동 모델은 정밀한 검증과 다각적인 분석을 통해 많은 보완이 요구된다.

2) 소비자행동 모델의 정의

소비자행동 모델은 소비자의 행동에 대한 체계적이고 논리적인 이해와 사고를 구축하는 데 많은 도움을 준다. 왜냐하면 모델은 ① 소비자행동에 관련된 중요한 요인들을 확인하고, ② 각 요인의 특징을 설명하며, ③ 이들 요인 간의 관계를 명확히 나타내주기 때문이다. 소비자행동 모델이 소비자행동연구에 기여하고 있는 점을 구체적으로 살펴보면 다음과 같다.

첫째, 이론의 개발 및 정립에 유용하다.

이론(theory)이란 어떤 현상이나 활동을 이해하는 데 유용하도록 그 현상에 대한 체계적인 견해나 어떤 신념을 피력하는 것으로서, 현상에 관련된 제 개념, 정의, 그리고 명제의 논리적 관계를 표현한다. 이론이 현실을 바르게 직시하고 현상을 적절하게 표현했을 때 비로소 그 이론은 가치가 있게 된다. 보통 이론과 모델을 동의어로 사용하는 경향이 있지만, 엄밀하게 말하면 모델은 이론을 표현하는 한 방법이다.

소비자행동 모델은 소비자행동에 관련된 요인들을 식별해서 그들의 상호관계를 나타내주기 때문에, 이에 준해서 소비자행동에 관한 이론을 개발하고 정립하는 데 크게 도움이 된다.

둘째, 조사 및 연구를 위한 준거틀을 제공한다.

소비자행동에 관해 무엇을 조사하고 무엇을 연구해야 할 것인가? 소비자행동 연구가들이 그들의 연구소재를 파악하는 데 있어 소비자행동 모델은 중요한 길잡이 역할을 수행한다. 즉 소비자행동을 연구하는 사람들로 하여금 모델의 중요한 국면을 분석 또는 검증하도록 함으로써 연구의 목적 및 방향을 명확하게 제공해 준다. 반복되는 정밀한 검증을 통해서 기존의 모델을 수정하고 보완하는 일은 소비자행동을 연구하는 사람들에게는 무엇보다도 중요한 과업이다.

또한 연구 조사자들은 모델을 관찰하고 분석함으로써 새로운 연구과제에 대한 아이디어도 어렵지 않게 발견할 수 있다. 이런 점들로 비추어볼 때, 소비자행동 모델은 소비자에 관한 연구에 일종의 좌표와 같은 역할을 수행한다고 볼 수 있다.

셋째, 소비자행동에 관한 지식의 학습을 용이하게 해준다.

소비자행동 모델은 소비자행동에 관한 단편적인 지식을 통합할 수 있게 해주고, 그 결과 소비자행동을 포괄적으로 이해할 수 있도록 도와준다. 또한 소비자행동에 관해 현재 알려진 지식을 학습하는 데 있어서도 많은 도움을 줄 수 있다.

그러나 이와 같은 유용성에도 불구하고 기존의 소비자행동 모델은 소비자행동에 관한 실상을 적절히 설명하지 못하는 점이 항상 문제점으로 지적되고 있다. 사실 인간행동은 그 본질적 특성이 행동의 미묘함과 복합성에 있으므로 그것을 완벽하게 모델화한다는 자체가 난제일 수밖에 없다. 그래서 기존의 소비자행동 모델들이 현상을 지나치게 단순화시키고 있는 것도 사실이다.

하지만 기존의 소비자행동 모델 중에는 소비자행동에 관한 이론의 개발과 지식의 축적에 크게 기여한 모델도 많으므로, 여기에서는 이들 중 대표적인 몇 가지 모델에 관해서만 검토해 보기로 한다.

2 전통적 소비자행동 모델

1) 전통적 소비자행동 모델의 유형

전통적인 소비자행동 모델은 일반적으로 소비자행동의 특정 측면에 대한 체계적인 견해나 신념을 서술적 이론(verbal theory)의 형식으로 표현하고 있다. 대표적인 전통적 소비자행동 모델로서 〈표 5-1〉에서 보는 바와 같이 다섯 가지 유형을 확인할 수 있다. 이들 각 모델의 특징을 요약하면 다음과 같다.

〈표 5-1〉 전통적 소비자행동 모델

모델유형	제안자	출생국	제안시기	전공분야
경제적 소비자 (the economic consumer)	A. Marshall	영국	19C 후반	경제학
조직원형 소비자 (the organizational consumer)	T. Hobbes	영국	17C 중반	철학
학습형 소비자 (the conditioned consumer)	I. Pavlov	소련	19C 후반	생리학
정신분석학적 소비자 (the psychoanalytic consumer)	S. Freud	오스트리아	19C 후반	심리학
사회적 소비자 (the social consumer)	T. Veblen	미국	19C 후반	사회·경제학

출처 : Kotler(1965)

(1) Marshall의 경제 모델

이 모델에서는 소비자를 지극히 '합리적인 경제인'으로 가정하기 때문에 소비자행동도 '소비자 자신의 효용극대화를 위한 합리적이고 완벽한 의사결정의 산물'로 본다. 일반적으로 소비자행동에 대한 경제학적 접근은 소비자에 대하여 다음과 같은 가정을 전제로 한다.

첫째, 인간은 합리적 동물이다.

둘째, 소비자는 구매할 제품에서 얻어질 만족이나 효용을 비교적 정확하게 평가할 수 있다.

셋째, 소비자는 제품에 대해 완전한 지식을 가지고 있어 대체안의 비교·평가를 합리적으로 할 수 있다.

이상과 같이 경제학적 소비자 모델에서는 소비자를 합리적인 경제인으로 전제하고 개별소비자는 다음과 같은 구매행동상의 특징을 가지고 있는 것으로 본다.

- 소비자는 제품구매에 드는 비용과 제품구매로 얻게 될 이득을 비교한 후, 상대적으로 이득이 가장 높을 것으로 판단되는 제품을 우선적으로 구매한다.
- 소비자는 제품구매에 따르는 비용의 지표로서 주로 제품의 가격을 사용하므로 가격이 낮을수록 그 제품의 구매량은 증가한다.
- 소비자는 주어진 예산으로 효용(또는 만족)을 극대화하기 위해 치밀한 구매결정을 한다. 즉 각 제품의 한계효용과 한계비용(또는 가격)이 일치하도록 각 제품의 구매량을 결정하고, 그 결과 상상 최대의 효용을 기대한다.

이상과 같은 경제학적 소비자 모델은 몇 가지 문제점이 있는 것으로 지적되고 있다. 우선, 현실적으로 소비자들은 항상 완벽한 합리성을 추구하지는 않는다는 점이다. 또한 경제학적 소비자 모델은 행동동인의 경제적 측면만을 너무 강조한 나머지 복잡미묘한 소비자행동의 다면적 특성을 완전하게 설명하지 못하고 있다.

그러나 소비자에 대한 경제 모델은 소비자행동의 중요한 측면을 이해하는 데 크게 기여하고 있다. 왜냐하면 소비자는 경제적 자극에 의해서 가장 예민한 반응을 보이는 것이 사실이기 때문이다. 경제학적 소비자이론은 그동안 소비자행동 연구에 많은 기여를 했으며, 특히 현대적 소비자행동 모델을 이해하는 데도 많은 도움을 주고 있다.

(2) Hobbes의 조직원 모델

이 모델에서는 소비자를 개인으로 인식하지 않고, 가족이나 직장과 같은 조직의 일원으로 인식한다. 그 이유는 일반적으로 소비자는 조직구성원들의 공동 사용목적이나 다른 구성원을 위해 제품을 구매하는 경우가 많다고 보기 때문이다. 따라서 앞에서 설명한 경제 모델에서처럼 소비자는 항상 개인 입장에서 효용의 극대화를 추구한다고 보지 않으며, 오히려 조직원의 공동목표를 충족시켜 줄 수 있는 제한된 합리성을 추구하는 것으로 본다.

(3) Pavlov의 학습 모델

Pavlov가 제안한 것으로 그동안 많은 학자들의 연구를 거쳐 오늘날에는 자극 –반응 모델로 알려져 있는 행동 모델이다. 이 모델에서는 소비자를 일상생활 속에서 학습(learning)을 통해 외적 자극에 대하여 적절히 반응하는 방법을 자연스럽게 터득하는 하나의 생활인으로 본다. 그리고 소비자들의 행동은 특정 자극에 대하여 그들이 학습한 조건부 반응(conditioned response)이라고 본다.

(4) Freud의 정신분석 모델

이 모델은 인간의 심리적 측면을 매우 중요시한다. 즉 인간의 행동은 그들의 본능과 자기자신도 인식하지 못하는 어떤 무의식적 동기에 의해 유발된다고 본다. 따라서 소비자행동의 동인으로는 실질적(경제적 또는 기능적) 동기도 중요하지만, 그보다는 인간심층에 내재하는 정신적·심리적 동기가 더 중요하다고 본다.

(5) Veblen의 사회심리 모델

이 모델에서는 소비자를 사회적 동물로 인식한다. 따라서 소비자행동은 타인, 준거집단, 그리고 그가 소속된 문화권의 관습 등에 의해 많은 영향을 받는 것으로 본다. 또한 소비자의 개인적 특성도 결국은 사회적 요인의 영향을 받아 후천적으로 개발되는 부분이 많다고 보기 때문에 현재뿐만 아니라 과거의 사회적 환경도 소비자의 구매 및 소비행동에 중요한 변수로 작용한다고 본다.

베블렌 효과(Veblen effect)는 비싸다는 이유만으로 물건을 구매하고 이러한 것을 다른 사람에게 보여줌으로써 만족감을 얻는 현상을 의미한다. 남들보다 돋보이거나 뽐내고 싶어서 비싼 물건일수록 사려고 드는 인간의 심리를 나타내는 경제학적 용어이다. 베블렌 효과에 따른 과시가격은 실제가격과 지불가격으로 나타난다. 이때 과시소비의 효용이 나타나는 것이 베블렌 효과이다. 소비자는 실제가격보다 다른 소비자가 선택하는 가격에 더 신뢰를 갖는 심리가 있다는 이론이며, 과시소비는 제품에 내재한 품질뿐만 아니라 가격도 소비에 영향을 준다. 결론적으로 가격이 오를수록 베블렌 효과에 따른 소비량은 늘어난다.

(6) 기타 사회심리 모델

① 밴드웨건 효과(bandwagon effect)

소비자가 자신의 구매스타일보다 다른 사람들이 많이 선택하는 소비패턴에 따르는 현상을 말한다. 즉 소비자 자신의 욕구보다 주변 사람들의 소비패턴에 의존하려는 성향으로 다른 사람의 소비성향을 무조건 따르는 행동이다. 이런 소비자는 제품 자체가 아니라 군중 속에 합류하려는 도구로써 제품을 소비한다. 서부 개척시대에 밴드웨건(악대마차)이 요란한 음악과 함께 금광이 발견됐다고 선전하면 무작정 따라가던 사람들을 빗댄 말로 우리말로는 편승효과라고 한다.

예를 들어, 각 수요자가 비슷한 가격조건에서 다른 사람들이 많이 구매하는 상품을 선택하려는 현상이다. 즉 유명연예인이 입고 나온 옷이 불티나게 팔리고 주가나 부동산 가격이 폭등하는 것은 이런 효과로 설명된다. 또한 개인의 욕구와 다양한 개성으로 뚜렷한 자기 스타일을 나타내기보다는 남의 이목과 체면을 중시하는 소비자는 소비에 있어서 행동을 삼가는 습성이 있기 때문에 밴드웨건 효과의 선택을 따르는 경향이 있다. 소비자는 주로 제품의 성능과 질, 기능을 분석하여 구매선택하는 것이 아니라 지출 패턴에 따라 지출한다.

② 스놉 효과(snob effect)

이 효과는 다른 말로 속물 효과라고도 하는데 남들이 많이 사는 것은 구입하기 싫어하는 소비심리로, 남과 다른 특별한 것을 구입함으로써 그 제품을 소유하고 있다는 사실에 가치를 부여하는 것을 의미한다.

다른 사람들이 구입하기 어려운 희소한 상품을 구입해 과시하고 싶어하는 속물(snob)근성에서 비롯된 소비행태에서 유래했는데, 자신을 다른 사람과 다르게 구분 짓고 싶어 하는 심리라는 의미로 백로효과라 불리기도 한다.

이런 심리를 가진 소비자는 제품이 유행하면 처음 구매했을 때 누렸던 만족도가 감소하기 때문에 유행하는 제품의 소비를 줄이게 된다. 즉 유행해서 남들이 많이 구매하면 오히려 구매하지 않는 심리를 말한다.

밴드웨건 효과의 반대 현상으로 희소가치를 구입하여 다른 사람과 차별성을 과시함으로써 스스로의 위신이나 사회적 지위를 높인다고 생각하고 보편화된 제품은 기피하는 현상이다. 최근에는 과시적인 소비현상이라기보다는 구매자의 기호나 개성을 드러내는 경향이 크다는 주장이 나오기도 한다. 꼭 비싼 제품이 아니더라도 한정판의 디자인 제품, 희귀본 책이나 음반 등을 구입하는 사람들도 이런 현상으로 설명되기 때문이다.

③ 터부 효과(taboo effect)

터부 효과는 소비자들에게 아직 보편화되지 않은 상태의 제품이 있을 경우 문화적 습성과 사회적으로 터부시하는 경향 때문에 구매를 보류하는 현상을 말한다. 즉 사회적으로 금하거나 바람직하지 못하다고 여기기 때문에 소비행동을 실행하지 못하는 것이다. 그러다가 그 제품에 대한 터부경향이 없어지기 시작하면 너 나 할 것 없이 구매하게 되는 것이다. 한국 사회에서는 '고급'이나 '사치'의 의미를 갖는 외국 수입품의 소비가 사회적으로 금기시된 적이 있으나, 해외 명품들의 소비가 베블렌 효과에 힘입어 급속히 증가하는 현상을 보였다. 소비의 터부 효과는 소비의 과시적 효과와 서로 상반되는 관계를 가지므로 일반 중산층

은 고가의 외국 수입품을 사용하는 데 심적 부담을 느껴 가능한 국산품을 소비
하려는 경향을 띠기도 한다.

2) 전통적 소비자행동 모델의 특징

이상에서 전통적 소비자행동 모델의 몇 가지 대표적인 유형에 대해 개략적
으로 알아보았지만, 이들 전통적 소비자행동 모델은 다음과 같은 특징을 가지
고 있다.

첫째, 전통적 소비자 모델은 행동 모델이라기보다는 소비자의 특정 측면에
대한 서술적 이론으로서의 특성을 더 많이 지니고 있다. 즉 이들은 소비자행동
이라는 현상을 포괄적으로 모사하고 있지 않으며, 오히려 인간의 본질과 행동의
특정 측면에 대한 하나의 신념을 기술하고 있다.

인간행동에 대한 이론은 인간의 본질을 어떻게 보느냐에 따라 그 성격을 달
리한다. 소비자행동도 인간행동으로서 하나의 하위행동이므로 인간의 본질에
대한 관점의 차이로 인해 전술한 바와 같이 학자에 따라 서로 다른 소비자행동
이론이 제안된 것으로 볼 수 있다.

사실 소비자의 본질은 여러 가지 시각에서 고찰될 수 있다. 즉 경제학자들은
소비자를 합리적인 '경제적 동물'로 인식하지만, 사회심리학자들은 소비자를 다
분히 감성적인 '사회적 동물'로 인식한다. 이처럼 소비자 본질에 대한 시각의 차
이는 소비자행동에 대한 접근방법에 영향을 주고, 그 결과 다른 행동과학 분야
에서와 마찬가지로 소비자행동 분야에서도 시각이 서로 다른 다수의 이론들을
탄생시켰다.

둘째, 전통적 소비자행동 모델들은 서로 다른 측면에서 소비자의 본질을 단
편적으로 기술함으로써 소비자행동의 특정 측면만을 배타적으로 강조하고 있다.
다시 말해서 다면적인 소비자행동의 어느 한 측면만을 강조함으로써 어떤 모델
도 총체적인 소비자행동을 포괄적으로 설명해 주지 못하고 있다. 그러나 전통적

소비자 모델들은 소비자행동의 특정 측면에 대해서만은 그 본질과 특징을 명확하게 설명해 주고 있기 때문에 그동안 기업 마케팅활동 부분에서의 기여도는 적지 않다. 기업의 가격정책이나 광고전략 등은 거의 대부분 이들 전통적 소비자행동 이론에 기초하고 있다고 보아도 과언이 아니다. 사실 이 이론은 그동안 소비자행동과 마케팅의 연구발전에 시금석 역할을 해왔으며, 이 점은 높이 평가되어야 한다.

3 현대적 소비자행동 모델

1) 현대적 소비자행동 모델의 유형

현대적 소비자행동 모델은 소비자행동에 관련되는 요인들을 단순히 종속변수와 독립변수의 관계로 표현하는 비교적 간단한 형태로부터, 행동의 현상 전체를 정교하게 설명하는 포괄적인 형태에 이르기까지 그 형태가 매우 다양하다.

(1) Howard-Sheth 모델

이 모델은 개별소비자가 제한된 판단능력과 불완전한 정보하에서 어떻게 합리적인 상표선택행동(brand choice behavior)을 수행할 수 있는가를 설명하기 위해 개발된 것으로 매우 정교한 소비자행동 모델 중에 하나이다. 여기에서는 모델의 개요만 살펴보기로 한다.

- 투입변수

투입변수(input variables)는 소비자에게 주어지는 기업의 마케팅활동 및 사회환경으로부터의 자극 또는 정보를 말한다. 이를테면, 특정 상표제품의 품질, 가격, 상표명성, 서비스 등은 소비자에게 하나의 정보로서 투입되는 것을 의미한다.

[그림 5-1] Howard-Sheth 모델

• 산출변수

　소비자에게 외부자극이 투입되었을 때 이들 자극에 대응하여 나타나는 소비자의 다양한 반응을 산출변수(output variables)로 나타내고 있다. 소비자의 반응은 반드시 '구매행동'으로서만 나타나는 것이 아니며, 이를 테면 새로운 것에 대한 호기심 또는 '주의'의 환기라든가, '이해'의 증진, '태도'의 변화, '구매의도'의 형성과 같은 형태로도 나타나기 때문에, 이 모델에서는 이들을 모두 산출변수 속에 포함시키고 있다([그림 5-1] 참조). 바로 이 점이 중요한 특징 중에 하나이다. 그리고 이 모델에서는 다양한 소비자 반응이 투입변수와 소비자 내적 요인 간의 상호작용에 의한 산출물임을 시사하고 있다.

• 가설적 구성개념

가설적 구성개념(hypothetical constructs)은 외부에서 투입되는 정보를 해석하고 처리하는 과정에서 작용할 것으로 추정되는 소비자의 내적·심리적 요인을 말한다. 이들은 외부에서의 관찰이 불가능하며, 이들의 변화는 오직 판단에 의해 추론할 수밖에 없으므로 이들을 가설적 구성개념이라고 한다.

지각 구성개념(perceptual constructs)은 투입된 정보를 수용하는 과정에서 작용할 것으로 추정되는 소비자의 내적 요인을 말한다. 이에는 소비자의 정보에 대한 민감도, 정보탐색 성향, 지각적 편향 등이 포함된다.

학습 구성개념(learning constructs)은 소비자의 지각 메커니즘을 통과한 정보를 분석·정보처리하는 과정에 작용하는 개인의 내적 요인을 말한다. 이에는 구매동기, 결정매개요인(또는 선택기준에 대한 신념), 환기세트, 만족 등의 요인이 포함된다.

'동기'란 소비자가 특정 행동수행을 통해 성취하려고 하는 일종의 행동 목표로서, 이 행동동기에 준해서 소비자는 지각된 정보의 가치를 평가한다. '결정매개요인'은 소비자가 경험과 학습을 통해 축적한 제품의 속성이나 평가기준에 대한 신념 같은 것을 의미하며, '환기세트'는 소비자가 기억해 낼 수 있는 상표대안 및 상품특성에 대한 정보의 조합을 의미한다. '만족'요인은 구매나 사용 후 소비자가 느끼는 심리적 변화로서 차기 구매행동에 중요한 영향을 미치기 때문에 학습변수 중 가장 중요한 변수로 인식되고 있다.

• 외생변수

Howard-Sheth의 초기 모델에서는 찾아볼 수 없으나, 수정된 모델에는 포함되어 있다. 외생변수(exogenous variables)란 특정 구매상황에서 소비자의 상표대안선정에 영향을 미치는 개인의 외적 요인을 말한다. 즉 소비자의 재정상태, 구매의 중요성, 구매의 긴박성과 같은 구매관련 상황요인 및 사회계층, 문화적 관습 등과 같은 사회적 환경요인이 이에 해당한다.

Howard-Sheth 모델의 특징 및 유용성을 요약해 보면 다음과 같다.

- 소비자에게 주어지는 정보의 의미가 항상 명확하지 않을 뿐만 아니라, 인간의 판단능력은 완벽하지 않다는 전제하에서 경험에 의한 학습의 중요성을 강조함으로써 모델에 이론적인 타당성을 부여하고 있다.
- 이 모델은 구매 및 사용경험의 피드백 효과를 중시함으로써 동태적 모델의 특징을 지니며, 학습 모델로 범주화된다.
- 소비자행동에 영향을 주는 모든 요인들을 확인하고 이들을 체계화하려는 과감한 시도였다는 점이 높이 평가된다. 이 모델은 가시적 행동뿐만 아니라 비가시적인 인지적 활동까지도 모두 모델화함으로써 향후 소비자행동 연구를 위한 중요한 준거틀로써 그 유용성이 높다.

(2) Nicosia 모델

이 모델은 기업과 잠재고객 사이의 상호작용에 초점을 맞춘 것으로 기업은 광고를 통해 소비자와 의사소통하며, 소비자는 구매라는 반응으로 기업과 의사소통한다고 보았다. 이 모델은 기업과 소비자 간의 상호작용과 순환적 과정을 설명하고, 의사 결정과정을 4개의 영역으로 분류한다([그림 5-2] 참조).

- 영역 1은 기업의 메시지에 기초한 소비자의 태도이다. 하위 영역 1은 소비자 태도에 영향을 미치는 기업의 마케팅 환경과 의사 전달 노력으로 제품 특성, 경쟁 환경, 대상 매체의 성격, 메시지 추구, 목표시장의 특성을 나타낸다. 하위 영역 2는 기업 메시지에 대한 개인의 수용을 중재하는 소비자의 선입견을 나타낸다. 영역 1의 산출은 메시지에 대한 소비자의 제품에 대한 태도이다.
- 영역 2는 탐색과 평가로 소비자는 정보의 탐색과 그에 따른 대안을 생각하며 해당 기업의 브랜드를 평가한다. 영역 2의 산출은 해당 기업의 브랜드를 구입하려는 동기이다.

영역 1: 메시지 원천에서 소비자 태도로

[그림 9-2] Nicosia 모델

- 영역 3은 구매행동으로 소비자의 동기에 따라 해당 기업의 브랜드를 실제 구입하는 단계이다.
- 영역 4는 구매 경험으로 나온 피드백이다. 여기에는 판매 자료 형태의 기업에 대한 피드백과 경험으로서의 소비자에 대한 피드백이 있다. 제품에 대한 소비자의 경험은 개인의 태도 및 기업의 미래 메시지에 영향을 미친다.

Nicosia 모델의 특징 및 유용성을 요약해 보면 다음과 같다.
- 소비자는 소비자 목적이고, 최적의 만족을 주는 방향으로 의사결정과정을 거쳐 구매행동을 하는 존재로 정의한다.
- 처음 개괄적인 범주에서 시작한 상품이 탐색과 평가 과정을 거치면서 특별한 브랜드에 이르기까지 선택하는 소비자 성향에 중점을 둔다.
- 소비자행동으로부터의 피드백으로, 이 피드백은 마케팅 활동에 영향을 주고 시장에서의 반응에 따라 조절된다. 피드백은 소비자 성향에도 영향을 주는데, 구매 활동 경험을 통해 강화되거나 수정된다.

(3) Engel-Kollat-Blackwell(EKB) 모델

1968년 이 모델은 아주 정교한 소비자행동 모델을 개발하였다. 그러나 이 모델은 처음 개발된 이래 여러 차례에 걸쳐 수정되었다.

그중 1978년에 3차 수정된 Engel-Kollat-Blackwell(EKB) 모델은 소비자행동연구를 위한 준거틀로서 가장 많이 각광을 받았다. 1982년 Engel과 Blackwell (Kollat는 불참)은 제3차 EKB 모델을 다시 수정하여 고관여 행동 모델(EKB-1)과 저관여 행동 모델(EKB-2)로 구분된 두 개의 모델을 제안하였다. 이 4차 수정 모델은 고관여하의 소비자행동과 저관여하의 소비자행동을 비교·이해하는 데 많은 기여를 하였다.

1986년 Engel과 Blackwell은 Miniard 교수와 공동으로 4차 EKB 모델을 개정하였다. 이들은 고관여 모델과 저관여 모델로 구분하지 않고 다시 단일 모델로 통합하였는데, 그 이유로는 소비자의 구매 행동은 고관여형과 저관여형 이외에도 다양성 추구형, 습관적 반복구매형 등 그 유형이 다양하며, 이들을 융통성 있게 설명하기 위해서는 편차(varations)를 허용하는 단일 모델이 오히려 합리적이기 때문이라고 밝히고 있다.

• 자극의 투입(inputs)

제품·상표·가격·광고 등 마케팅 자극뿐만 아니라, 기후·유행·친구의 구전 등 제반 환경요인도 소비자에게는 모두 자극으로써 투입된다.

• 정보처리과정(information processing)

투입된 자극을 소비자가 해석하고 처리하는 과정을 다섯 단계로 구분하여 설명하고 있다. 첫째, 노출(exposure)은 외부에서 주어지는 정보가 소비자에게 도달되는 단계이다. 소비자는 적극적으로 정보를 탐색하는 과정에서 의도적으로 정보에 노출되기도 하지만 우연히 외부에서 주어지는 자극에 노출되기도 한다. 둘째, 주의(attention)는 소비자가 자신에 노출된 수많은 자극이나 정보 가운데서 특히 관심이 가는 것만을 선택적으로 식별하는 단계를 말한다. 셋째, 이해 (comprehension)는 선택적으로 받아들여진 정보에 소비자가 의미를 부여하는 단계이다. 소비자는 그의 기억 속에 보유된 경험·지식·신념 등에 의해서 투입된 정보를 주관적으로 해석하고 의미를 부여하게 된다. 바로 이 과정에서 동일한 정보라 하더라도 소비자에 따라 상이하게 지각될 수 있다. 넷째, 수용 (acceptance)은 소비자에 의해 주관적으로 해석된 정보의 효과가 실제로 발생되는 단계이다. 즉 소비자는 자신이 주관적으로 해석한 정보를 기존의 신념과 비교한 후 이를 수용하거나 파기한다. 만일 소비자가 투입된 정보를 가치있는 것으로 수용하면 이 새로운 정보에 의해 기존의 신념이나 태도는 강화, 수정 또는 변경된다. 다섯째, 보유(retention)는 전 단계에서 소비자가 수용한 정보는 그의 기억 속에 보유된다. 그리고 기억 속에 보유된 새로운 정보는 소비자의 구매의사결정과정에 다음과 같은 영향을 끼친다.

[그림 5-3] Engel-Kollat-Blackwell(EKB) 모델

- 의사결정과정(decision processing)

소비자의 구매의사결정과정을 다섯 단계로 구분하고 있다. 첫째, 문제인식은 소비자의 욕망수준이 높아지면 이 욕망을 충족시키려는 동기가 '문제인식'을 야기한다. 이 모델에서는 문제인식을 야기하는 자극요인으로 크게 두 가지를 들고 있다. 우선 기업의 광고와 같은 외적 자극이 문제인식을 야기한다. 둘째, 정보탐색은 의사결정의 두 번째 단계로 인식된 문제를 해결하기 위해 필요한 정보와 대안을 탐색하는 단계이다. 셋째, 대안평가는 정보탐색과정을 통해 수집된 정보를 기초로 하여 여러 상표 대안을 비교·평가하는 단계이다. 넷째, 구매는 실제로 제품을 구매하는 단계이다. 원칙적으로는 대안평가과정에서 구매의도가 가장 높았던 상표의 제품이 구매된다. 그러나 다른 영향 요인이 강하게 작용하면 실제로는 다른 상표가 구매되기도 한다. 다섯째, 구매결과(또는 구매 후 평가)는 의사결정행동에서 제품의 구매 및 사용결과를 피드백하는 마지막 단계를 거치게 된다.

- 영향요인

이 모델에서는 구매의사결정의 영향요인으로 ① 동기, 라이프스타일, 성격과 같은 개인적 특성 ② 문화, 준거집단, 가족과 같은 사회적 요인 ③ 구매결정의 긴박성, 점포 내의 분위기 등과 같은 상황적 요인을 들고 있다.

여러 차례 수정과정을 거친 EKB(또는 EKM) 모델의 특징을 요약해 보면 다음과 같다.

- 이 모델은 여러 행동과학 분야에서 이미 검증된 연구결과를 기초로 하여 소비자의 구매의사결정행동을 설명하고 있다.
- 또한 신념이 태도에, 태도가 의도에, 의도는 행동에 단계적 영향을 준다는 효과단계 모델(a hierachy of effects model)을 가설로 적용함으로써, 신념 → 태도 → 의도 → 행동 간의 관계를 명확히 하고 있다.

- 이 모델은 포괄적 의사결정 모델의 성격을 가진다.
- 인간행동에 관한 여러 연구분야에서 이미 부분적으로 검증된 변수들의 관계를 통합·모델화했기 때문에 소비자행동에 대한 설명력이 매우 높다.

2) 현대적 소비자행동 모델의 특징

현대적 소비자행동 모델은 소비자의 행동과정을 포괄적으로 묘사하고, 행동과정에 관련된 제 요인들의 관계를 체계적으로 설명하고 있다. 또한 전통적 모델에서와는 달리, 소비자행동의 여러 측면, 즉 경제적, 심리적, 정신분석적, 사회심리적, 사회적 측면에서 모든 관련 요인들을 한 모델 속에 유기적으로 연계시키고 있다. 포괄적 소비자행동 모델(the comprehensive models of consumer behavior)의 특징을 요약해 보면 다음과 같다.

- 소비자행동의 특정 측면에 대해서가 아니라, 개별소비자의 전반적인 행동과정에 초점을 맞추고 있다.
- 소비자행동에 영향을 미치는 요인들의 본질이나 그들 요인 간의 관계에 대해서는 여러 행동과학분야에서 이미 개발된 이론에 기초를 두고 있다.
- 소비자행동에 관련되는 요인들 간의 상호관계를 일목요연하게 표현하기 위해서 주로 도형이나 흐름도표(flow chart)를 이용하고 있다.
- 소비자행동변수 간의 상대적 비중은 크게 고려하고 있지 않다.

이와 같은 특징을 가진 포괄적 소비자행동 모델에 대해서는 다음과 같은 문제점이 있는 것으로 지적되고 있다.

- 각 행동변수들의 비중을 고려하지 않고, 주로 흐름도표를 이용하고 있어서 소비자행동에 대한 예측능력이 낮다.

- 전통적 모델과는 달리, 너무 많은 요인들을 포함시켜 그들의 관계를 복합적으로 설명하고 있기 때문에 현실적으로 마케팅 실무에의 응용력이 낮다.
- 모델에 대한 실증적 검증이 용이하지 않다.

그러나 이와 같은 문제점들이 있음에도 불구하고, 포괄적 행동 모델은 유용한 점이 더 많은 것으로 평가되고 있다. 포괄적 행동 모델의 유용성을 살펴보면 다음과 같다.

- 소비자행동에 관련되는 요인들을 개념화하는 데 있어 체계적 사고를 할 수 있도록 도와줌으로써 소비자행동 이론의 개발을 용이하게 해준다.
- 영향요인들의 관계를 명확히 해주기 때문에 소비자행동을 사실적으로 설명해 준다.
- 모델로부터 유추되는 가설을 검증하는 데 필요한 연구조사의 틀을 제공한다. 그리고 연구결과로 얻어지는 새로운 사실을 모델의 수정 및 보완에 쉽게 적용할 수 있다.

4 정보처리 과정

1) AIDA model

AIDA는 아래와 같이 Attention, Interest, Desire, Action의 머리글자를 딴 두 문자어(acronym)이다. 정보처리 과정이 4단계를 거쳐 발생한다는 것이다.

[그림 5-4] AIDA model

- 1단계는 주의(Attention)로 정보처리에 대한 심리적 집중력이 높아지는 단계다. 이 단계의 목표를 달성하기 위해서는 전달하고자 하는 메시지 또는 비주얼적인 효과를 강력하게 만들어 시선을 집중시킬 수 있어야 한다.
- 2단계는 관심(Interest)으로 1단계에서 고객의 관심을 끌었다면, 2단계에서는 제품이나 서비스에 대한 고객의 관심을 불러일으키고 유지시켜야 한다. 브랜드-제품에 대한 태도를 형성하게 되는 단계다. 제품 및 서비스에 대한 자세한 정보가 제공되는 단계다.
- 3단계는 욕구(Desire)로 제품에 대한 관심이 생기면, 판매자는 고객들에게 제품을 소유하고 싶어지도록 설득하는 것이 필요하다. 즉, 타깃 고객의 일상 생활을 고려하여 해당 제품이나 서비스가 어떤 역할을 하고, 어떠한 혜택을 제공하는지, 명확한 예를 제공하게 되는 단계이다. 온라인 쇼핑몰에서 제품명에 키워드 작업을 하는 것이나, 광고를 통해 공감할 수 있는 감성적, 이성적 예시를 제시하는 것이 해당된다.
- 4단계는 행동(Action)으로 구매 욕구 이후 '구매'로 행동이 이어지는 단계다.

오랜 기간 AIDA 모형이 성공적인 판매 프로세스로 여겨졌지만, 오늘날에는 순수 선형 모형만 사용하는 것은 현대의 세일즈 프로세스에 적합하지 않다는 평가가 지배적이다.

2) AIDMA model

미국의 경제학자 Roland Hall은 욕구(Desire)와 행동(Action) 사이에 기억(Memory) 단계를 거친다는 주장으로 제안한 모델이 AIDMA model이다.

[그림 5-5] AIDMA model

주의를 끈 제품이나 서비스에 대한 인지 이후, 제품이나 서비스에 흥미를 갖게 되어 구입하고 싶어지는 잠재의식이 형성되고, 이를 계기로 의식 안에 대상에 대한 정보가 저장되는 '기억'이 형성된다. 이후 생활에서 어떤 계기나 자극이 발생할 때, 기억 속에 저장된 브랜드 관련 정보가 인출되어 구매에 영향을 미치게 된다는 것이다. 기억 속에 제품 및 서비스에 대한 정보를 어떻게 저장시키느냐가 중요한 커뮤니케이션 목표가 될 수 있다. 즉, 브랜드에 대한 기억을 어떻게 형성시키느냐가 중요한 목표가 되는 것이다.

- 1단계: 주의(Attention)는 고객의 주의를 끌어 제품 또는 서비스를 인지하는 단계이다.
- 2단계: 관심(Interest)은 제품에 대한 관심을 가지고 장단점을 인식하는 단계이다.
- 3단계: 욕구(Desire)는 여러 판매 촉진 활동 등으로 제품에 대한 구매 욕구를 불러일으키는 단계이다.
- 4단계: 기억(Memory)은 욕구 단계를 넘어 제품에 대한 기억으로 구매의사를 결정 짓는 단계이다.
- 5단계: 행동(Action)은 구매 욕구를 행동으로 옮겨 실제 구매가 일어나는 단계이다.

3) DAGMAR model

AIDA model을 보완하고자 나온 모델이라고 볼 수 있다. DAGMAR란, 1961

년 Russell H. Colley가 『측정된 광고 결과에 대한 광고 목표 정의(Defining Advertising Goals for Measured Advertising Results)』라는 책을 출간하면서 그 앞자만 따서 지은 두문자어이다. AIDA model의 대안으로 광고의 의사소통 접근 방식에 보다 명확하게 초점을 맞춘 방안이라고 볼 수 있다. 이에 따르면 소비자들의 반응은 : '인지(Awareness) → 이해와 이미지(Comprehension & image) → 태도(Attitude) → 행동(Action)'의 단계를 거친다.

[그림 5-6] DAGMAR model

- 1단계: 인지(Awareness)는 브랜드의 존재 여부, 브랜드명, 심벌 등에 대한 기본적인 정보를 인지하게 되는 단계이다.
- 2단계: 이해와 이미지(Comprehension & image)는 브랜드의 제품, 서비스가 갖는 속성에서부터 소비자들에 제공되는 혜택, 감성적이고 추상적인 이미지 연상까지를 알게 되는 단계이다. 브랜드의 차별화 또는 포지셔닝이 발생되는 단계라고 볼 수 있다.
- 3단계: 태도(Attitude)는 소비자가 브랜드를 평하여 긍정적, 부정적, 중립적인 태도를 형성하게 된다는 것이다.
- 4단계: 행동(Action)은 이 태도의 확신 정도에 따라 구매 가능성으로 이어진다는 모델이다.

4) AIDCA model

잠재적 고객이 구매를 결정하기까지의 심리적 과정으로, 제품에 주목(attention)하고, 알고 싶다는 관심(interest)을 가지며, 소유하겠다는 욕망(desire)을 일으켜,

이 제품은 메이커가 주장하고 있는 내용을 그대로 실현하여 만족시켜 주리라고 확신(conviction)함으로써 비로소 그 제품을 구매하기 위해 필요한 행동(action)에 나선다는 순서를 나타내고 있다. 이는 물건을 사기 전의 인지 부조화, 물건을 산 후의 인지 부조화, 소비자행동 이후에 나타나는 반응으로 Brand Loyalty, Brand Switch의 기초가 되는 이론이 되고 있다.

[그림 5-7] AIDCA model

- 1단계: 주의(Attention)는 고객의 주의를 끌어 제품 또는 서비스를 인지하는 단계이다.
- 2단계: 관심(Interest)은 제품에 대한 관심을 가지고 장단점을 인식하는 단계이다.
- 3단계: 욕망(Desire)은 여러 판매 촉진 활동 등으로 제품에 대한 구매 욕구를 불러일으키는 단계이다.
- 4단계: 확신(Conviction)은 구매하는 것이 유익하다는 확신을 갖게 하는 단계이다.
- 5단계: 행동(Action)은 구매 욕구를 행동으로 옮겨 실제 구매가 일어나는 단계이다.

5) AISAS model

달라진 미디어 환경을 반영하여, 일본의 광고대행사 덴츠(Dentsu)가 2004년에 제시한 모델이다. 이 모형은 기존의 모형에서 검색(Search) 단계를 추가하여 소비자의 적극적인 메시지 선택의 과정을 포함시켰다. 브랜드에 대한 인지 및 제품 구매 과정에서 인터넷 검색이 필수적인 의사결정 과정으로 등장함에 따라, 이 단계는 정보 처리에서 중요한 역할을 차지하게 되었다. 또한, 검색에 그치지 않고, 제품을 구매한 이후에는 구매에 대한 의견을 온라인상에 공유함으로써 다른 소비자들에게 중요한 정보원으로 활용된다.

'주의(Attention) → 관심(Interest) → 검색(Search) → 행동(Action) → 공유(Share)'로 이어지는 단계는 선형적으로 구매행동에서 끝나던 기존 모델과 달리, '공유'를 통해 다시 AISAS → SAS로 반복될 수 있다는 측면에서 닫힌 구조가 아닌, 순환구조를 가진다는 데 의미가 있다. 인터넷 시대의 미디어 환경을 반영하는 AISAS 모델은 소비자의 적극적 정보 선택이라는 특징을 가지는 검색(search)이라는 단계와 구매 후 의견을 인터넷을 통해 공유(share)함으로써 다시 브랜드에 대한 평가에 영향을 미치는 단계가 추가됨으로써, 일방향적, 선형적 구조에서 비선형적이며 열린 구조로 구성된 특징을 보인다.

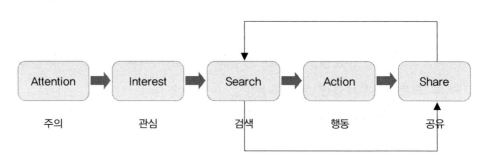

[그림 5-8] AISAS model

- 1단계: 주의(Attention)는 고객의 주의를 끌어 제품 또는 서비스를 인지하는 단계이다.
- 2단계: 관심(Interest)은 제품에 대한 관심을 가지고 장단점을 인식하는 단계이다.
- 3단계: 검색(Search)은 인터넷으로 해당 제품을 검색하고 경쟁사와 비교·분석하는 단계이다.

- 4단계: 행동(Action)은 검색 결과를 바탕으로 실제 구매가 일어나는 단계이다.
- 5단계: 공유(Share)는 SNS를 통해 구매한 제품에 대한 사용 후기나 다양한 정보를 공유하며 자연스럽게 구전 마케팅으로 진행되는 단계이다. 이렇게 공유된 정보는 또 다른 소비자가 검색할 때 노출되고, 그 소비자에게 영향을 미치게 된다.

6) SIPS model

일본의 광고대행사 덴츠(Dentsu) 내에서 차세대 커뮤니케이션을 연구하는 현대통신연구소는, SNS가 주류인 시대의 소비자 정보처리 행동은, '공감(Sympathy) → 자기확인(Identify) → 참여(Participate) → 공유와 확산(Share & Spread)'으로 나타난다고 제시하였다.

모바일 시대의 새로운 정보 처리 모델이 바로 SIPS이다.

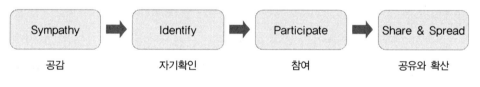

[그림 5-9] SIPS model

- 1단계: 공감(Sympathy)은 소셜미디어상 '유통화폐'라고 지칭될 만큼, 커뮤니케이션이 시작될 수 있는 중요한 실마리를 제공하는 지점이다. 정보와 콘텐츠가 넘쳐나는 현재의 미디어 환경에서 페이스북, 인스타그램의 '좋아요'나 트위터의 '리트윗'이 발생하지 않는 콘텐츠는 사멸하고 만다. 한편 '좋아요'와 '리트윗'이 확산되려면 우선 공감의 영역에 들어서야 가능하다. 즉, 공감할 가치가 있는 정보만이 확산될 수 있다. 물론, 공감한다고 무조건 참여나 공유의 단계로 진행되는 것은 아니다. 정보의 홍수 속에서 공감

한 콘텐츠에 대해 소비자들은 관심을 갖는 것이지 확신을 하는 것이 아니기 때문이다.

- 2단계: 자기확인(Identify)은 공감한 콘텐츠에 대해서 자신과의 유용성, 가치관 부합성 등을 다양한 방법과 채널을 통해 확인하는 과정을 거치게 된다. 친구나 지인의 의견, 전문가의 의견, 대중 매체의 정보 등을 통해 확인 과정을 거치게 된다. 이렇게 본인의 가치관, 생각에 어울리는 콘텐츠인지 자기확인을 거치고 나서야 비로소 참여하게 된다.

- 3단계: 참여(Participate)는 모바일의 경우 인터넷 시대의 참여보다 더욱 적극적이고 일상적인 형태의 참여를 만들어냈다. SNS 환경에서 커뮤니케이션 활동에 참여하는 것은 그 자체로 기업과 브랜드의 마케팅 커뮤니케이션 활동에 직간접적으로 기여하는 것이다. 앱을 다운로드받고 이용하는 것들 모두 소비자가 기업의 활동에 '참여'하는 것이다. 구매행동이 기업 입장에서 궁극적으로 바라는 소비자의 최종 참여행동이지만, 이 모델에서는 '참여'에 구매를 포함하여 폭넓게 해석하고 있다.

- 4단계: 공유와 확산(Share & Spread)은 가장 중요한 단계로 보고 있다. 공감한 이후, 자기 확인을 거쳐 커뮤니케이션에 참여한 소비자들은 그 참여 활동을 친구 또는 지인에게 소셜미디어를 통해 공유하려 한다. 이렇게 공유된 콘텐츠들이 이용자들에게 공감을 얻어 '좋아요'를 얻거나 '구독'될 때 기하급수적인 확산이 발생한다.

이렇게 SIPS model은 4단계가 반복되는 열린 구조를 가지며, 다른 모델에서보다 소비자를 정보 및 콘텐츠를 적극적으로 생산, 열람, 유통시키는 주체로서, 이용자로서, 커뮤니케이션 참여자로서 인식한다는 특징을 나타낸다.

소비자 구매행동의 근본은 변하지 않는다. 상황에 따라 조금씩 바뀔 뿐이다. 기업들의 ESG 활동과 소비자 구매행동은 기존에 사용되던 모델의 일부분과 ESG 및 소비자행동에서 중요한 요소로 사용되는 '이해관계자 가치', '심리적 거리', '구매의도'를 적절히 조합하여 활용할 수 있다.

[그림 5-10] AICA model

- 1단계: 주의(Attention)는 소비자가 ESG 요소를 인지하는 단계이다.
- 2단계: 관심(Interest)은 소비자가 이해관계자 가치에 관심을 가지는 단계이다.
- 3단계: 확신(Conviction)은 소비자가 ESG 기업과 심리적 거리를 좁히는 단계이다.
- 4단계: 행동(Action)으로 실제 구매가 일어나는 단계이다.

ESG와 소비자

PART

3

ESG를
생각하는
소비와 소비자

06 소비자의 이해

CHAPTER

1 소비자의 의미

숨 쉬지 않고 살아갈 수 있는 사람이 없는 것처럼 오늘날 우리 모두는 소비하지 않고 살아갈 수 없기 때문에 호흡하는 것만큼 당연하게 소비한다. 이렇게 우리의 생활에 깊숙이 파고든 소비생활은 인간의 다양한 역할 가운데서도 소비자로서의 역할을 크게 부각시켰다. 소비자의 개념이 수많은 논쟁의 주제로 떠오르고, 생산자와 노동자의 입장에만 관심을 쏟아왔던 학문세계에서도 소비와 소비자를 연구대상으로 삼기 시작했다.

현대 사회에서 소비자의 수요와 지출이 차지하는 비중은 압도적이어서 소비자의 올바른 경제행위 없이 시장경제가 제대로 작용하기 어렵게 되었다.

소비자의 선택은 시장경제의 핵을 이루고 소비자 소비패턴의 변화는 경제에서 매우 중요한 변수로 작용하게 되었다.

따라서 소비자의 개념과 경제에서의 지위와 역할을 중심으로 그 권리와 책임 및 소비자 주권에 대해 살펴봄으로써 소비자에 대한 올바른 이해를 해보자.

우리 모두는 소비자이다. 누구나 포함되는 소비자는 흔히 잊기 쉽고 끊임없이 변화하는 집단이다. 모든 사람은 소비자이지만, 순간적으로 소비자의 역할에서 빠져 나와 정반대의 관심과 문제를 갖고 소득과 임금을 벌기 위해 노동자의 역할에 놓이곤 한다. 그러나 소비자의 개념을 규정하는 것은 일하는 사람으로서 갖게 되는 관심과는 차별되는 독특한 공통관심을 추구하고 실현하고자 한다는 점에 있다.

일반적으로 소비자는 소비생활을 위하여 상품이나 서비스를 구입·소비하는 사람들을 가리킨다. 소비자(comsumer)란, '장래 시장의 구성원', '상품이나 서비스를 사적인 용도로 제공받는 사람' 그리고 '타인이 공급하는 물품이나 서비스를 소비생활을 위해 구입·이용하는 자' 등으로 정의한다. 그러나 우리나라 소비자기본법에서 소비자라 함은 "사업자가 제공하는 물품 및 용역(시설물 포함)을 소비생활을 위하여 사용하는 자 또는 생산 활동을 위하여 사용하는 자로서 대통령령이 정하는 자"라고 규정되어 있다.

자신의 생산물을 사용 또는 소비하는 경우나 사업자로부터 구입하더라도 자신의 소비 생활을 위한 것이 아닐 경우에는 소비자가 아니라 하겠다. 이와 같이, 소비자는 사업자가 제공하는 제품(物品)이나 서비스(用役)를 자신의 생활을 위해 구입, 사용하는 자로, 거래 과정의 말단에 위치하는, 그리고 최종소비자로서 생활을 영위하는 생활자를 뜻한다. 보통 소비자라 하면 이러한 최종소비자만을 가리킨다.

넓은 의미의 소비자에는 개인은 물론, 가계·학교·교회와 같은 조직도 포함된다. 이는 소비자를 개인소비자와 조직소비자 또는 최종소비자와 산업 사용자로 대별하는 데서 알 수 있다. 그러나 일반적으로 소비자라 하면 '최종소비자'를 가리키고, 사업상 재화(生産財)를 구입하는 소비자, 즉 중간소비자 내지 산업사용자는 포함시키지 않는다.

한편, 소비자와 상반되는 개념인 사업자(事業者)는 물품을 제조, 수입, 판매하거나 용역을 제공하는 자를 말하고, 생산자, 도매업자 및 소매업자 등이 그 예다. 사업자란, '제품 및 서비스의 공급자로, 이윤 추구 목적으로 사업을 영위하는 사람'이라고 할 수 있다.

2 소비자 유형

1) 선택자로서의 소비자(The consumer as chooser)

선택은 소비자생활의 중심 가치로 자리 잡고 있다. 선택이 소비자에게 주는 이점을 살펴보자.

첫째, 모든 선택은 좋은 것이고 바람직한 것으로서 소비자에게 더 많은 선택이 주어질수록 좋은 것이다.

둘째, 선택은 경제 전반에도 유익한 것으로서 효율성, 성장, 다양성 등을 움직이는 힘으로 작용한다.

셋째, 선택이 존재하는 사회체계는 그렇지 않은 체계에 비해 월등히 낫고, 선택이 궁극 가치로 작용한다.

넷째, 소비자본주의란 모든 사람에게 더 많은 선택이 주어진다는 것을 의미한다.

이와 같이 선택이 소비자에게 중요한 의미를 가지지만 선택에는 몇 가지 제한점이 있다.

첫째, 정보가 주어지지 않은 상태에서의 선택이란 진정한 선택이 아니기 때문에 어떤 종류의 정보가 얼마만큼, 그리고 누가 제공하는 것이 소비자에게 적합한 문제인지가 제기된다.

둘째, 비슷비슷한 대안들 사이의 선택이란 진정한 의미의 선택이기보다는 제한된 범위 안에서의 선택일 뿐이다.

셋째, 자원을 가진 자에게만 선택이 국한된다면 모든 사람에 대한 선택의 이점은 감소한다. 왜냐하면 부자라는 것은 도움이 되겠지만, 여유가 있어야 한다는 것이 선택을 통해 행복을 얻는 전제조건은 아니기 때문이다.

넷째, 선택범위가 지나치게 많으면 최상의 대안을 선택하는 일이 골칫거리가 되기 때문에 너무 많은 선택은 오히려 보상을 감소시킨다.

다섯째, 구매한 중고차가 자주 고장이 난다거나 수술의 결과가 만족스럽지 않을 때 불평의 한계가 있듯이 때로는 선택이 책임회피나 속임수의 연막으로 이용될 수도 있다.

선택은 옳고 그름, 좋고 나쁨과 같이 도덕적 차원과 필연적으로 연결되어 있다. 모든 소비자가 선택에 익숙하기 때문에 선택은 민감한 문제이다. 사람들은 선택을 당장 하지 못하더라도 선택할 권리는 가지고 있다고 믿고 싶어 한다. 모든 것을 다 잃는다 해도 가장 마지막까지 움켜쥐고자 하는 것은 아마도 선택의 권리일 것이다.

선택에 관한 또 다른 관점은 소비자를 문제해결자로 간주하고 문제를 어떻게 인지하느냐에 따라 선택이 달라진다는 것이다. 또한 소비자는 목표를 가지고 정보를 탐색·평가하여 최상의 대안을 가려내는 정보탐색자나 정보처리자로 설명되기도 한다. 소비자 선택을 사회적 접촉을 위한 하나의 매개체로 간주하기도 하여 소비자들이 사교를 위해 쇼핑을 한다는 설명도 있다. 또 다른 학자들은 원하는 목적을 상품이 달성하는지 아닌지를 의식적으로 가려내는 행위로 선택을 파악함으로써 소비자들이 실용주의자라는 주장을 펴기도 한다.

이상에서와 같이 소비자 선택에 대한 다양한 설명이 존재하는 것은 소비자 선택이 매우 복잡한 현상을 포함하고 있음을 의미한다. 그러나 소비자 선택에 대한 여러 가지 설명의 밑바탕에는 소비자 선택이 합리적으로 이루어진다는 가정이 깔려 있다.

2) 의사소통자로서의 소비자(The consumer as communicator)

소비자를 의사소통자로 보는 관점은 소비제품과 같은 물질적인 사물에 대해 소비자가 부여하는 의미나 느낌에 따라 그 사물의 사회적 가치가 다르고 사물은 소유자의 사회적 위치를 나타내는 표시물 혹은 의미전달물이 될 수 있으며, 이러한 표시물들을 이용하여 의사소통이 이루어진다는 것이다. 물론 우리는 언어를 통해 의사소통하지만 몸동작이나 예절을 통해 그리고 매일매일 사용하고 전시하고 버리는 셀 수 없이 많은 소비제품들을 통해 의사소통한다는 것이다.

소비자를 의사소통자로 보는 것은 상품의 문화적 가치와 그들을 구성하는 의미에 대해 연구하기 시작한 문화인류학자와 사회학자의 관점으로서, 사물의 경제가치나 교환가치가 생물학적 혹은 사회적 요구보다는 궁극적으로 문화적 가치로부터 나온다고 간주한다. 그러므로 소비자가 상품을 구입하는 것은 그 상품이 소비자에게 무엇을 해줄 수 있기 때문이기보다는 그 상품이 소비자에게 어떤 의미가 있고 소비자 자신들에 대해 무엇을 말해줄 수 있기 때문이라는 것이다. 사물은 어떤 일이 있었는지를 나타내주거나 애매모호함을 없애주거나 또 경우에 따라서는 의미를 확고히 하는 증거물이 된다는 것이다.

3) 탐험가로서의 소비자(The consumer as explorer)

채워지지 않는 호기심을 가지고 끊임없이 색다름을 추구하며, 활 없는 탐험가로서의 소비자에 대한 이미지는 일찍이 Baudrillard를 비롯해 1980년대 Bourdieu, Bauman, Featherstone 그리고 McCracken과 같은 문화이론가들의 생각을 뒷받침했다. 쇼핑행위는 질 좋은 상품을 값싸게 사는 관리능력으로부터 좀 색다르고 규격에서 벗어나고 각자의 이름이나 얼굴이 새겨진 전용상품을 찾는 다분히 창조적인 능력을 요구하는 행위로 바뀌고 있다. 이와 같이 호기심 어린 탐험가로 소비자를 바라보는 관점은 독특한 차이 또는 이색적인 것을 찾는 인간의 욕구에서 비롯된다.

소비자의 탐험가적 기질은 마케터의 끊임없는 공격대상이 되고, 이색적인 진열, 독특한 향기, 색다른 볼거리, 현란한 판매행사 등의 유혹을 받아보지 않은 소비자가 없을 정도이다. 현대 소비자에게 쇼핑과 탐험은 하나가 되어 신제품,

새로운 유행, 새로운 형태의 즐거움 등을 찾아다니는 쇼핑행위에서 소비자들은 호기심을 발산한다. 집에서 편안히 잡지를 보거나 이웃과 만날 때도 탐험은 계속되고, 좀 더 적극적으로 여행하면서 진기한 풍경을 카메라에 담거나 기념품을 모으기도 한다. 또는 거리의 진열창을 지나며 최신 유행을 탐험하기도 하고, 전자상거래(E‑Commerce)와 소셜미디어를 이용한 쇼핑형태에서도 탐험은 이어진다. 결국 탐험 없는 소비행위를 상상할 수 없게 되었고 소비행위 없는 탐험을 상상할 수 없게 되었다.

또한 상표충성과 같이 소비자들이 익숙한 것, 안전한 것을 찾는 수많은 경우에 대해 설명하지 못했다. 현대소비의 뚜렷한 모순의 하나는 친숙한 것과 낯선 것을 동시에 갈망하는 것이며, 소비자들은 습관적인 것으로부터 편안함을 얻는 동시에 모험적인 것을 추구한다. 바로 이것이 현대 소비현상에서 일관성과 보편성이 상실되고 부조화와 분열이 공존하는 현대소비의 특성을 나타내는 하나의 단면이다.

4) 정체성 추구자로서의 소비자(The consumer as identity‑seeker)

인간은 끊임없이 정체성을 추구해 왔고, 이것은 개인 및 가족의 역사, 직업, 업적, 성격과 기질 등에 의해 형성되어 왔다. 그러나 고도의 소비사회로 진입하면서부터 우리의 정체성은 소비행위와 밀접한 관련을 맺기 시작했다. 일과 직업 및 업적 위주의 정체성은 감소하고 그 틈을 소비현상이 메우기 시작했다. 기업이 새로운 심벌이나 로고로 새로운 기업 이미지를 창출할 수 있는 것과 똑같은 이치로 소비자도 다양한 소비재를 선택하여 자신의 정체성을 형성해 나갈 수 있게 되었다.

정체성 추구자로서의 소비자에 대한 관점은 포스트모더니즘 이론가의 관점으로서 그들은 쇼핑이 단순히 상품을 구매하는 행위가 아니라 정체성을 구매하는 행위이며, 소비자의 정체성은 그가 구매하는 상표뿐만 아니라 그것을 생산한 기업의 정체성과 연관된다고 보았다. 상품의 이미지와 질은 개개의 상품 혹은 여러 개의 상품이 묶여서 소비자에게 이전되고, 소비자의 정체성은 상품 이미지의 끊임없는 전위와 응집의 결과에서 오는 자아 이미지가 된다. 물질은 소비자와 물리적·감정적으로 매우 밀접하게 연관되기 때문에 소비자의 정체성을 쉽게 형성하는 역할을 하게 된다.

물질의 유용성은 실제와 이상 사이를 연결시키는 가교역할에 있다. 예를 들어 어떤 사람이 '저 차를 살 수만 있다면 나는 참 멋져 보일 텐데…'라고 생각한다면 그 차는 실제와 이상을 연결시키는 환상이 된다. 이와 같이 꿈꾸고, 갖고 싶어 하는 차는 자아도취적 공상의 의미를 담게 되고 그 차를 손에 넣게 되면 일시적으로 자아도취는 증폭된다. 그러나 그것은 일시적일 뿐 실제와 이상의 거리가 깨져 사물이 형성하는 정체성의 이상적 가치는 급격히 감소되고, 또 다른 환상이 또 다른 사물로 옮겨져 끊임없이 물질을 추구하게 만들며, 바로 이러한 과정을 통해 소비자본주의가 번영하는 것이라고 해석한다.

5) 쾌락주의자로서의 소비자(The consumer as hedonist)

현대인에게 인생을 즐긴다는 것은 기쁨을 얻기 위해 소비하는 것을 의미할 정도로 소비와 쾌락추구는 밀접하게 관련된다. 오늘날 행복은 성취나 성공보다도 즐거움과 더 밀접하게 관련되고, 상품은 생산되어 진열되고 유통·소비되는 과정에서 기쁨을 주는 도구의 역할을 한다.

소비선택은 행복추구에 있고, 소비자들은 즐거움을 주는 것에 그들의 돈과 시간을 쏟아붓는다. 행복은 생활의 질에 반영된 쾌락주의적 또는 심미주의적 의미로 정의되고, 소비는 쾌락과 미적 욕구를 충족시키는 수단으로써 소비자에게 행복을 가져다준다. 그러나 행복은 노력이나 어떤 미덕의 보상이나 운의 결과로 얻어지는 것이 아니라 쾌락과 즐거움을 다루는 문제이기 때문에 결국은 소비자 자신의 책임과 능력에 달린 문제이다. 소비자들의 환상은 현실과 유리된 것일 수 있으나 그들이 느끼는 쾌감은 현실적인 것이다.

그러나 쾌락추구는 결국 헛된 것일 수 있고 쾌락을 쫓는 소비자는 자신을 만족시킬 것이라고 믿는 것을 얻기 위해 다른 사람에게 고통을 안겨줄 수 있다. 그러므로 쾌락추구자로서의 소비자는 궁극적으로 쾌락의 중독자가 될 수 있는 위험이 있다. 쾌락주의는 막다른 골목에 다다르며 매우 불만족스러운 결과를 가져올 수도 있다.

소비자들이 쾌락을 추구하며 물질에 의존하고 좌절을 경험하며 서로 증오하는 격렬한 사이클을 계속 따라갈 것인지, 아니면 제한적이기는 하나 자신이 실제로 경험할 수 있는 만족수준을 더 깊이 느끼며 생기발랄하게 살아갈 것인지는 의문으로 남는다.

6) 피해자로서의 소비자(The consumer as victim)

1950년대 Vance Packard의 책『The Hidden Persuaders』에서 심리학의 새로운 기법과 광고가 소비자들을 조종한다는 사실이 폭로된 이래 피해자로서의 소비자에 대한 이미지는 소비사회에 깊이 자리 잡게 되었다. 소비자는 부도덕한 상술의 희생자로 보여졌을 뿐만 아니라 심리학의 발전과 함께 고도의 기법을 적용해 보는 소재로 여겨졌다.

문화이론가의 관점과는 달리 소비자옹호자와 소비자운동가들은 시장개방의 물결로 하나가 되어가는 세계 자본주의 시장에서 소비자의 약점은 더욱 증가하고 있다고 강조했다. 그들은 상거래가 존재하는 한 소비자를 속이고 위해할 가능성은 항상 존재하고, 소비자와 기업 간에는 힘의 불균형이 존재하여 소비자보호가 필연적이라는 주장을 편다. 선진국에서의 소비자보호는 시장행위에 대한 법규와 경쟁의 결합으로 이루어지는 추세에 있고 소비자와 정부 그리고 기업의 세 경제주체 간의 힘의 균형에 관심을 쏟는다.

7) 저항자로서의 소비자(The consumer as rebel)

소비자를 저항자로 간주하는 관점은 조작된 상품을 수동적으로 구입하는 피해자로서의 소비자의 이미지를 거부하면서 1980년대에 출현하였다. 저항자로서의 소비자의 이미지는 피해자로서의 분노가 증폭된 이미지일 뿐만 아니라 지난 2세기에 걸쳐 자기 혼란적 소비자 옹호자의 지칠 줄 모르는 활동이 강화된 이미지이다.

그러나 저항자로서의 소비자의 이미지는 소비사회를 전면 거부하기보다는 또 다른 형태의 소비에 가담함으로써 자동적으로 다시 상품화되는 경향이 있다. 그러므로 소비자들은 저항자로서 "전면거부함"이라고 반항함으로써 소비자사회에 도전할 뿐만 아니라, 현재로는 가능하지 않은 선택범위를 열어감으로써 또다시 소비사회를 더욱 조장하는 측면이 있다.

8) 운동가로서의 소비자(The consumer as activist)

운동가로서의 소비자에 대한 이미지는 도덕적인 맥락에서 모든 소비자의 몫을 향상시키기 위해 집합적인 조직체의 필요성을 강조하는 관점이다. 행동주의적 소비자운동은 지금까지 네 가지의 물결로 발전되어 왔다.

첫 번째의 소비자운동의 물결은 상품의 과도한 가격과 나쁜 품질에 대한 노동자 계층의 협동조합적 반응으로부터 시작되었다. 현대적 형태의 협동조합운동은 1844년 산업화과정이 극도에 달할 무렵 영국의 북서부지방 Rochdale에서 조합원들이 매점을 직접 운영하는 데서 시작되었다. 그 당시의 열악한 상황에도 불구하고 소비자에 대한 이념이 탄생하게 되었고 발전하였을 뿐만 아니라 소비자들이 생산에 대항하는 힘을 행사할 수 있음이 실질적으로 입증되었다.

두 번째의 소비자운동은 19세기 후반과 20세기 초반에 미국에서 시작되어 1930년대에 현대적 형태를 갖춘 것으로써 독점자본에 의해 소비자에게 부과되는 위험을 인식하고 상품테스트와 소비자교육 및 정보에 관심을 쏟는 것이었다. 소비자가 시장환경에 좀 더 효과적으로 행동할 수 있도록 교육하고 정보화시킴으로써 지불한 돈에 상응하는 가치(value-for-money)를 얻는 데 관심을 두었다.

세 번째 소비자운동의 물결은 두 번째 물결과 같이 미국에서 시작되었는데 그 중심은 Ralph Nader이다. Nader는 개별 소비자와 거대한 기업 간의 힘의 불균형에 대해 역설하였고, 소비자정책의 새로운 혁명을 불러일으켰다. 그는 소비자운동의 역할을 시장에서 소비자가 최상의 거래를 하는 것으로부터 점차 확장하여 시장 자체에 맞서는 것으로 간주하였다. 두 번째의 물결에서처럼 정보의 중요성이 강조되고 정보가 자유롭게 흐를 수 있어야 하고 공명정대해야 한다고 주장하였다. Nader주의는 1990년대 세계적인 규제철폐와 경제블록의 대두와 함께 새로운 국면을 맞아 소비자집단뿐만 아니라 환경단체, 동물보호단체, 무역연맹 등의 단체와 연합하는 범세계적 소비자운동으로 발전하여 Consumers International과 같은 국제기구의 출현배경이 되었다.

네 번째 소비자운동의 물결은 1970년대에 서서히 등장하여 1980년대에 가속화된 대안적 소비(alternative consumption)에 관심을 쏟는 것이다. 이 물결은 녹색(green), 도덕적(ethical), 제3세계연대(Third World solidarity), 공정무역기구(fair trade organization)와 같은 다양한 요소를 포함하는데, 이 가운데서 가장 영향력 있는 것은 환경보호적 소비자운동으로서 환경친화적 제품의 사용부터 소비 자체를 절제하는 데 이르는 다양한 방법으로 환경을 보호하는 데 소비자가 주도적인 역할을 담당해야 한다는 주장을 한다.

9) 시민으로서의 소비자(The consumer as citizen)

우리가 소비자로서 생각하는 것은 전혀 어색한 일이 아니지만 시민으로서 자신을 바라보는 것은 좀 어색하다. 시민이라는 개념은 분명하지도 않고 특별히 매력적이지도 않은 권리와 의무 사이의 균형뿐만 아니라 상호의존과 견제를 포함한다. 반면 소비자는 사회 구성원일 필요도 없고 사회를 위해 행동해야 할 의무도 없으며, 시장에서 죄책감이나 사회적 의무감 없이 자유로이 선택할 수 있다. 이렇게 상이한 두 개념이 1980년대에 들어와 합쳐지게 되었다.

소비사회의 물질주의의 한계와 환경오염의 문제에 직면하면서부터 책임 있는 소비자, 사회적 식견이 있는 소비자, 앞서 생각하고 사회적 자각에 비추어 자신의 열망을 조화시키는 소비자, 도덕적 행동을 하고 공동복지를 위해 개인적 쾌락을 희생시킬 준비를 할 줄 아는 소비자의 개념이 필요해졌고 이러한 배경에서 소비자의 개념은 시민의 개념 쪽으로 방향을 확대해 나갔다. 소비자는 새로운 사회규칙을 수립하기 위해 결속해야 하고, 그 새로운 사회규칙이란 지역사회 단위의 협소한 범위가 아니라 세계적 규모로 사회통합을 회복시키는 것이다. 앞으로의 소비자는 인류공동의 부의 견지에서 시민으로서 행동하고 살아 나가야 한다. 이와 같이 시민의 개념이 소비의 논점에 들어오게 되면서 시민으로서의 소비자는 직접적인 행동이나 참여뿐만 아니라 간접적으로 국가를 통해 시장을 있는 그대로 받아들이는 것이 아니라 조정하고 통제하고 변화시켜 나갈 수 있다.

3 소비자의 역할

소비자는 기본적으로 제품 및 서비스를 소비하는 소비자인 동시에 그 제품의 생산자이며 구매자이다. 더 나아가 소비자는 거래의 주체이면서 가격 결정자이고, 또 자본주의경제의 통제자이기도 하다. 여기서 소비자들이 갖는 다양한 역할에 대하여 구체적으로 살펴보고자 한다.

1) 소비 상담자로서의 소비자

일반적으로 소비자라 하면 개인적 소비, 즉 개인의 욕구 충족을 목적으로 상품의 사용가치를 최종적으로 소모하는 최종소비자를 말한다. 이러한 최종소비자는 산업사용자처럼 상품 생산을 위해 원재료나 노동력을 구매, 사용하지 않으며, 또 유통업자처럼 재판매를 목적으로 상품을 구입하지 않는다. 그리고 최종소비자의 소비는 그 형태와는 관계없이 소비자 자신이 갖고 있는 내적 욕망의 발현이라 할 수 있다. 즉, 소비자 개개인의 욕망이 사회적 욕망으로 집적되어, 생산력 향상과 기술 진보를 유발시키고, 신제품을 시장에 출현되도록 한다는 것이다. 이와 같이 인간의 욕망이 신제품을 요구하게 되고, 신제품은 또 다른 욕망이나 필요를 창조하게 된다. 따라서 소비자 개개인의 욕망은 역사적·사회적·문화적 소산으로, 새로운 발명·발견이나 신제품을 낳게 한다고 할 수 있겠다.

2) 생산자로서의 소비자

소비자는 생산된 상품을 소비하는 동시에 생산요소를 제공하는 사람이다. 즉, 생산자로서의 노동자는 노동력의 대가인 임금으로 받은 화폐로 소비용품을 구입, 소비하기도 하지만, 노동자나 그 가족으로서의 소비자는 소비생활을 영위하면서 노동력을 재생산해 생산요소를 제공하기도 한다.

모든 욕망, 분배, 교환, 그리고 소비가 현실적으로 생산과 직접적인 관계를 맺고 있으며, 또 생산은 소비, 분배, 그리고 교환과의 상호관계를 규정하고 있다. 즉, 모든 소비자들이 어떠한 형태로든 사회적, 물질적 생산 활동에 직간접적으로 관련되어 있으므로 소비자를 '소비만을 위해 소비하는 사람'이라고 단정할 수는 없다고 본다. 또한 소비자가 소비의 대상인 상품을 생산하는 생산사회의 일원이라는 점에서 생산을 매개로 한 사회적 관계와 소비를 매개로 한 사회적 관계를 함께 갖고 있는데, 이러한 양자 간의 관계는 생산의 고도화와 분업의 발달로 더욱 밀접해지고 있다.

3) 구매 행동자로서의 소비자

소비자들은 욕구 충족을 위해 자신의 구매력 범위 내에서 상품을 선택, 구매하게 되며, 또 이 과정에서 나름대로의 구매의사결정과정을 거친다. 소비자의 의사결정은 경제학에서 제시한 한계효용 극대화(maximization of marginal utility)를 위해 항상 합리적 · 이성적 판단으로만 이루어지는 것은 아니다. 소비자의 구매의사결정에는 합리적 지향과 비합리적 지향이 함께 반영되고, 구매자 특성, 제품 특성, 판매자 특성, 상황적 특성, 그리고 문화적 특성 등의 영향을 받는다.

그리고 '소비자들이 어떻게 특정 제품을 특정 상점에서 구매하는가'에 대한 규명은 소비자행동 연구의 핵심 과제이며, 소비자의 구매행동, 특히 구매의사결정은 소비자행동 이론의 중심 영역이다. 또한, 소비자 및 소비자 구매행동에 대한 조사 · 연구는 합리적인 기업 경영과 마케팅 관리에 매우 중요한 일이다. 소비자의 욕구 및 구매의사결정에 대한 정확하고 올바른 파악이 기업경영의 성패를 좌우하기 때문이다.

4) 거래 주체로서의 소비자

시대의 변천, 특히 경제 및 생산기술의 발전에 따라 소비자의 구매 상품과 생활양식도 변화되어 왔다. 인간으로서의 생활을 영위하기 위하여 소비자는 상품을 구매 · 소비하지 않을 수 없으며, 또 판매자와 함께 거래의 주체가 될 수밖에 없다.

이와 같이 소비자를 거래의 주체로 보면, 그 주체가 인간이라는 점과 거래 목적이 생활이라는 점이야말로 소비자가 갖는 기본적인 성격이라고 할 수 있다. 그리고 오늘날 상품이 인간생활 전반에 걸쳐 영향을 미치는 것은 어쩌면 당연한 일이나, 점차 늘어나는 결함 및 불량 상품들이 소비자의 생활에 적지 않은 피해를 준다는 점에서 문제시된다.

5) 가격 결정자로서의 소비자

자유경제체제하에서 가격은 주요한 마케팅 믹스(marketing mix) 요소인 동시에 마케팅 수단이다. 뿐만 아니라, 소비자행동 및 경제 운영의 중심이 될 정도로 매우 중요하다. 상품 가격은 원활한 시장경쟁 과정을 통해 결정되어야 하고, 또 그 결정과정에 소비자들이 참여해야 하는데, 현실적으로 그러하지 못한 실정이다. 뿐만 아니라, 오늘날 대부분의 소비자들이 상품의 품질, 성능 등을 명확히 인식하지 못한 상태에서 구매행위를 하고 있다.

6) 자본주의 경제 통제자로서의 소비자

경제 통제자로서의 소비자란, 제반 경제활동에 대해 감독기능을 수행하는 소비자를 뜻한다. 즉, 소비자가 상품 가격 등에 대하여 유무형의 영향을 미치며, 기업 등의 경제활동을 관찰, 감독한다는 것이다. 그리고 이러한 소비자의 감시·감독 기능이 생산자의 의사결정에 영향을 미치고, 더 나아가 현대 자본주의경제를 다소나마 통제하는 역할도 한다.

7) 기업 및 정부 정책 영향자로서의 소비자

기업 이익은 가격, 비용, 판매량, 소비자 및 생산자의 의사결정 등에 의해 결정되는데, 이들 중 소비자야말로 기업의 매출과 이익에 가장 크게 영향을 주는 요소라고 할 수 있다. 왜냐하면, 소비자는 자신의 상표 선택을 통해 기업활동, 특히 매출이나 이익에 크게 영향을 미치며, 또 정치적 투표를 통해 정부의 경제정책 수립에도 영향력을 발휘하기 때문이다. 따라서 소비자들이 갖는 경제적 힘은 다른 어느 이해자 집단보다 크다고 하겠다.

8) 생산 자원 배분자로서의 소비자

'소비자는 이중적·양면적인 존재'라고 할 수 있다. 이는 소비자의 한 얼굴은 생산요소의 공급자이고, 다른 한 얼굴은 생산된 제품의 수요자임을 의미한다. 그리고 소비자는 재화 생산의 최종 감독 단계에서 기업 및 산업에 대한 생산자원의 배분에도 영향을 미친다. 이때 생산활동에 대한 소비자들의 영향력은 그들이 생산활동에 대해 수행하는 역할에 따라 다르다. 이는 텔레비전의 수요가 그의 생산에 소요되는 토지, 노동 및 자본에 대하여 파생수요(derived demand)를 유발한다는 사실에서 알 수 있다.

기업 및 산업의 생산시설 규모와 그 가동률은 그들이 생산하는 제품에 대한 소비자 수요에 달려 있다. 이러한 소비자 수요가 산업의 완전가동을 실현시킬 수 있을 때 비로소 시설의 최적이용에 의한 전체 평균비용이 감소하게 되며, 보다 많은 이윤의 확보도 가능할 수 있다. 이와 반대로 소비자 수요가 일정 수준 이하로 감소될 경우에는 규모의 경제가 실현되지 못해 결과적으로 총평균비용이 상승함은 물론, 기계설비의 이용률마저 떨어져 기업은 파탄에 이르게 된다.

4 소비자의 권리와 책임

1) 소비자 권리의 개념

소비자 권리는 제품 및 서비스의 구입, 사용과 관련된 소비자의 권리를 뜻하며, 이러한 권리의 보장은 컨슈머리즘을 실현하는 데 전제가 된다. 생산자나 판매자가 자신이 생산·판매할 상품을 자유로이 결정할 수 있듯이, 소비자 또한 원하는 상품을 자유롭게 선택할 권리가 있는 것이다. 그러나 현실적으로는 여전히 많은 산업분야에서 소비자들은 사업자가 일방적으로 결정한 가격 및 거래조건으로만 구매하는 등의 문제를 가지고 있기 때문에, 소비자의 권리확보와 실천이 요구되고 있다.

그렇다면 소비자 권리는 어떻게 나타나게 되었을까?

소비자 권리는 미국의 케네디 대통령이 1962년 3월 15일 미국 하원에 보낸 '소비자 이익 보호를 위한 특별교서'에서 선언한 소비자의 4대 권리, 즉 안전할 권리(The right to safety), 알권리(The right to be informed), 선택할 권리(The right to choose), 의견을 반영시킬 권리(The right to be heard)를 그 시작으로 한다. 최초로 소비자 권리를 주장한 케네디 대통령은 소비자들이 이들 권리를 원만히 실천할 수 있도록 정부가 각종 조치를 취해야 한다고 주장했다. 케네디 대통령이 최초로 주장한 4가지 소비자 권리에 1969년에는 닉슨 대통령이 구제받을 권리를, 1975년 포드 대통령이 교육받을 권리를, 그리고 1994년 클린턴 대통령이 서비스받을 권리를 추가하였다. 이외에도 국제협동조합동맹(1964), 유럽공동체(European Community: EC, 1975), 국제소비자기구(Consumers International: CI, 1980), 일본의 제5회 인권교류 집회(1986) 등에서도 소비자 권리를 선언하고 명문화하였다.

소비자 권리에 대한 노력은 미국 외의 다른 선진국에서도 살펴볼 수 있다. 유럽공동체는 건강과 안전을 보호받을 권리, 경제적 이익을 보호할 권리, 피해 보상을 받을 권리, 정보와 교육을 받을 권리, 대표의 권리로 구성되는 5대 소비자 권리를, 또 국제소비자기구는 안전할 권리, 선택할 권리, 정보를 제공받을 권리, 의사를 반영할 권리, 보상받을 권리, 교육받을 권리, 쾌적한 환경을 누릴 권리 등의 7가지를 주장하였다. 일본의 동경시 또한 1995년 10월 사업행위의 적정화 및 소비자 피해 구제에 관한 조례를 통해 생명 및 건강이 침해당하지 않을 권리, 적정한 표시를 행하게 할 권리, 부당한 거래 조건을 강요당하지 않을 권리, 부당하게 입은 피해를 공정하고 신속하게 구제받을 권리, 정보를 신속하게 제공받을 권리 등 소비자 권리를 명시한 바 있다.

2) 소비자 권리의 이해

우리나라 헌법은 1980년 8차 개헌에서 최초로 소비자 보호운동에 관한 규정을 두었고, 현행 헌법에서 이를 계승하고 있다. 소비자보호에 대해 현행 헌법은 "국가는 건전한 소비행위를 계도하고 생산품의 품질향상을 촉구하기 위한 소비자 보호운동을 법률이 정하는 바에 의하여 보장한다"고 규정하여 소비자 권리를 인정하고 있다.

반면 1980년에 제정된 소비자보호법에서는 소비자 권리를 명시적으로 규정하지 않았으나, 1986년 제1차 전부개정 시 소비자를 법적 권리주체로 인정하여 안전할 권리, 알권리, 선택할 권리, 의견을 반영시킬 권리, 피해를 보상받을 권리, 소비자 교육을 받을 권리, 그리고 단체를 조직·활동할 권리 등 7가지 소비자 기본권리를 규정하였다. 그리고 그 후 2001년 제6차 일부개정 시 환경에 대한 소비자 권리인, 안전하고 쾌적한 환경에서 소비할 권리를 추가하였다. 이는 1999년 UN 소비자보호가이드라인 개정 시에 포함된 '지속가능한 소비행태'를 반영하여 추가한 것으로, 이는 현세대의 소비욕구를 효율적으로 충족시키면서 미래세대의 소비욕구를 저해하지 않도록 하는 지속가능한 소비를 선언적으로 규정한 것이다.

우리나라 소비자기본법상의 소비자 권리에 대해 알아보면 다음과 같다.

① 안전할 권리

건강과 생명에 위해한 상품으로부터 소비자가 보호받을 권리를 의미한다. 상품이나 서비스로 인한 생명, 신체 및 재산상의 위해로부터 보호받을 권리는 물론, 관련 기관에 대해 안전에 필요한 건의 및 시정 요구의 권리도 포함된다.

② 정보를 제공받을 권리

소비자들이 상품 및 서비스의 선택에 필요한 정보나 지식을 제공받을 권리를 가리키는데, 정보 제공의 권리 또는 알권리라고도 한다. 이는 선택할 권리를 실천하는 데 전제가 되는 권리이다. 이러한 정보를 제공받을 권리는 소비자가 상품이나 서비스를 선택할 때 그 품질과 성능, 내용, 성분, 가격, 거래 조건 등에 대하여 정보를 제공받을 권리와 허위·기만 정보로부터 보호받을 권리로 구분된다. 따라서 이 권리는 소비자가 허위적·기만적인 상품 정보나 과대광고 등으로부터 보호받고, 또 이러한 정보로 인해 야기된 피해를 보상받을 권리라고 할 수 있다.

③ 선택할 권리

소비자가 상품이나 서비스의 구매 시에 상표, 거래 상대방(소매점), 거래 조건 등을 자유롭게 선택할 수 있는 권리를 의미한다. 이 권리의 실천을 위해서는 다양한 상품과 서비스들이 제시되어야 함은 물론이고, 소비자들이 풍부한 정보를 가지고 있어야 한다. 요컨대, 선택할 권리는 많은 사업자들이 다양한 상품을 경쟁적으로 제공하고, 소비자가 가장 좋은 품질이나 가격, 거래 조건의 상품을 선택할 수 있을 때 비로소 보장되는 권리이다.

④ 의견을 반영시킬 권리

소비자에게는 소비생활에 영향을 주는 국가 및 지방자치단체의 정책 수립과 기업의 경영 의사 결정에 자신의 의견을 반영시킬 권리가 있다. 의견을 반영할 권리는 정부나 기업이 각각의 소비자정책 수립 시에 소비자 의견을 반영시키고, 소비자 문제를 신속하게 해결함으로써 실현될 수 있는 권리이다.

⑤ 피해를 보상받을 권리

소비자는 구매 상품 및 서비스로 인한 피해를 공정한 절차에 의하여 보상받을 권리를 가진다. 이 권리로 인해 소비자들은 기업의 소비자기구, 소비자단체,

한국소비자보호원, 정부 내의 관련 기관 등에 자신이 입은 피해에 대하여 보상이나 구제를 요구할 수 있다.

⑥ 소비자 교육을 받을 권리

소비자들이 합리적인 소비생활을 영위할 수 있도록 하는 데 필요한 교육을 받을 권리이다. 소비자들은 전문지식을 갖춘 생산자 및 판매자에 비해 상품·서비스에 대한 지식을 충분히 갖지 못하며, 또 생산기술의 급속한 발달로 복잡 다양해진 신상품의 품질, 성능 등에 대해서도 제대로 숙지할 수 없는 경우가 많다. 이에 학교뿐 아니라 정부 및 행정기관, 지방자치단체, 소비자단체, 소비자원 등에서는 교육수용자에 맞춘 다양한 유형의 소비자교육을 실시하고 있다.

⑦ 단체를 조직하고 활동할 권리

소비자들은 자신들의 권익 보호를 위해 단체를 조직하고, 단체행동을 할 권리를 갖는다. 이러한 권리에 기반하여 현재 우리나라에는 소비자보호단체협의회와 그 회원단체인 한국소비자연맹, 소시모 등 10개의 민간소비자단체가 있다.

⑧ 안전하고 쾌적한 환경에서 소비할 권리

소비자는 쾌적한 환경에서 살 수 있는 권리를 가진다. 그간 급속한 경제성장에 따른 폐해로 환경이 오염되었고, 이는 소비자의 건강과 복지를 침해하고 있다. 오늘날의 소비자들은 스스로 쾌적한 환경에서 살 권리 및 책임뿐 아니라, 후손에게 쾌적한 환경을 물려줄 책임과 권리 또한 가지고 있다. 즉 이 권리는 소비자의 생활의 질을 향상시키기 위한 물리적 환경에 대한 권리로, 환경이 소비자의 생명이나 건강을 해치지 않고 쾌적하게 유지되도록 요구할 권리인 것이다. 그리고 여기에는 개별 소비자가 통제할 수 없는 환경문제에 대한 보호는 물론이고, 현 세대와 미래세대를 위해 환경을 보호하고 향상시키기 위한 요구까지 포함된다.

3) 소비자 권리의 최근 동향

21세기에 들어서 세계화, 디지털화, 사회책임 등 정치·경제·사회적 변화에 대응하기 위해 각국은 소비자정책 및 법의 개선을 추진하고 있다. 특히 디지털시대에 걸맞은 소비자 권리를 정립하기 위한 논의가 진행되고 있다. 이미 유럽연합, 미국 등 선진국에서는 소비자디지털권리장전을 마련하거나 소비자디지털권리를 선언하여 디지털환경에서의 소비자능력 향상과 소비자권익 증진을 위한 디지털소비자정책을 마련하고 있다.

유럽소비자단체협의회(BEUC)는 2005년 디지털환경에서의 소비자 권리인 6대 소비자디지털권리(Consumers Digital Rights)를 선언하고 유럽회원국을 중심으로 디지털소비자운동을 전개하고 있다. 유럽소비자단체협의회를 중심으로 전개된 소비자디지털권리 캠페인에서 선언된 소비자디지털권리는 다음과 같다.

- 소비자는 선택, 지식 및 문화적 다양성에 관한 권리를 가진다(Right to choice, knowledge and cultural diversity).
- 소비자는 디지털환경에서 소비자 권리를 방어하고 유지하기 위해 기술적 중립성의 원칙에 관한 권리를 가진다(Right to the principle of technical neutrality ─defend and maintain consumer rights in the digital environment).
- 소비자는 배타적인 제약 없이 기술적 발명으로부터 이득을 얻을 권리를 가진다(Right to benefit from technological innovations without abusive restrictions).
- 소비자는 콘텐츠 및 기기의 상호운용성에 관한 권리를 가진다(Right to interoperability of contents and device).
- 소비자는 프라이버시를 보호받을 권리를 가진다(Right to the protection of privacy).
- 소비자는 범죄인이 되지 않아야 할 권리를 가진다(Right not to be criminalised).

이런 맥락에서 CI는 디지털시대에 걸맞은 소비자 권리로서 지식접근권(access to knowledge)을 UN소비자보호가이드라인의 여덟 번째 소비자 권리로서 규정할 것을 건의하였다. 지식접근권이야말로 소비자의 문화·시민·교육활동에의 충분한 참여를 위한 전제조건이기 때문이다.

한편, 2010년 발간된 조직의 사회적 책임에 관한 국제표준인 ISO 26000의 핵심주제 중 하나인 소비자이슈의 원칙에는 UN 소비자보호가이드라인의 8가지 소비자 권리는 물론 프라이버시 존중, 사전주의 접근방식, 성평등과 여성에 대한 권한 부여의 촉진, 보편적 디자인의 존중 등이 추가되었다. 특히 지속가능한 소비와 필수서비스에 대한 접근 등이 주요 쟁점으로 강조되었다.

이에 우리나라에서도 디지털화 및 사회책임화에 따른 실효성 있는 소비자법 및 정책을 시행하기 위해, 소비자기본법상 소비자 권리규정에 지식접근, 필수서비스에 대한 접근 등에 관한 새로운 소비자 권리의 내용을 신설할 필요가 제기되고 있다.

4) 소비자의 책임

일반적으로 권리에는 이에 상응하는 책임을 포함해야 하는데 소비자는 소홀히 취급하는 경향이 있다. 한국소비자원에 보고된 소비자 문제를 집계해 볼 때, 소비자의 책임 있는 행동의 결여 때문에 발생하는 경우가 많은 비중을 차지하고 있으며, 소비자들이 정보를 원하면서도 제공된 정보를 잘 이용해야 하는 책임은 수행하지 않는 경우가 많다. 소비자 권리는 소비자 자신이 이를 자각하고 권리의 주체로서 적극적으로 행동할 때 비로소 실현된다. 소비자는 스스로의 권익을 향상시키기 위해 필요한 지식을 습득하고 자주적이고 적극적인 행동을 취함으로써 그 책임을 다해야 한다. 소비자책임에 관한 내용을 살펴보면 다음과 같다.

① Gordon과 Lee(1977)

첫째, 현대 경제사회에서 소비자가 담당하는 역할과 기능을 잘 인식해야 한다. 예를 들어 소비자는 자기가 소유하고 있는 화폐를 마음대로 사용할 수 있으나, 책임 있는 소비자라면 화폐를 사용할 때 자신이 다른 소비자와 더불어 생산에 영향을 미치는 행동을 하고 있다는 것을 인식해야 한다.

둘째, 효율적으로 행동해야 한다. 소비자가 인식하고 있는 사실을 실천에 옮길 수 있어야 한다. 그러기 위해서는 소비자로서의 판단과 행동을 잘 해야 한다. 예를 들면 정부와 기업에 대해 가치 있는 제언과 불만표시를 해야 하며, 지시책자, 사용설명서 등에 있는 정보를 정확하게 이용해야 한다.

셋째, 자원을 낭비하지 말아야 한다. 소비자는 개인 소유물을 아껴 쓰는 것뿐만 아니라 자유재인 대기, 물, 토양을 오염시키지 않아야 할 중대한 책임이 있다. 소비자 권리 중에서 쾌적한 환경에서 살 권리와 관련 있는 것으로 환경보호를 해야 한다는 내용이 포함된다.

넷째, 노동시장에서 착취당하지 않거나 착취하지 않을 책임이 있다. 노동자는 의견을 모으고 단결하여 행동해야 하며, 소비자는 노동자의 임금을 착취하는 기업에서 싸게 공급하는 상품과 서비스를 선호하지 않아야 한다.

다섯째, 모든 거래에서 정직해야 한다. 판매자와 구매자는 정확한 양, 표시된 대로의 품질을 갖는 상품을 쌍방이 동의한 가격으로 주고받을 책임이 있다. 그리고 소비자는 자신에게 불리한 착오는 물론이고 자신에게 유리한 착오도 시정하려 노력해야 한다. 예를 들면 판매자가 거스름돈을 잘못 계산하여 더 많은 돈을 소비자가 받았다든지, 거래한 상품 외에 다른 물건을 더 받았을 경우 이를 정직하게 반환해야 한다.

여섯째, 부정한 일에 대하여 항의해야 한다. 개인 소비자는 구매를 거부함으로써 항의할 수 있다. 사회적 규제가 필요한 경우에는 제안된 법률을 지지하거나 반대함으로써 항의기능을 수행할 수 있다. 이러한 항의는 소비자 개인적으로도 할 수 있고 단결해서 집단의 힘으로 할 수도 있다.

② R. W. Stampfl(1979)

첫째, 소비자는 개인이나 가계의 기능적인 혹은 사회·심리적인 효용을 극대화시키는 시장선택을 하도록 노력해야 한다.

둘째, 소비자는 시장선택을 하기에 앞서 유용한 모든 정보를 수집해서 진가를 파악해야 한다. 개인이나 가계가 사회나 환경에 부정적인 영향을 미칠 수도 있는 가능성을 고려하여 합리적으로 정보를 이용함으로써 균형 있는 의사결정을 해야 한다.

셋째, 소비자는 상품 사용에 따른 물리적인 위험을 이해해야 하며, 판매자가 제시한 사용지시서대로 사용하여 잘못 사용하는 일이 없도록 하고 다른 소비자의 물리적·심리적·환경적 안전을 침해하지 않도록 상품을 사용해야 한다.

넷째, 소비자는 시장현황과 시장참여자에 관한 중요한 사실, 욕구, 만족, 불만족을 관련 기업과 정부조정자에게 정직하고 공정한 방법으로 전달하도록 해야 한다. 이러한 문제를 해결하는 데 있어서 필요에 따라 개인적인 노력으로 될 수도 있고 집단적인 노력으로 될 수도 있다.

③ R. Davis(1979)

첫째, 소비자는 필요시에 기업이나 정부에 현명하고 가치 있는 제언을 하고, 불만을 표시할 책임을 갖는다.

둘째, 소비자는 표시책자, 사용설명서 등에 있는 정보를 사용할 책임을 갖는다.

셋째, 소비자는 청구서에 대해 지불해야 하며, 계약서에 도장을 찍기 전에 그 내용을 읽고 이해해야 할 책임이 있다.

④ 국제소비자기구(Consumers International)

첫째, 비판의식(critical awareness) : 소비자는 시민으로서 모든 재화와 서비스의 유용성, 가격 및 품질에 대한 질문을 던질 수 있어야 한다.

둘째, 적극적 참여(action and involvement) : 소비자는 시민으로서 지식과 의식을 터득한 후에는 그들의 요구가 받아들여질 수 있도록 확실하게 행동해야 한다.

셋째, 생태학적 책임(ecological responsibility) : 소비자는 무분별한 자원과 에너지의 사용이 자연환경에 미치는 심각한 영향을 인식해야 한다.

넷째, 사회적 책임(social responsibility) : 소비자는 경제적인 이익의 우선 때문에 그들의 선택이 문화적·사회적으로 어떤 결과를 가져오는지 무관심하지만 사회적인 책임을 인식해야 한다.

다섯째, 단결(solidarity) : 소비자는 공공의 관심과 지지를 확보하기 위해 소비자조직을 통하여 활동해야 한다. 지금까지 살펴본 바와 같이 소비자의 책임은 단순히 소비생활과 관련한 분야 이외에 보다 포괄적인 분야에 걸쳐 규정하고 있음을 알 수 있다. 소비자 책임은 합리적이고 책임있는 소비생활뿐만 아니라 쾌적한 환경과 더불어 사는 사회 속에서 시민으로서의 포괄적인 역할에 근거하고 있다.

5) 소비자 주권

Hutt는 1936년에 '소비자 주권(consumer sovereignty)'이라는 용어를 최초로 사용했는데 그는 민주사회에서 국민들이 정치적인 주권을 가지고 있듯이, 시장에서 소비자들의 소비자 주권은 소비자 선택의 자유 혹은 소비자 권리와 구별되는 개념이다.

소비자 주권은 사회 전체의 자원배분이 소비자의 자유로운 선택에 의해 결정되는 상태를 의미하는 반면, 소비자 선택의 자유는 소비자가 구매 여부를 결정할 수 있는 선택 대안이 존재하는 시장조건을 의미한다. 그러므로 소비자 주권이란 모든 경제과정이 궁극적으로 최종 소비자의 욕구를 충족시키는 방향으로 움직일 수 있도록 하는 조건 및 상태 또는 소비자 선호에 순응하는 생산활동으로 정의할 수 있다.

소비자가 제한된 자원을 가지고 하나의 경제가 무엇을 얼마만큼 생산할 것인가를 최종적으로 결정한다면, 즉 소비자가 자신의 선호에 따라 욕구충족을 할 때 시장에서의 화폐투표로써 가격기구를 통하여 생산자 측에 그들의 뜻을 전달하여 생산내용과 생산량을 조정한다면 소비자 주권은 실현된다. 이와 같이 소비자 주권이 실현된다면 소비자의 사후적 후생은 자동적으로 최대가 될 수 있다. 그러나 이를 실현하기 위해서는 그 전제조건이 충족되어야 하는데, 객관적 조건인 경쟁질서의 확보와 주체적 조건인 소비자 선택의 합리성이 충족되어야 한다. 오늘날의 소비자 문제의 핵심은 소비자 주권이 실현될 수 있는 객관적 조건과 주체적 조건이 충족되지 못했다는 점이다.

소비자 주권을 실현하기 위한 방안으로는 다음의 여섯 가지를 제안할 수 있다.

첫째, 경제정책이 시장경제를 유지하기 위한 질서정책의 기본이 될 수 있도록 경제정책의 기조가 개편되어야 할 것이다.

둘째, 소비자 정보가 충분하고 적합하게 공급될 수 있어야 한다.

셋째, 소비자교육을 확대·실시해야 한다.

넷째, 민간 소비자단체가 소비자의식을 제고시키고 소비자보호행정을 강력하게 추진시킬 수 있는 압력단체가 될 수 있도록 소비자운동이 강력한 시민운동으로 정착되어야 한다.

다섯째, 소비자 피해구제가 신속하고 간편하게 그리고 저렴한 비용으로 이루어질 수 있어야 한다. 소비자 피해구제는 사후적인 소비자보호방법이긴 하지만 소비자 피해 구제제도가 잘 정비되어 있다면 기업의 횡포를 사전에 방지할 수 있다는 점에서 중요하다.

여섯째, 유효경쟁을 유지하기 위한 경쟁정책은 물론이고, 소비자 정보를 제공하고, 소비자 교육을 확대하고, 소비자운동을 지원·육성하고 소비자 피해 구제제도를 정비하는 일에 정부의 활동을 강화해야 한다. 소비자보호행정에 소비자가 적극적으로 참여할 수 있는 방안이 마련되어야 할 것이다.

5 소비자 문제

1) 소비자 문제에 대한 이해

소비자 문제(consumer affairs)란, 소비자들이 상품이나 서비스를 선택·구입, 사용함에 있어 소비자의 안전이나 경제적 이익 등에 대한 권리를 침해당함으로써 유발되는 문제로, 시장경제체제하에서 소비자와 기업 간의 거래관계에서 발생하는 문제의 총체를 뜻한다. 다시 말하면, 사업자와 소비자 간의 상품·서비스의 거래에 관하여 소비자가 가졌던 기대와 현실의 부당한 불일치이며, 소비자 잉여의 최적화(optimization of the consumer surplus)에 도달하지 못하는 상태 또는 소비자잉여의 최적화가 침해되고 있는 상태인 것이다. 자본주의 시장경제 체제에서 발생하는 소비자 문제는 소비자가 기업에 비해 거래조건, 상품관련정보, 조직력, 선택능력 등에서 매우 열등한 지위에 처해 있어 이로부터 발생하는 소비자 문제는 소위 시장 실패(market failure)의 전형적 형태인 것이다. 이러한 소비자 문제는 소비자들에게 경제적·신체적·시간적·심리적 불이익을 준다는 점에서 문제시되고 있다. 그리고 소비자 문제는 첫째, 상품 자체의 품질 내지 안전성에 문제가 있기 때문에 둘째, 가격이 경쟁 원리에 의해 공정하게 결정되지 않기 때문에 셋째, 경쟁 원리가 적용되지 않는 제품의 경우, 그것을 대신하는 규제 수단이 없기 때문에, 마지막으로 그것이 있다 하더라도 기능이 제대로 발휘되지 않기 때문에 발생하는 문제라고 할 수 있다.

또한 소비자 문제는 소비자 정보의 불완전성과 소비자의 비합리성이 상호 복합적으로 작용함으로써 야기되는 구조적 문제로도 볼 수 있다. 소비자 정보는 일반적인 사적재와 달리 일단 공급만 되면 공급자와 관계없이 소비자 모두가 공동으로 이용할 수 있는 비배제성과 비경합성 및 비분할성을 갖는다. 이러한 성격으로 인해 소비자는 적극적으로 정보를 찾거나 이에 대한 시간과 비용을 부담하지 않으려 한다. 이는 결국 필요한 정보의 부족으로 연결되어 소비자 스스로 문제를 해결하기에는 역부족인 상황이 되고 이로 인해 소비자 불만 및 피해가 발생하게 된다.

그렇다면 소비자 문제와 소비자 피해는 어떻게 다른가? 소비자 피해란, 소비자가 상품(서비스)을 구입하여 사용(이용)하는 과정에서 품질상의 결함으로 인해 입는 생명·신체상의 위해와 부당한 가격이나 거래 조건 그리고 불공정한 거래 방법 등에 의해 입는 재산상의 손해를 말한다. 모든 소비자가 사업자로부터 물품과 용역을 구입 및 사용(이용)하지 않고 생활하는 것이 불가능하듯이, 물품과 용역의 구입과 관련하여 피해나 불만 경험 없이 소비생활을 영위하기는 어렵다. 특히, 자유시장경제체제 아래에서 보편화된 대량생산·대량판매 및 대량소비 시스템이 심화되면서, 소비자 피해 발생은 보편화, 광역화되는 양상을 보인다. 피해내용도 소규모의 재산 피해로부터 심각한 신체 위해까지 다양하고, 광범위하게 나타나고 있다. 최근에는 모바일, SNS, 사물인터넷 등 신종 기술을 이용한 악덕상술이 등장하고 국경을 넘는 전자상거래가 활발해지면서 해외직구 등 국제거래 관련 피해도 증가하는 추세다. 사실 실제로 발생한 손해만을 가리키는 소비자 피해를 소비자 문제와 같은 개념으로 보면, 발생 가능성이 있는 잠재적 피해는 소비자 문제에서 제외된다. 그러나 실제로 발생되지는 않았더라도 발생 가능성이 있는 잠재적 소비자 피해는 소비자 문제에 포함되어야 하므로, 소비자 문제는 잠재적 소비자 피해를 포함하는 개념으로 보아야 할 것이다.

궁극적으로 소비자 문제는 소비자 이익과 복지를 유지·향상시키는 과정에서 나타나는 문제이다. 경제문제가 인간행동의 결과에 대하여 화폐적인 가치를 부여하는 문제, 즉 국민총생산, 1인당 국민소득, 생산성 등에 초점을 맞춘 문제라면, 소비자 문제는 인간 행동 중에서 재화를 최종 소비하는 생활자로서의 경제적 행동에 중심을 둔 문제라 할 수 있다. 이 점에서 소비자 문제는 반경제성장적인 성격의 문제라 할 수 있다.

이는 가격기구를 통하여 시장 시스템에 반영되지 않는 측면, 즉 소비자의 안전, 사회 및 경제 정의의 실현, 소득의 재분배, 소외계층의 보호, 자원절약, 환경

보호 활동 등 비시장 시스템 요인들이 소비자 문제의 원천이 되기 때문이다. 결론적으로 말해, 오늘날 소비자 문제는 개별 소비자의 능력 범위를 벗어난 대량생산·대량판매·대량소비로 이루어지는 경제사회의 구조 그 자체와 관련성이 높다. 그렇기 때문에 소비자 문제는 소비자 자신만의 문제라기보다는 사회 전체의 문제이며, 또 소비자, 정부, 기업 등이 함께 노력해야 해결될 수 있는 문제라 할 수 있다.

소비자 문제는 다음과 같이 3가지 영역으로 구분된다.

첫째, '개별 소비자'로서의 소비자 문제이다. 개인 소비자가 필요한 상품을 구입하고 사용하는 과정에서 발생하는 문제로서, 결함이 있거나 유해한 상품에 의한 피해, 과대광고나 공정하지 않은 거래 조건에 따른 피해 등이 포함된다.

둘째, '사회적 소비자'로서의 소비자 문제이다. 소비자가 사회생활을 영위하기 위해 도로, 공원 등 사회 공공시설을 이용하는 과정에서 직면하는 소비자 문제, 사회적 비용의 낭비로 인해 소비자에게 전가되는 비용 등을 예로 들 수 있다. 소비자는 공공 서비스에 대해 그 대가를 직접 지불하지는 않으나 세금을 납부하기 때문에 간접적으로나마 대금을 지불하는 것으로 볼 수 있기 때문이다.

셋째, '자연 소비자'로서의 소비자 문제이다. 대기, 하천 등 자연적 생활환경의 파괴로 인해 맞게 되는 소비자 문제로, 이는 곧 환경의 보존과 회복이라는 차원에서 본, 비교적 새로운 소비자 문제 영역이라고 할 수 있겠다.

2) 소비자 문제의 특성

현대사회의 대량생산·판매·소비 체제에서는 사업자가 소비자에 비해 우월한 지위에 있기 때문에 소비자가 입는 문제나 피해의 파급력이 클 뿐만 아니라, 심지어 생명과 신체에 위험성을 가져올 수 있는 심각성이 있음에도 복잡한 유통 과정으로 인하여 소비자의 입장에서는 피해발생의 원인규명이 곤란한 경우가 많다. 또 소비자는 사업자에 비해 교섭력에 있어서 매우 열등한 위치에 있는 등의 특성 때문에 적절한 구제를 받지 못하는 경우가 많다.

① 보편적 발생

오늘날의 상품은 대량생산, 생산공정의 다단계, 유통과정의 복잡성 등의 특성을 갖는다. 즉, 소비자의 손에 상품이 도달하기까지에는 기업 내에서의 많은 생산공정과 시장에서의 긴 유통과정을 거치게 되는데, 이들 단계에서 소비자 피해의 발생 가능성이 높다는 것이다. 그렇기 때문에 소비자 문제는 보편적으로 발생되는 문제라 할 수 있다.

② 광범위한 소비자 피해의 파급

대량생산·판매되는 상품에 어떤 문제가 발생할 시에는 소비자피해가 일시에 광범위하게 확산되는 경향이 있다. 특히 고도의 기술적 결함이 있는 상품일 경우에는 그 원인을 찾기가 어려울 뿐만 아니라 그것을 찾는 데 긴 시간이 요구될 수 있기 때문에 많은 소비자들에게 피해를 주게 된다.

③ 피해 원인 규명의 곤란성

오늘날 상품·서비스의 생산공정 및 유통 과정에는 많은 사람들이 개입된다. 따라서 소비자피해의 원인이 생산 및 유통 과정의 어느 단계에서도 있을 수 있기 때문에 그 원인이 어디에 있으며, 또 그 책임이 누구에게 있는지를 규명하기가 매우 어렵다. 더구나 여러 가지 이유들이 결합되어 발생하는 소비자피해일 경우에는 그 원인 및 책임 소재를 가려내기가 더욱 힘들 것이다.

④ 피해의 심각성

소비자 문제는 소비자에게 경제적·시간적·심리적 피해를 줄 뿐만 아니라 인간의 생명과 신체에도 영향을 미친다. 특히 결함상품, 위해상품 및 약품, 잘못된 의료서비스 등은 우리의 생명마저 위해하고 있는 실정이다.

⑤ 피해 회피의 곤란성

생산자들은 시장 경쟁에서 우월한 지위를 확보하고 자본 회전을 빠르게 하기 위하여, 제품 안전성에 대한 검증을 소홀히 하는가 하면 소비자의 대체수요를 유발하기 위하여 상품 수명을 의도적으로 단축시키거나 제품 모델을 자주 변경하고 있다. 물론, 구형 제품 유지에 필요한 부품도 충분히 갖추지 않은 실정이다. 이는 사업자들이 상품의 안전성이나 품질 향상보다는 자신들의 이익 획득을 중요시한 결과이다.

⑥ 소비자와 사업자 간의 지위 비대등성

현실적으로 기업은 상품에 대한 기술·정보가 많기 때문에, 소비자는 기업과의 거래에 있어 대등하지 못한 상태에 있다. 가격·거래 조건의 결정 또한 소비자와 기업의 교섭에 의해서라기보다는 기업에 의해 일방적으로 이루어진다. 더욱이 시장 지배력이 큰 소수의 대기업이 산업을 주도하는 시장의 경우에는 소비자주권 행사가 불가능하다. 거래의 경우 대부분 부당·허위 표시 상품의 구입, 부당한 계약의 체결 등과 같은 소비자피해 요인의 존재 가능성이 높으며, 소비자들이 피해 발생 그 자체를 인식하지 못할 때도 있다.

⑦ 구조적 피해 발생

소비자 문제는 다음과 같은 구조적 문제로서의 성격을 갖는다. 첫째, 대기업의 독과점이나 기업 간의 카르텔에 의한 시장 독점으로 형성된 시장 지배가 소비자의 자유선택권을 제한함으로써 소비자 문제를 유발하게 된다. 둘째, 기업의 안전성 확인 불충실이나 불필요한 모델 변경 등으로 인해 발생하는 소비자 문제

또한 구조적으로 발생하는 문제로 볼 수 있다. 셋째, 허위·과장 광고, 부당구매 권유, 판매 제품에 대한 책임 회피, 유통기구의 복잡화 등으로 인해 불필요한 제품에 대한 충동적 구매 등의 소비자 피해도 발생하고 있다.

일반적으로, 소비자 피해는 그 대부분이 최종 소비 단계에서 발생되는 것이 므로 그 피해 당사자는 바로 생활자로서의 소비자가 된다. 그리고 피해의 원인 대부분이 현대 경제의 구조적 문제와 관련되어 있기 때문에, 제조 및 유통 과정 전체를 종합적으로 검토하지 않는 이상 소비자 피해를 근본적으로 해결하는 것 은 거의 불가능한 것이 사실이다.

3) 소비자 문제의 발생 배경

소비자 문제가 대두되기 시작한 것은 대량생산체제가 확립된 후, 자본주의가 고도로 발달하면서부터이다. 소비자 문제는 시장 환경의 변화와 생활의 변화에 서 유발된 문제라고 볼 수 있다.

먼저 첫째, 소비자 문제 발생 및 증대의 배경이 되는 경제적 구조의 변화를 살펴보면 다음과 같이 정리해 볼 수 있다.

- 독과점시장의 출현·확대이다. 자본주의사회에서는 상품 가격이 원칙적으로 수요와 공급에 의해 결정되어야 하지만, 현실적으로는 독과점적 시장구조로 인해 가격 및 거래 조건이 기업에 의해 일방적으로 결정되며, 이로 인해 소비자 이익이 침해되기도 한다. 결국, 이는 생산자가 무엇을, 얼마만큼, 얼마에 생산·판매하여야 할 것인가는 소비자들이 주권을 상실하여, 시장의 질서가 화폐투표에 의해 결정된다는 자유경쟁시장의 이념에 상충되는 것이다.
- 소비자의 구매 기회 증대이다. 생활수준의 향상과 기술의 발전에 따른 생산력 증대로 인해 소비자들은 많은 상품들을 쉽게 획득할 수 있게 되었으

며, 여기에다 소비자 신용제도의 확대는 소비자 문제의 확대를 촉진시켰다. 결국 소비 자체가 증가됨에 따라 이에 따르는 소비자 문제도 함께 증가하고 있는 것이다.

- 소비자의 지식 및 역량 부족이다. 급속한 기술혁신으로 인해 복잡한 기능의 다양한 제품이 대량으로 출시되고 있는 가운데, 소비자의 지식은 이를 따라가지 못한다. 더구나 소비자 정보 중에 기업이 제공하는 정보가 가장 많고, 이 가운데에는 허위·과장 정보들이 많아 소비자 문제를 가속화시키고 있다. 더불어 기업은 경쟁적으로 신제품을 출시하고 있어, 제품 안정성이 검증되기도 전에 이를 출시하여 소비자의 재산과 안전에 피해를 주는 경우도 발생하고 있다.

- 지나친 광고의 증대이다. 광고가 불필요한 소비자의 구매 욕구를 지나치게 자극시켜 새로운 수요를 끊임없이 창조하고 있다. 문제는, 광고가 소비자의 선호를 왜곡시켜 소비자 불만과 문제를 증대시킬 수 있다는 점이다.

- 기업 간 경쟁의 비가격화이다. 기업 간의 판매경쟁이 심화되면 품질경쟁보다는 광고경쟁이 치열해지는 경향이 있는데, 소비자 문제를 야기할 수 있는 기업의 허위·과장 광고나 부당표시 등이 바로 그 예라 할 수 있다.

둘째, 앞서 살펴본 경제적 구조의 변화 외에도, 소비자 생활양식의 변화도 소비자 문제의 발생배경으로 손꼽히기도 한다. 경제가 발전하고 소비자의 생활이 풍요로워질수록, 소비자는 양적인 것보다는 질적 향상을 더욱 추구하게 되었다. 더욱이 오늘날의 소비자는 교육수준과 의식수준이 높아진 가운데, 소득과 여가 시간이 증대됨에 따라 고도화된 소비생활을 요구하고 있어 더 많은 소비자 불만과 소비자 문제를 제기하고 있다.

07 소비자 가치와 성격

CHAPTER

1 가치의 개념

가치는 개인의 판단과 행동을 이끄는 신념이라 할 수 있다(Vinson, Jerome & Lawrence, 1974). 사회가 다변화되면서 사회경제적 변수나 인구통계학적 변수가 소비자행동에 대한 설명력을 잃어간다는 문제가 제기되었다. 이와 같이 기존의 변수를 보완할 필요성이 요구되면서 가치의 중요성이 강조되기 시작하였다(남승규, 2006; 장현선·김기옥, 2009).

가치의 개념은 태도와 혼동된다. 가치와 태도의 차이점에 대해 한 연구자가 가치가 태도나 행동의 동기에 대해 설명을 제공해 줄 수 있으며, 가치는 태도에 무의식적으로 영향을 미친다고 설명하였다(Dichter, 1984). 즉 가치는 태도보다 더 추상적이고 상위개념이라는 것이다. 상위개념으로서의 가치에 대한 주장은 특정 대상이나 상황에 초점을 두지 않는 것이 태도와 가치의 중요한 차이라고 할 수 있다(Rokeach, 1969). 다시 말해 태도는 가치가 특정 대상이나 상황에 적용된 것이라고 보는 것이 적절하다.

가치는 판단이나 평가를 위한 하나의 기준으로 작용하지만, 태도는 기준이라고 할 수 없다. 오히려 수많은 태도대상이나 상황에 대한 호의적–비호의적 평가는 가치에 기초를 두고 있다. 사람들은 바람직한 행동양식이나 존재의 목표상태에 대한 신념만큼의 가치를 갖게 되지만, 태도는 특정한 대상이나 상황의 수만큼 가질 수 있다. 따라서 가치는 수십 가지이지만 태도는 수천 가지일 수 있다.

소비가치(consumption values)라는 용어가 등장한 초기에는 가치를 가격과 동일시하거나 지불한 가격의 대가로 얻는 제품이나 서비스의 품질로 인식하여 주로 명품 위주의 고가 제품을 구매하는 것으로 간주하였다. 그러나 점차 그 의미가 변화되어 소비자가 희생한 모든 비용(돈, 시간, 노력 등)의 대가로 얻는 모든 편익에 대한 주관적 만족감을 소비가치의 개념으로 인식하게 되었다 (Zeithaml, 1988).

소비가치는 일반적인 가치의 개념과는 조금 다르게 좀 더 인간의 소비행동에 초점을 두고 소비자를 세부적으로 판단하는 기준으로 사용되어 왔다(박배진 · 김시월, 2006). 즉 추상적인 가치의 개념을 넘어서 소비자의 소비생활에 직접 적용할 수 있는 구체적인 성격의 가치 개념이다(김동원, 1994).

국내외 선행 연구들의 소비가치 개념을 정리하면 〈표 7-1〉과 같다.

〈표 7-1〉 소비가치(consumption value) 개념

학자	내용
Vinson et al.(1977)	개인의 행동이나 사물, 상황에 대한 판단의 기준이 되는 중심적인 평가 신념
Zeithaml(1988)	효익(편익)과 비용에 대한 지각을 바탕으로 한 제품의 효용성에 대한 소비자의 총체적인 평가
Schwartz(1992)	인간의 삶을 이끄는 원리로써 인간의 욕구가 현실세계에서 수용될 수 있도록 변형되어 인간에 의해 지각되는 그 어떤 것
Woodruff(1997)	대안선택에 있어서 소비자의 행동과 판단을 이끄는 중요하고 지속적인 신념
Holbrook(1999)	상호적이고 상대적인 선호경험
McDougall & Levesque(2000)	소비자가 지불한 총비용에 대한 결과 또는 소비자가 얻는 이득
Lapierre(2000)	필요(needs) 및 욕구(wants)와 같은 소비자의 기대 측면에서 소비자가 인지하는 이득과 희생 사이의 차이
Flint et al.(2002)	특정 사용 상황에서 관련된 모든 이익과 희생 사이의 균형에 대한 소비자의 평가
Chen & Dubinsky(2003)	희망한 이득을 얻는 데 발생한 비용의 대가로 얻은 순이득에 대한 소비자의 인지

김동원(1994)	추상적인 가치의 측면을 탈피하여 소비자의 소비생활에 직접 적용할 수 있는 구체적인 성격을 가진 것
권미화 · 이기춘(2000)	소비자가 소비를 통해서 성취하고자 하는 근본적인 욕구의 표현으로 특정 소비행동양식을 다른 소비행동양식보다 선호하는 것을 나타내는 개인의 지속적인 신념
양윤 · 이은지(2002)	개인적으로나 사회적으로 선호하는 지속적이고 안정적인 상위 신념으로써 개인의 행동이나 판단을 이끄는 동기적 힘
남수정(2007)	특정한 상황이나 즉각적인 목표를 넘어선 보다 궁극적인 존재의 최종 상태에 이르도록 하는 행동과 판단을 이끄는 지속적인 신념
김시월 · 김유진(2008)	소비자의 가장 기본적이고 근본적인 욕구와 목표의 인지적 표현으로, 우리 생활에서 크고 작은 일에 대한 결정을 내릴 때 작용하는 판단의 기준이 되고 개인이 어떻게 행동할 것인가를 말해주는 표준이며 어떤 태도를 지켜야 하는가를 알려주는 기준
정수현 등(2013)	일반적인 가치 중 소비에 대한 특정가치를 의미하며, 소비자의 기본적인 욕구를 표현하고 소비자 개개인의 소비에 대한 사고와 구매행동을 발현시키는 내면적인 동기
오혜영(2015)	소비 행동에 있어서 중요한 구매의사결정의 기준 중 하나로 소비를 통해 어떠한 욕구를 충족할 수 있는지를 판단하는 기준
김경자(2015)	소비자가 구매 및 사용 행동을 통해 얻고자 하는 궁극적 효용을 의미하며, 소비자들이 제품을 구매할 때 중요하게 생각한 정도
원종현 · 정재은(2015)	소비자가 달성하고자 하는 기본적인 욕구와 목표의 표현이자 소비자 개인의 사고와 행위를 이끌어 나가는 지속적인 신념
구명진 등(2015)	소비생활이라는 삶의 한 영역에서 다양한 개별 소비상황 및 소비생활 전반에 걸쳐 소비자의 행동과 태도를 움직이는 지속적이고 보편적인 신념

출처 : 장은지(2016) 연구에서 저자 일부 수정

2 가치체계 유형

1) Rokeach 가치척도

단일 차원적 접근은 가치체계에 관한 초기 연구로 가치가 위계에 따라 서열화될 수 있다고 보았다. 가장 일반적으로 널리 알려진 Rokeach(1973)의 RVS(Rokeach Value Survey)는 가치를 인간 삶의 궁극적인 목표가 되는 신념으로서 궁극적 가치(최종가치)와 궁극적인 목표가치를 성취하기 위한 행동양식을 제시해 주는 수단적 가치로 구분하고 각각 18개의 가치항목을 제시하였다. RVS(Rokeach Value Survey)는 최종가치와 수단적 가치의 계층적 구조를 갖는 가치척도로서, 가장 대표적인 가치척도라 할 수 있다. 최종가치란 궁극적인 존재상태와 관련되는 신념이고, 수단적 가치는 행동 양식과 관련하여 갖게 되는 신념으로서 사람들은 최종가치를 달성하기 위한 수단으로 하나 이상의 수단적 가치를 이용하게 된다. 최종가치는 자기중심적이냐, 사회중심적이냐에 따라 개인적인 가치와 사회적 가치로 나뉜다. 개인적 가치는 안락한 생활, 성취감, 마음의 평화, 행복 등과 같이 소비자 내면 속에서 희구하는 자신에 대한 생존의 최종상태에 대한 선호이다. 이에 대하여 사회적 가치는 개인의 차원을 벗어나 사회나 다른 사람에 대하여 표현되는 생존의 최종 상태로서 세계평화, 미적인 세계, 국가의 안전 등이 그 대표적인 가치들이다. 그리고 수단적 가치는 논리적 가치와 능력 가치로 구별된다. 논리적 가치는 대인관계에 초점을 맞춘 것으로 대인 간에 어떤 갈등이 발생할 때 잘못된 행위에 대한 양심의 가책이나 죄의식을 가지게 하는 바탕이 되는 것이다.

한편 능력 가치는 개인에 초점을 맞춘 것으로 이것이 잘못되었을 때는 자신이 능력이 없다는 수치심을 가지게 하는 것이다. 이에 대한 예로는 야심적인, 용기 있는, 지적인, 논리적인 것 등이 있다. 가치체계라는 이론적 개념은 이러한 가치들의 중요성에 따른 순위로서 삶의 원칙을 만들어내며, 개인도 각 가치에 부여한 우선순위에 따라 갈등 해소와 의사결정을 행하게 된다. Rokeach의 RVS 연구는 소비자 연구와는 직접적인 관심을 불러일으킬 만한 영역이 아닌 집단적인, 사회적인 가치영역을 다루고 있으며 최종가치는 수단적 가치보다 추상성의 정도가 높다. 그리하여 궁극적 가치는 제품범주의 선택에 영향을 주지만 수단적 가치는 브랜드 선택을 유도한다. 그러나 최종가치와 수단적 가치가 각각 18개 항목으로 구성되는 RVS는 항목이 너무 많아서 조사 시간이나 신뢰도 등에서 문제가 있고, 또 소비자의 일상생활과 직접 관계되지 않는 항목들도 포함되어 있다는 단점이 있다.

〈표 7-2〉 Rokeach의 최종가치와 도구적 가치

최종가치(terminal value)	도구적 가치(instrumental value)
편안한 생활(풍요로운 생활)	야심적인(열심히 일하고, 열망적인)
신나는 생활(자극적이고 능동적인 생활)	관대한(마음이 개방적인)
세계평화(전쟁과 분쟁으로부터의 해방)	유능한(능력있는, 효과적인)
평등(형제애, 모든 사람의 동등한 기회)	쾌활한(명랑한, 유쾌한)
자유(독립, 자유로운 선택)	청결한(산뜻한, 정연한)
행복(만족)	용감한(신념에 따르는)
국가안보(외적으로부터의 보호)	용서하는(타인의 잘못을 용서하는)
즐거움(즐길 수 있는 인생)	남을 돕는(타인을 위해 일하는)
구제(구원받는 영생)	정직한(성실한, 진실한)
사회적 인정(존경, 칭송)	창의적인(상상력이 풍부한)
진실한 우정(친밀한 교제)	독립적인(자기 의존적인)
현명(인생에 대한 성숙된 이해)	지적인(지능적이고 사려 깊은)
아름다운 세계(자연미와 예술)	논리적인(일관성 있고 합리적인)
가족 안전(사랑하는 사람을 돌봄)	애정 있는(부드럽고 상냥한)
성숙한 사랑(성적, 정신적 친교)	순종하는(책임감 있고 존경하는)
자존(자부심)	공손한(예의바른, 매너가 좋은)
성취감(지속적 공헌)	책임감 있는(신뢰성 있는, 믿을 만한)
내적 조화(내적 갈등에서의 해방)	자기통제적인(자제적인, 자율적인)

2) Kahle의 가치척도(LOV)

　　Kahle(1986)은 소비자들의 일상생활과 밀접한 관련이 있는 개인 중심적인 9가지의 가치항목[자기존중(self respect), 자기만족(self fulfillment), 성취감(sense of accomplishment), 생활의 자극(excitement), 사회적 명예(being well-respected), 안정추구(security), 소속감(sense of belonging), 생활의 즐거움(fun and enjoyment), 타인과의 따뜻한 관계(warm relationship with others)]을 유형화시켜 LOV(List of Values)척도를 개발하였다. LOV는 미국 내 샘플을 통해 척도를 개발했다는 한 계점을 지니지만(Kahle, 1983; Veroff, Douvan, & Kulka, 1981), 오직 궁극적 가치만을 포함하고 있어서 RVS가 지닌 서열화의 어려움에 대한 문제점을 극복했다는 점에서 의미가 있다(김흥규, 1998). 수단과 목적에 의한 18개 항목을 서열화하기 위해 응답자가 겪어야 하는 어려움을 해소시킨 것이다. Schwarz &

Bilsky(1990)는 9개의 항목들을 다시 5개의 동기부여 영역(즐거움, 안정, 성취, 자기관리, 성숙)으로 나타내기도 하였다.

LOV척도는 기존의 다양한 가치이론에 의해 영향을 받았으나(Feather, 1975; Maslow, 1954; Rokeach, 1973) 기본적으로 Kahle(1983)의 사회적응이론(social adaptation theory)에 기초를 두고 있다. 사회적응이론에서 가치란 인간이 사회 환경에 원활하게 적응할 수 있도록 하는 가장 추상적인 형태의 사회 인식작용으로 정의된다(Kahle, 1983). 다시 말해 LOV척도에서 가치란 인간이 최적의 심리 상태를 유지하기 위해 정보를 동화, 수용, 조직, 통합해 가는 과정에서 환경과의 교류를 촉진시키기 위해 지속적으로 벌이는 적응활동의 추상적인 개념이다 (Homer & Kahle, 1988). 따라서 LOV에서 가치는 RVS(Rokeach Value Survey)와 달리 수단이나 목표가 아니라 인간이 생활환경에 최적의 상태로 적응해 나가는 데 필요한 하나의 도구적 기능을 수행한다. 사람들은 인식작용을 통해 동기부여 가 되고 주어진 상황에서 자신의 행동을 결정하게 되는 것이다(Kahle & Timmer, 1983).

9개의 LOV가치 항목에 대한 분류기준은 연구 대상에 따라 다양하다. 소비가 치(LOV)를 3개의 요인으로 분류하는 경우(Homer & Kahle, 1988; Kahle, 1983), 우선 '자신의 인생은 자기 자신이 통제할 수 있다'고 생각하는 사람들이 지니는 내부가치(internal values), '인생이란 주로 외부사건들에 의해 결정되는 것'이라 생각하는 사람들이 지니는 외부가치(external values)로 분류되고, 내부가치는 개인적인 측면을 강조하느냐 관계적인 측면을 강조하느냐에 따라 '개인적 가치 (personal values)'와 '인간관계적 가치(interpersonal values)'로 다시 분류된다.

〈표 7-3〉 LOV척도의 분류

소비가치	내용
내부가치 (internal values)	1. 자기존중(self respect)
	2. 자기만족(self fulfillment)
	3. 성취감(sense of accomplishment)
외부가치 (external values)	4. 안정추구(security)
	5. 생활의 즐거움(fun and enjoyment)
인간관계 가치 (interpersonal values)	6. 소속감(sense of belonging)
	7. 타인과의 따뜻한 관계(warm relationship with others)
사회적 가치 (social values)	8. 생활의 자극(excitement)
	9. 사회적 명예(being well-respected)

3) Holbrook의 소비가치 유형

소비가치는 크게 실용적 가치와 쾌락적 가치로 분류된다. 실용적 가치는 이성적이고 합리적인 사고의 결과로 얻는 효율적 편익을, 쾌락적 가치는 소비를 통해 경험하는 즐거움, 흥분 등의 주관적 감정을 의미한다. Holbrook(1999)은 이러한 가치의 양면적 특성에 주목하고 소비자가 소비 경험을 통해 지각하는 가치를 세 가지 차원(dimensions)으로 분류하였다.

첫째, 가치의 수단과 목적이 무엇인가에 따라 외적 가치와 내적 가치(extrinsic versus intrinsic value)로 구분하였다. 외적 가치는 소비가 수단-목적의 관계(means-ends relationship)에서 다른 목적을 달성하기 위한 수단으로 활용되어 기능적이고 효용적으로 평가될 때 느껴지는 가치인 반면, 내적 가치는 소비 경험이 목적 그 자체로 평가될 때 발생하는 가치로 경험 결과와 상관없이 소비자 스스로를 위한 경험에 대한 평가(Holbrook & Hirschman, 1982)이다.

둘째, 가치의 기초가 자신 혹은 타인인지에 따라 자기 지향적 가치와 타인 지향적 가치(self-oriented versus other-oriented value)로 구분하였다. 자기 지향적 가치는 자신이 제품이나 경험에 어떻게 반응하는지에 따라 소비를 평가하는 가치인 반면, 타인 지향적 가치는 제품이나 경험이 타인에게 어떻게 반응할 것인가에 초점을 맞추어 다른 사람 혹은 다른 무언가에 따라 소비경험이 평가되는 가치를 말한다.

셋째, 소비자행동의 적극성에 따라 능동적 가치와 반응적 가치(active versus reactive value)로 구분하였다. 능동적 가치는 특정 대상에 대해 물리적 정신적으로 조작하여 얻어지는 결과를 평가할 때 지각하는 가치인 반면, 반응적 가치는 특정 대상에 대해 단순히 이해하고 감상하고 평가하는 것과 관련된 가치이다.

Holbrook(1999)은 앞서 설명한 세 가지 차원에 기초하여 다음의 〈표 7-4〉와 같이 소비가치 유형(typology of consumer value)을 제시하였다. 이 체계는 여덟 가지의 세부적인 가치 유형을 포함하고 있다.

〈표 7-4〉 Holbrook(1999)의 소비가치 유형

차원		외적(extrinsic)	내적(intrinsic)
자기 지향적 (self-oriented)	능동적 (active)	효율(efficiency) (O/I, convenience)	즐거움(play) (fun)
	반응적 (reactive)	우수성(excellence) (quality)	심미(aesthetics) (beauty)
타인 지향적 (other-oriented)	능동적 (active)	지위(status) (success, impression management)	윤리(ethics) (justice, virtue, morality)
	반응적 (reactive)	존경(esteem) (reputation, materialism, possessions)	영성(spirituality) (faith, ecstasy, sacredness)

효율(efficiency)은 자기 지향적 목적을 달성하기 위해 외적으로 동기부여된 수단으로서 소비의 능동적 역할을 의미한다. 우수성(excellence)은 제품이나 경험이 자기 지향적 목적을 달성하기 위한 도구로서 수행능력이 반응적으로 평가될 때 발생한다.

지위(status)는 소비가 타인에게 우호적인 인상을 주기 위한 목적을 달성하기 위한 수단으로서, 능동적으로 조작 가능한 방식을 반영한다.

존경(esteem)은 지위의 반응적 측면으로 제품을 의도적으로 과시적 소비 형태를 위해 사용하지 않더라도, 제품이 타인에게 인상을 주기 위한 목적을 달성하기 위한 도구로서의 기능이 평가되는 소비가치의 한 유형이다. 즉, 존경에 기반을 둔 가치는 전형적으로 물질주의, 고급스런 제품의 소유로부터 생기는 만족 또는 사회적으로 보다 소망되는 소비경험에 대한 개인의 자부심을 수반한다.

즐거움(play)은 그 자체가 자기 지향적 목적으로서 귀중하게 여겨지는 소비경험을 생성하는 활동이다. 즉 타인이 아닌 스스로의 즐거움을 위해 추구되는 경험과 맞물려 있다.

심미(aesthetics)는 즐거움(play)의 반응적 측면이며, 내적으로 동기부여된 자기 지향적 목표 자체로 가치 있게 여겨지는 소비경험에 대한 평가를 의미한다.

윤리(ethics)는 타인에게 미치는 소비경험의 영향이 그 목적 자체로 여겨지고, 내적으로 동기부여되며, 능동적으로 추구될 때 발생한다. "선행은 그 자체가 보상이다"라는 말은 올바르거나 선한 행동이 감사나 칭찬을 받거나, 정치적 성공과 같은 이면의 동기(ulterior motive)에 의해 입증되기보다는 자기 스스로 그 행동을 당연히 여기는 것을 의미한다.

영성(spirituality)은 소비경험이 나와 관련된 타인과의 관계에 어떻게 영향을 미치는지에 대해 내적으로 동기부여되고, 귀중하게 여겨지는 소비경험에 대한 반응적인 평가를 수반한다.

그러나 실용적 가치와 쾌락적 가치의 두 유형으로 소비가치를 분류하는 것은 제품이 제공하는 기능적 효용과 흥미, 즐거움 등의 쾌락적 효용에만 가치의 범위를 한정하고 있어 소비경험이 제공하는 모든 가치를 설명하기에는 부족하다는 한계점을 가진다(Holbrook & Hirschman, 1982).

4) Sheth 등의 소비가치

Sheth 등(1991)은 기존 소비가치 연구자들에 의해 주로 다루어졌던 단일차원의 가치체계들이 갖는 한계점을 극복하고자 경제학, 사회학, 심리학, 마케팅 등제 분야의 학문들에서 연구되었던 가치들을 통합하여 소비가치에 대한 다차원적 접근을 시도하였다. 이들은 인간의 여러 가치들 중에서 소비자의 소비행동과 관련된 가치만을 추출하여 소비가치이론(theory of consumption values)을제시하였다. 소비가치이론에 따른 소비가치는 기능적 가치(functional value), 사회적 가치(social value), 감정적 가치(emotional value), 진귀적 가치(epistemic value), 상황적 가치(conditional value)로 구성된다. 소비자들은 특정 제품을 구매할 것인지, 어떤 제품 유형을 선택할 것인지, 어떤 상표를 선택할 것인지결정할 때 5가지 소비가치들 중 어느 하나 혹은 모두에 의해 영향을 받기 때문에, 소비가치를 소비자의 선택행동에 가장 결정적인 영향요인이라고 주장하였다.

Sheth 등(1991)이 제시한 5가지 소비가치의 개념은 〈표 7-5〉와 같다.

〈표 7-5〉 Sheth 등(1991)의 소비가치 개념

소비가치	내용
기능적 가치 (functional value)	선택대안의 현저한 기능적, 실용적, 물리적 특성으로부터 획득되는 지각된 효용
사회적 가치 (social value)	선택대안이 하나 또는 둘 이상의 특정한 사회 집단들과의 관계를 통해 획득되는 지각된 효용
감정적 가치 (emotional value)	정서적 상태 또는 감정 상태를 유발하는 선택대안으로부터 획득되는 지각된 효용
진귀적 가치 (epistemic value)	호기심을 유발하거나 새로움을 제공하는 선택대안으로부터 획득되는 지각된 효용
상황적 가치 (conditional value)	선택 당사자가 직면하는 특정한 상황 또는 주변 환경에 대한 결과로 인해 선택대안으로부터 획득되는 지각된 효용

기능적 가치(functional value)는 선택대안의 현저한 기능적, 실용적, 물리적 특성으로부터 획득되는 지각된 효용을 의미한다. 선택대안의 기능, 성능, 신뢰성, 내구성, 가격 등과 같은 속성이 기능적 가치와 관련되어 있다. 기능적 가치를 고려하는 소비자는 그 제품군의 물리적이고 효용적인 속성을 가장 잘 충족시키는 제품을 선택하게 된다. 이러한 개념은 Marshall(1890)과 Stigler(1950)에 의해 발전된 경제적 효용 이론(economic utility theory)에 근거하여 경제학에서의 합리적 경제 행위자를 가정한 것으로 전통적으로 기능적 가치는 소비자의 선택행동에 있어서 주된 동인으로 여겨져 왔다. 기능적 가치는 외재적(extrinsic) 가치에 반대되는 내재적(intrinsic) 개념에 가치를 둔다. 예를 들어, 의복의 기능적 가치는 의류를 통해 소유할 수 있는 지위나 명성 등의 외재적 가치가 아니라 관리성, 유용성, 실용성 등의 내재적 가치를 의미한다(백선영, 2000). 기능적 가치란 제품의 기능, 품질, 가격 등의 실용적 또는 물리적 기능에 대해 소비자가 지각하는 효용으로 내재적 가치에 기반을 두고 있으며(이채은, 2010), 기능성에 큰 가치를 두는 소비자는 제품 가격, 필요성, 재활용성을 중요하게 여긴다(Morganosky & Buckely, 1987). 즉, 기능적 소비가치는 소비자에게 제품의 기능적 혜택을 제공함으로써 소비자의 근본적인 욕구를 만족시키고 해소시키는 것이다(강현정, 2012). 또한 제품의 성능, 확실성, 내구성, 가격 및 서비스 등 기능적 가치를 중요시여기는 소비자는 소비행위에 대한 자기 확신 및 관리, 충동제어, 만족지연이 높게 나타난다(남수정, 2007).

사회적 가치(social value)란 선택대안이 하나 또는 둘 이상의 특정한 사회집단들과의 관계를 통해 획득되는 지각된 효용을 의미한다. 즉 선택대안은 긍정적 또는 부정적으로 정형화된 인구통계학적, 사회경제학적, 문화인류학적 집단과 같은 특정한 사회집단들과의 관계를 통해 형성된 기준을 토대로 사회적 가치를 획득한다. 이러한 사회적 가치의 개념은 상징 및 과시 소비에 관한 연구(Veblen, 1899), 사회계급에 관한 연구(Warner & Lunt, 1941), 준거집단에 관한 연구(Hyman, 1942), 소비자 선택행동에 있어 대인 간 의사소통과 정보 전달을 통한 사회적 가치의 중요성을 입증한 Roger(1962)와 Robertson(1967)의 연구로부터 영향을 받았다. 흔히 이러한 사회가치를 측정하기 위해 대상자의 준거집단을 설문함으로써 간접적으로 측정하는 방법들이 활용된다(Kotler, 1990; 이선희, 1997). 예를 들어 고급 가방을 들고 다니는 젊은 사람들에 대해서 긍정적으로 인식하는 사람들이 있고, 부정적으로 인식하는 사람들이 있을 것이다.

감정적 가치(emotional value)는 정서적 상태 또는 감정 상태를 유발하는 선택대안으로부터 획득되는 지각된 효용을 의미한다. 제품소비에 의한 긍정적·부정적 감정과 관련된 것으로 선택대안은 특정한 감정과 관련되었을 때 또는 이러한 감정을 촉발하거나 지속시킬 때 감정적 가치를 획득한다. 이러한 감정적 가치의 개념은 소비자의 선택이 비인지적이고 무의식적인 동기에 의해 영향받음을 입증한 Dichter(1947)의 연구, 마케팅 믹스와 프로모션 믹스의 변수들이 정서적 반응을 불러일으킨다고 제시한 연구(Holbrook, 1983; Kotler, 1947; Martineau, 1958; Park & Young, 1986; Zajonc, 1968), 언어적 정보와 시각적 정보에 특성화된 인간의 두뇌기능에 관한 연구(Hirschman, 1980; Orstein, 1972), 언어적 또는 비언어적 정보 입력 방식에 따라 다른 유형의 정보처리과정이 적용됨을 밝힌 Paivio와 Begg(1974)의 연구로부터 영향을 받았다. 즉, 감정적 가치는 상품이나 제품 속성이 발생시키는 느낌이나 소비자의 감정적인 상태로부터 지각하는 가치를 말한다(이채은, 2010).

진귀적 가치(epistemic value)는 호기심을 유발하거나 새로움을 제공하는 선택대안으로부터 획득되는 지각된 효용을 의미한다. 선택대안은 제품소비를 촉발하게 하는 호기심이나 새로움을 통해 진귀적 가치를 획득한다. 완전히 새로운 경험은 물론 단순한 변화를 제공하는 선택대안 또한 진귀적 가치를 제공한다. 선택대안은 소비자가 현재 보유한 브랜드가 만족스럽거나 지겨워졌을 때, 호기심이 생겼을 때, 배움(learn)에 대한 갈망을 가졌을 때 선택될 가능성이 높다. 이러한 진귀적 가치의 개념은 새로움과 다양성 추구 동기가 소비자의 제품 탐색, 사용 및 전환 행동을 활성화시킬 수 있다는 연구(Hansen, 1972; Hirschman,

1980; Howard & Sheth, 1969; Katz & Lazartfeld, 1955), 개인은 자극의 중간 또는 최적의 수준을 유지하도록 동기부여된다는 연구(Berlyne, 1960·1970), 소비자의 신제품 수용 및 혁신성에 관한 Roger와 Shoemaker(1971)의 연구에 의해 영향을 받았다.

상황적 가치(conditional value)는 선택 당사자가 직면하는 특정한 상황 또는 주변 환경에 대한 결과로 인해 선택대안으로부터 획득되는 지각된 효용을 의미한다. 선택대안은 기능적 가치 또는 사회적 가치를 강화하는 물리적 혹은 사회적 선택상황이 존재할 때 상황적 가치를 획득하며, 선택대안의 효용은 특정한 시기나 상황에 따라 다르게 인식될 수 있다. 이러한 상황적 가치의 개념은 주어진 상황에서 경험의 결과로 발생하는 학습의 중요성을 입증한 Howard(1969), Hull(1963)의 연구에 의해 영향을 받았다.

Sheth 등(1991)의 소비가치이론에 따른 소비가치는 다음의 세 가지 특징을 갖고 있다.

첫째, 소비가치이론에서의 소비자 선택은 복합적인 소비가치의 작용으로써 다차원적 현상임을 전제로 하고 있다. 즉 기능적 가치, 사회적 가치, 감정적 가치, 진귀적 가치, 상황적 가치는 소비자의 선택행동에 영향을 미치며 5가지 중 일부 또는 모두가 영향을 미칠 수 있다는 것이다. 둘째, 소비가치는 어떤 특정한 선택상황에서 차별적인 기여를 한다. 단일 제품군 내에서 구매 결정 선택, 제품 유형 선택, 특정 상표 선택이 이루어질 때, 각각의 제품은 서로 다른 소비가치를 제공하기 때문에 특정 소비가치가 서로 상이하게 나타난다고 할 수 있다. 마지막으로 소비가치는 서로 독립적이다. 즉 하나의 소비가치에 대한 소비자 지각의 변화는 다른 소비가치에 대한 지각에 영향을 미치지 않는다는 것이다.

소비자의 선택 행동에 대한 만족에 있어서 5가지 소비가치를 모두 최대화하는 것이 가장 이상적이겠지만 현실적으로는 어려움이 따른다. 소비자는 일반적으로 특정 소비가치를 극대화하기 위해 상대적으로 다른 소비가치에 대해서는 기꺼이 희생을 감수한다고 하였다. Sheth 등(1991)의 소비가치이론은 개인의 소비가치를 구체적이고 행동적인 차원에서 설명하고 있으며 다양한 학문 분야에 적용되어 연구되어 왔다.

3 성격의 개념

성격[2]은 '개인의 환경에 대한 적응을 결정짓는 특징적인 행동패턴과 사고양식'으로 정의하고 있다. 이 정의에서 보면 '행동과 사고'라는 용어가 나오는데 인간의 성격은 우리 눈으로 직접 볼 수 있는 것이 아니라 외부로 드러난 행동과 사고유형을 통해 역으로 우리가 추론하는 것이다.

프로이트의 구조 모델에 따르면, 성격은 행동을 지배한 3가지 시스템인 원초아(id), 자아(ego), 초자아(superego)로 구성되어 있으며 이것들은 서로 상호작용을 한다. 출생과 동시에 나타나는 원초아는 성격의 가장 원초적인 부분으로 자아와 초자아도 여기에서 발달한다. 원초아는 가장 기본적인 생물학적 충동으로 구성되어 있다.

아이가 성장할 때, 자아가 발달하기 시작한다. 아이는 자신의 충동이 언제나 즉각적으로 충족될 수 없다는 것을 알게 된다. 성격의 한 부분인 자아는 어린 아동이 현실의 요구를 고려하는 것을 배우면서 발달한다. 자아는 현실원리에 따르기에 충동의 만족은 그 상황이 적절할 때까지 지연되어야 한다는 것을 아이에게 말해준다. 따라서 자아는 본질적으로 성격의 집행자로 원초아의 요구, 현실 그리고 초자아의 요구 간을 중재한다.

---

2) 성격이라는 개념과 함께 자주 사용하는 개념으로 기질(temperament)과 품성(character)이 있다. 기질이란 한 개인이 유전적 원인으로 인해 태어날 때부터 가지게 되는 고유의 특성을 말한다. 이런 기질에는 감정적이고 충동적인 기질, 활달하고 사교적인 기질, 주도적이고 적극적인 기질과 같은 유형이 있다. 반면 품성이란 사회적으로 바람직하게 여기는 특성을 말하는 것으로, 흔히 성격이 좋다든가 성격이 나쁘다고 할 때 사용하는 개념이다. 즉 사회적 판단이 개입된 것으로 한 사회 시스템에서 긍정적으로 받아들이는 특성을 지칭한다.

초자아는 행위가 옳고 그른지를 판단한다. 초자아는 사회의 가치와 도덕에 관한 내면화된 표상이다. 초자아는 개인의 양심과 도덕적으로 이상적인 사람에 관한 이미지이다. 프로이트에 의하면, 초자아는 아동 중기 동안 부모가 주는 상과 처벌에 대한 반응 그리고 동일시 과정을 통해 형성된다.

성격의 이러한 세 가지 성분은 종종 갈등을 일으킨다. 자아는 원초아가 원하는 충동의 즉각적 만족을 지연시킨다. 초자아는 원초아와 자아 두 성분 모두와 싸우는데, 이는 원초아와 자아의 행동에 도덕적 요소가 부족하기 때문이다. 매우 잘 통합된 성격의 경우, 자아는 안정적이면서 융통성 있는 통제를 유지하고 현실원리가 지배한다. 프로이트는 원초아의 전부와 자아와 초자아의 대부분이 무의식에 있고, 자아와 초자아의 작은 부분만이 의식적이거나 전의식적이라고 제안하였다.

한편, 인간의 행위에 숨어 있는 무의식적 동기를 확인하기 위한 꿈, 환상, 상징 등을 강조하는 정신분석학은 마케팅에 영향을 주었다. 마케터들은 소비자의 무의식 동기에 소구할 수 있는 촉진주제와 용기를 개발하려고 하며, 여전히 소비자의 무의적 구매동기를 자극하는 상징과 환상을 확인하기 위해 정신분석학을 이용하고 있다. 예를 들어 제품의 디자인과 용기 또는 광고 등에서 성적인 에너지인 리비도(libido)를 흥분시키는 여러 상징들을 의도적으로 사용하고 있다.

[그림 7-1] Freud의 심리 역동 원리

4 성격 유형

1) Horney의 성격이론

Freud의 동료들 중 몇몇은 성격이 본능적이고 성적이라는 프로이트의 생각에 동의하지 않고, 대신에 사회적 관계가 성격 형성과 발달에 기본이라고 믿었다. 이런 신프로이트 학파의 성격이론들 중에서 소비자 영역에 잘 적용되는 카렌 호나이(Karren Horney)의 이론에 대해 간략히 언급하고자 한다.

Horney는 불안에 흥미를 두었고, 특히 불안한 감정을 극복하려는 개인의 욕망에 관심을 두었다. 이는 순응, 공격, 이탈의 3가지 성격집단으로 분류될 수 있다.

- 순응적(compliant) 성격 : 이에 해당하는 개인은 타인을 향해 움직이는 사람으로, 사랑받고 인정받기를 바라는 경향이 강하다.
- 공격적(aggressive) 성격 : 이에 해당하는 개인은 타인에 대항해 행동하는 사람으로, 남보다 우위에 서려 하고 칭찬을 들으려는 경향이 강하다.
- 이탈적(detached) 성격 : 이에 해당하는 개인은 타인으로부터 멀어지려는 사람으로, 독립적이고 자기충족적이며 자유로워지려는 경향이 강하다.

Horney의 이론에 근거를 둔 성격검사가 한 소비자 연구자에 의해 개발되었는데, 그는 대학생들의 검사점수와 그들의 제품 및 상표 사용패턴 간에 잠정적 관계를 발견하였다. 매우 순응적인 학생들은 유명상표 제품을 선호하였고, 공격적 성격으로 분류된 학생들은 남성적인 면을 강하게 소구하는 제품을 선호하였으며, 매우 이탈적인 학생들은 많은 학생이 선호하는 커피보다는 차를 많이 마시는 것으로 나타났다(Cohen, 1967).

2) 특질론

특질론은 사람들을 그들의 지배적인 특성 또는 특질에 따라 분류하는 것이다. 심리학자에 의하면, 특질(trait)은 '한 개인을 다른 사람과 비교적 영속적이며 일관되게 구분해 주는 어떤 특성'이다.

특질론은 사람들의 성향을 형용사로 기술하며, 사람들의 성격은 형용사로 표현된 특정한 특질들의 결합으로부터 나타난다. 예를 들어 사람은 자신의 성격이 어떠냐는 물음에 '보수적인', '외향적인', '침착한', '사교적인' 등의 형용사를 사용하여 답하곤 하는데, 이것이 바로 특질이며, 이러한 특질들의 결합(dP, 안정적이고, 외향적이며, 사교적인 등)이 성격으로 나타난다.

〈표 7-6〉은 다양한 평가 도구를 사용해 요인분석한 결과 신뢰성 있게 나타나는 5개의 특질요인(Big-5요인)을 나타낸다. 제시된 형용사 쌍은 각 요인을 잘 나타내는 특질척도의 예들이다(McCrae & Costa, 1987).

〈표 7-6〉 대표적인 5개 특질요인

특질요인	대표적인 특질척도
개방성	인습적인-창의적인, 무사안일한-대담한, 보수적인-자유로운
성실성	부주의한-조심스러운, 믿을 수 없는-믿을 만한, 게으른-성실한
외향성	위축된-사교적인, 조용한-말 많은, 억제된-자발적인
친밀성	성마른-성품이 좋은, 무자비한-마음이 따뜻한, 이기적-이타적
신경증	침착한-걱정 많은, 강인한-상처를 잘 입는, 안정된-불안정한

3) Jung의 분석심리학

Jung은 1914년 Freud의 정신분석학파에 소속되어 활동했지만, Freud와 학문적 견해의 차이로 결별하고 무의식 요소를 개인적 차원에서 집단적 차원으로 확대하여 분석심리학파를 만들었다. Jung(1961)은 한 인간의 전인격적 심리 구조를 통틀어 psyche라고 표현하였다. 그는 이러한 psyche가 의식의 심층을 둘러싼 자아, 그 의식을 둘러싼 개인무의식 그리고 집단무의식과 원형으로 구성되어 있다고 보았다. 특히 psyche의 구성 중 집단무의식과 원형은 성격에 대한 Jung의 분석심리학이 갖는 특징이라고 할 수 있다.

개인무의식은 자아의 세계에서 억압되거나 잊힌 경험이 저장되어 형성된 것으로, Freud가 말한 무의식적 요소에 해당한다. 어떤 새로운 것을 경험했을 때 그것이 자신과 무관하거나 중요하지 않게 보이는 것들, 또는 그 자극이 너무 약해서 의식의 수준에까지 도달하지 못한 경험들이 저장된 것이다. 이것은 평소에는 의식에 머물러 있지 않지만 필요할 때 작동하여 우리의 행동에 영향을 미친다. Jung은 개인무의식이 개인이 가지고 있는 콤플렉스(무의식 속에 저장되어 있는 감정, 생각, 기억이 연합되어 생긴 흔적들) 혹은 과거 조상의 경험에서 얻은 것이라고 생각했다. 개인적인 갈등, 해결하지 못한 도덕적 갈등, 강렬한 감정이 뒤섞인 사고과정은 개인 무의식의 중요한 부분이다. 개인 무의식에 직접 접근하기는 어려우며 이런 요소들은 종종 꿈으로 나타나 그 내용을 구성하는 데 중요한 역할을 한다.

Jung(1929)은 무의식이 개인의 성격 형성에 중요한 영향을 끼친다는 Freud의 생각을 수용했지만, 무의식이 단지 개인적 차원만이 아닌 집단적 차원에도 영향을 미친다고 생각했다. 즉, 그는 성격이 그 사람이 어떤 사회나 문화에서 자라나는가에 따라 달라질 수 있다고 본 것이다. 개인을 지배하는 생각, 감정, 욕구가 모두 현재의 자신에게서 비롯되는 것은 아니며, 과거 인류의 경험이 축적되어 전달된 것들일 수도 있다. 인간이 대대로 이어받은 여러 가지 원시적 이미지는 자신도 모르게 세상을 경험하고 반응하는 데 소질이나 잠재적 가능성으로써 가능하게 된다. 이러한 집단무의식은 신화나 전설 및 민담과 같은 집단 문화의 형태로 전승되어, 원형(archetype)의 형태로 개인 내면에 자리 잡게 된다. 예를 들어, 어떤 나라에 태어나던지 인간은 누구나 어머니에 대한 공통적인 원형을 가지고 있다. 사람들은 자신이 가지고 있는 원형에 따라 특정한 방식으로 세계를 지각하고 경험하며 반응하게 된다. 여기서 원형이란 조상으로부터 전달받아 개인이 태어날 때부터 가지게 되는 미리 정해진 생각이나 기억, 즉 근원적 심상을 말한다.

Jung(1929)은 성격을 구성하는 가장 중요한 원형으로 페르소나(persona), 그림자(shadow), 아니마(anima), 아니무스(animus), 자기(self)를 들었다. 페르소나란 어머니의 심상과 같이 사회적 역할수행에 대한 심상으로 남에게 보이는 모습을 말한다. 그림자는 개인이 가지고 있는 어두운 면으로, 성적으로 수용되지 않거나 동물적인 것 즉, 무의식의 어둠 속에 있는 자신의 분신을 말한다. 아니마는 남성 속에 있는 여성성을 말하고, 아니무스는 여성 속에 있는 남성성의 모습을 말한다. 자기란 인간이 추구하는 합일, 완성, 만다라의 상태를 말한다. 이런 집단무의식의 원형은 인간 개개인의 성격 중 한 요소를 형성한다.

4) MBTI(Myers & Briggs Type Indication)

Jung의 심리유형론에 근거하여 Myers와 Briggs가 개발한 MBTI(Myers & Briggs Type Indication)[3] 성격유형 검사 도구는 자기이해와 타인이해 및 수용에 효과적이며 상대방을 이해하는 데 활용할 수 있는 성격의 선호유형을 찾는 검사 도구이다.

Myers와 Briggs는 MBTI를 개발하면서, Jung이 간략하게만 언급하고 넘어간 JP지표도 하나의 독립된 지표로 첨가하였다. Jung은 이 JP지표에 대해 "판단형의 사람(J형)은 대개 판단하는 성향을 가지고 있어서 의식적 성격측면을 잘 파악하

---

3) 캐서린 쿡 브릭스(Katharine C. Briggs)와 그의 딸 이사벨 브릭스 마이어스(Isabel B. Myers)가 카를 융의 성격 유형 이론을 근거로 개발한 성격유형 선호지표이다. 이 검사는 제2차 세계대전 시기에 개발되었다. MBTI를 활용한 검사는 좋고(효율적) 나쁜(비효율적) 성격을 구별하는 것이 아니라 환경이라는 변수를 개입함으로써 사람들의 근본적인 선호성을 알아내고 각자의 선호성이 개별적으로 또는 복합적으로 어떻게 작용하는지의 결과를 예측하여 실생활에 도움을 얻고자 하는 개인의 어떤 특성을 나타내는 제시도(indicator)이다(김정택·심혜숙, 2000). MBTI 활용은 개인의 심리적 특성인 성격유형의 차이를 이해하고 수용하는 역동을 통하여 대인관계 능력을 향상시킬 수 있다고 보았다. MBTI 활용으로 성격과 잠재력을 발견, 개발함으로써 건강한 자아정체감이 형성될 수 있다.

고, 인식형(P형)의 사람은 무의식적인 성격에 영향을 받는다. 왜냐하면 판단(J)은 정신현상의 의식적 동기에 더욱 관심을 가지고 있고, 인식(P)은 단지 일어난 일을 기록하기 때문이다"라고 하였다. Jung은 이러한 각 기능에서의 방향의 결정은 선천적이라고 생각하였다. 그는 각 기능의 양극선상에서 각 개인에 따라서 어느 한쪽으로 더 기울어지며, 이에 따라 개인의 차이점이 드러나는 고유의 성격유형이 나타난다고 보았다. 그는 또한 인간이 자신의 선천적 경향을 알고 활용할 때 심리적인 쾌적감이 따른다고 보았고, 반면 자신의 선천적 경향을 거슬러 가야 하는 상황 속에서 오랫동안 살아갈 때는 심리적인 탈진감이 오게 된다고 하였다. 이것은 마치 선천적으로 오른손 잡이인 사람이 왼손을 써야 하는 상황이 되면 서툴고 어색하고 왼손을 쓰고 있다는 의식을 많이 하게 되는 것과 마찬가지로, 의식을 많이 한다는 것은 그만큼 심리적인 에너지의 소모가 많다는 표시이기도 한 것이다.

MBTI는 이와 같은 Jung의 입장에 바탕을 두고, 개인이 쉽게 응답할 수 있는 자기보고를 통해 인식하고 판단할 때 각자 선호하는 경향을 찾고, 이러한 선호경향들이 개별적으로 또는 여러 경향들이 상호작용하면서 인간의 행동에 어떠한 영향을 미치는가를 파악하여 실생활에 응용할 수 있도록 제작된 도구이다.

외향(E) Extroversion	에너지의 방향(주의 초점) ⟷	내향(I) Introversion
감각(S) Sensing	정보수집(인식의 기능) ⟷	직관(N) Intuition
사고(T) Thinking	판단과 결정(판단의 기능) ⟷	감정(F) Feeling
판단(J) Judging	이해양식(생활 양식) ⟷	인식(P) Perceiving

[그림 7-2] MBTI 선호지표

① 외향성(Extroversion) - 내향성(Introversion)

외향성과 내향성의 지표는 개인의 주의집중과 에너지의 방향이 인간의 외부로 향하는지 내부로 향하는지를 나타내는 지표이다. Jung은 외향성과 내향성이 상호보완적인 태도임을 강조했다.

외향성의 사람들은 주로 외부세계를 지향하고 인식과 판단에 있어서도 외부의 사람이나 사물에 초점을 맞춘다. 또한 바깥에 나가 활동을 해야 활력을 얻는다. 이들은 행동 지향적이고, 때로는 충동적으로 사람들을 만나며, 솔직하고 사교성이 많고 대화를 즐긴다.

내향성의 사람들은 내적 세계를 지향하므로 바깥 세계보다는 자기 내부의 개념(concept)이나 생각 또는 이념(idea)에 더 관심을 둔다. 관념적 사고를 좋아하고, 자기 내면세계에서 일어나는 것에 의해 에너지를 얻으며 주로 생각하는 활동을 좋아한다.

② 감각형(Sensing) - 직관형(Intuition)

감각형과 직관형의 지표는 정보를 인식하는 방식에서의 경향성을 반영한다. 감각기능을 선호하는 사람들은 모든 정보를 자신의 오관에 의존하여 받아들이는 경향이 있다. 이들은 현재 이 상황에 주어져 있는 것을 수용하고 처리하는 경향이 있으며 실제적이고 현실적이다. 또한 자신이 직접 경험하고 있는 일을 중시하며 관찰능력이 뛰어나고 세세한 것까지 기억을 잘하며 구체적이다.

감각형의 사람은 순서에 입각해서 차근차근 업무를 수행해 나가는 성실근면형이나, 세부적이고 구체적인 사실을 중시하는 경향으로 인해 전체를 보지 못할 위험이 있다. 감각형의 사람은 사물, 사건, 사람을 눈에 보이는 그대로 시작하려는 경향이 있으며, 사실적 묘사에 뛰어나다.

직관기능을 선호하는 사람들은 오관보다는 통찰, 소위 말하는 육감이나 영감에 의존하여, 구체적인 사실이나 사건보다는 이면에 감추어져 있는 의미, 관계 가능성 또는 비전을 보고자 한다. 이들은 세부적이고 구체적인 사실보다는 전체를 파악하고 본질적인 패턴을 이해하려고 애쓰며 미래의 성취와 변화, 다양성을 즐긴다. 직관형의 사람은 상상력이 풍부하고, 이론적이고, 추상적이고, 미래지향적이며 창조적이다. 그러나 구체적인 것을 떠나 전체를 보려고 하기 때문에 세부적인 것은 간과하기 쉽고, 실제적·현실적인 면을 고려하지 않고 새로운 일 또는 복잡한 일에 뛰어들기도 한다.

③ 사고형(Thinking) - 감정형(Feeling)

사고와 감정기능은 인식된 정보를 가지고 판단을 내릴 때 쓰는 기능이다.

사고형은 객관적인 기준을 바탕으로 정보를 비교 분석하고 논리적 결과를 바탕으로 판단을 한다. 사고형은 인정에 얽매이기보다 원칙에 입각하여 판단하며, 정의와 공정성, 무엇이 옳고 그른가에 따라 판단한다. 따라서 인간미가 적다는 얘기를 들을 수 있으며 객관적 기준을 중시하는 과정에서 타인의 마음이나 기분을 간과할 수 있다.

감정기능을 선호하는 사람은 친화적이고, 따뜻하며 조화로운 인간관계를 중시한다. 객관적인 기준보다는 자기자신과 다른 사람들이 부여하는 가치를 중시하여 판단을 한다. 즉, 논리 분석보다는 자기자신이나 타인에게 어떤 영향을 줄것인가 하는 점을 더 중시하며, 원리원칙보다는 사람의 마음을 다치지 않게 하는 데 더 신경을 쓴다. 이러한 성향으로 사람과 관계된 일을 결정해야 할 때 우유부단하게 되거나 어려움을 겪을 수 있다.

④ 판단형(Judging) - 인식형(Perceiving)

판단과 인식은 외부세계에 대한 태도나 적응에 있어서 어떤 과정을 선호하는가를 말한다.

판단형은 의사 결정을 하고 종결을 짓고 활동을 계획하고 어떤 일이든 조직적·체계적으로 진행시키기를 좋아한다. 판단형은 계획을 짜서 일을 추진하고 미리미리 준비하는 편이며, 정한 시간 내에 마무리해야 직성이 풀린다. 외부행동을 보아도 빈틈없고 단호하며 목적의식이 뚜렷하다.

반면, 인식형은 삶을 통제하고 조절하기보다는 상황에 맞추어 자율적으로 살아가기를 원한다. 또한 자발적이고 호기심이 많고 적응력이 높으며, 새로운 사건이나 변화를 추구한다.

판단형은 한 가지 일을 끝내지 않고는 잠을 못 이루는 사람들이다. 이에 비해 인식형은 한꺼번에 여러 가지 일을 벌이지만, 뒷마무리가 약하다. 판단형은 인식형을 굼뜨고 답답하게 보며, 인식형은 판단형을 보고 성급하고 여유가 없고 조급하다고 보는 경향이 있다.

5) 소비자 성격척도

여러 소비자 연구자는 특정한 구매행동을 직접적으로 측정해 줄 수 있는 타당하고 신뢰도 높은 특질척도를 다수 개발하였다.

① 자기감시

자기감시(self-monitoring)는 사람이 사회활동과 대인관계에서 자기표현을 관리할 수 있는 정도를 말한다. 자기감시 정도가 높은 사람의 태도는 자신의 태도가 사회적이나 상황적으로 적합한가에 의해 형성되기 때문에 이러한 사람들은 제품을 사용함으로써 얻을 수 있다고 주장한다. 또한 자기감시가 낮은 사람들은 자신의 가치표출을 중시하는 태도를 갖기 때문에 제품의 품질을 강조하는 광고를 자신들의 내재된 태도나 가치 또는 다른 평가적 기준에 맞추어 해석할 것이라고 가설을 세웠다. 예를 들면 자기감시가 높은 사람은 스포티하게 보이는 자동차 광고, 하얀 치아의 밝은 미소를 강조하는 치약광고 등에 반응할 것이다.

또한 자기감시가 낮은 사람들은 자신들의 가치표출을 중시하는 태도를 갖기 때문에 제품의 품질을 강조하는 광고를 자신들의 내재된 태도나 가치 또는 다른 평가적 기준에 맞추어 해석할 것이라는 가설을 세웠다. 예를 들면 스카치위스키

맛이 좋다고 생각하는 사람들은 스카치위스키를 마시는 그 자체를 즐길 것이며, 이러한 사람들은 특정 스카치가 그 맛에 대한 정보를 제공하는 광고에 주의를 기울일 것이며 더 반응적일 것이라는 가설을 세웠다. 이들은 세 가지 제품(위스키, 담배, 커피 등)을 대상으로 두 가지의 광고기법을 이용, 즉 다른 것은 다 동일하지만 단지 광고와 관련된 카피가 하나는 제품의 이미지를, 다른 하나는 제품의 품질을 소구하는 기법을 이용하여 광고에 대한 호의도와 제품의 구매의도에 대해 자기감시의 높고 낮음이 차이를 유발할 수 있는가에 대한 연구를 한 결과 유의한 차이가 있음을 밝혀내고, 그들의 가설이 검증되었다고 주장하였다.

② 인지욕구

인지욕구(need for cognition)는 사람이 생각하는 것을 즐기거나 원하는 경향성에 대한 측정을 나타낸다. 인지욕구의 개념은 개인이 노력하여 정보를 처리하는 데서 얻게 되는 내적인 즐거움에 초점을 두고 있다. 인지욕구 척도에서 높은 점수를 받은 사람은 본질적으로 생각하는 것을 즐기며, 반면에 낮은 점수를 받은 사람은 힘든 인지적 활동을 피하는 경향이 있다. 인지욕구가 낮은 사람은 특정한 주장에서 핵심을 구별하지 못하며, 오히려 제공된 주장에 근거하여 자신의 태도를 형성하기 위해 요구되는 인지적 노력을 피하는 것을 전형적으로 좋아하는 것으로 특징지을 수 있다.

③ 애매함에 대한 관용

애매함에 대한 관용(tolerance for ambiguity)의 개념은 애매하거나 비일관적인 상황에 대해 사람이 어떻게 반응하는지를 다루는 것으로, 애매함에 참을성이 있는 개인은 비일관적인 상황에 긍정적인 방식으로 반응하지만, 애매함에 대해 비관용적인 개인은 비일관적인 상황을 위협적이며 바람직하지 않은 것으로 보는 경향이 있다. 세 가지 다른 형태의 상황이 애매한 것으로 확인되었는데, 첫째, 사람이 정보를 전혀 갖고 있지 못한 완벽하게 새로운 상황은 애매한 것으로 고려되며 둘째, 사람을 정보로 당황하게 하는 경향이 있는 매우 복잡한 상황은 매우 애매한 상황으로 간주되고 셋째, 반박적인 정보를 갖고 있는 상황도 애매한 것으로 고려되고 있다. 이러한 상황들은 신기한, 복잡한 그리고 해결할 수 없는 상황으로 특징지을 수 있다.

애매함에 대한 관용의 성격구성이 여러 소비자 과제에서 소비자에게 영향을 줄 수 있다. 예를 들면, 소비자가 애매함에 비관용적인 소비자보다 새로운 것으로 지각된 제품에 더 긍정적으로 반응한다는 것을 발견했다. 즉 새로운 제품을 구매할 때, 소비자는 신기한 상황에 접하게 될 것이고, 애매함에 관용적인 소비자는 이러한 상황에 더 긍정적으로 반응할 것이다.

④ 시각처리 대 언어처리

소비자를 시각처리자와 언어처리자로 구분할 수 있다. 시각처리자는 시각적 정보와 시각을 강조하는 제품을 선호하며, 반면에 언어처리자는 기술되는 언어적 정보와 언어적 정보로 광고되는 제품을 선호하는 경향이 있다.

⑤ 분리 대 연결

분리−연결(separateness-connectedness) 특질은 사람들이 자신의 자기개념을 독립성(타인과의 분리) 대 상호의존성(타인과의 연합)으로 지각하는 정도를 측정하는 변수이다. 연결특질이 강한 사람은 중요한 타인을 자신의 일부분으로 또는 자신의 확장으로 간주하지만, 분리특질이 강한 사람은 자신을 타인과 구분하며 '나'와 '남' 사이에 명확한 경계를 설정한다.

분리−연결 특질은 인구통계학적 변수들에서 차이가 있음을 보여준다. 예를 들어 여성은 남성보다 그리고 동양문화권의 사람들이 미국, 캐나다, 유럽의 서양 사람들보다 연결 특질의 자기개념을 더 가지고 있다(Wang & Mowen, 1997).

⑥ 기타 성격척도

소비자 연구자들은 위에서 언급한 특질척도 이외에도 다른 많은 척도를 개발하였다. '쿠폰경향' 및 '가격인식', '허영심', '거래경향', '인지복잡성', '성별도식이론', '불안', '자기 민족중심주의', '외향성/신경성', '정서욕구', '순종, 공격 및 분리' 척도 등이 소비자행동과 관련이 되는 것으로 평가하였다. 한편 강박소비를 하는 소비자의 경향성을 측정하는 척도도 개발되었다. 이 척도에서 강박소비자를 성공적으로 확인해 주는 문항으로는 "나는 구매할 능력이 없는데도 구매한다", "만일 남들이 나의 구매습관을 안다면 소름 끼칠 것이라고 나는 생각한다", "나는 쇼핑을 가지 못하는 날에는 불안하거나 신경질이 난다", "나는 나 자신의 기분을 좋게 하기 위해 무언가를 구매한다" 등이 있다. 이 척도에서 이런 문항들에 "예"라고 응답하는 소비자는 강박소비 성향을 가지고 있을 것이며 전문가의 도움이 필요할 것이다.

6) 자기개념

자기개념(self-concept)은 '자기 자신을 하나의 대상으로 나타내는 개인의 사고와 감정의 총합'으로, 사람들이 자신의 자기개념과 일치되게 행동하려는 욕구가 있기 때문에 자기 자신에 대한 지각이 성격의 기본을 형성한다.

① 자기개념과 상징적 상호작용주의

인간은 자신을 외부로 드러내려는 성향을 지니고 있다. 이때 인간은 환경에서의 무언가를 활용하여 자신을 표현한다. 환경에서의 무언가란 바로 개인을 드러낼 수 있게 하는 하나의 상징물이다. 즉 자신을 표현하기 위해서는 환경에서 개인과 상징 간의 상호작용이 필요한데, 이를 상징적 상호작용주의라고 한다. 상징적 상호주의에 근거하면, 소비자는 상징적 환경에서 생활하며 자신을 둘러싸고 있는 상징들을 빈번히 해석한다.

② 자기 일치성 측정

자기 일치성은 소비자가 자신의 자기개념에 일치하는 제품과 매장을 선택한다는 개념이다. 자기 일치성을 측정하는 방법은 크게 2가지로 나뉜다. 첫째는 전통적인 방법으로 자기 일치성을 구성하고 있는 개념인 상표성격과 자기 이미지를 각각 측정하여 두 개념에서 일치성을 유추하는 방법이다. 둘째는 소비자에게 직접적으로 해당제품이 자기 이미지와 일치하는가를 묻는 방식이다.

③ 자기개념과 신체이미지

사람의 외모는 자기개념에서 상당한 부분을 차지한다. 신체이미지는 자신의 신체에 관한 개인의 주관적인 평가를 의미한다. 예를 들어 어떤 남성은 자신이 실제보다도 훨씬 더 근육질이라 생각할 수 있고, 어떤 여성은 실제보다 훨씬 더 비만이라고 느낄 수 있다.

ESG와 정부 그리고 민간조직

PART

4

ESG를
생각하는
소비와 소비자

08 중앙정부
CHAPTER

1 중앙정부의 소비자 행정

우리나라 중앙정부의 소비자 행정 운영체제는 공정거래위원회가 소비자보호 정책을 총괄·조정하고 업무 특성에 따라 각 행정부처에서 각각의 소관 업무를 수행하는 구조를 취하고 있다. 소비자보호 행정은 공정거래위원회 소비자정책 과에서 그 업무를 총괄하고 있으며, 광역시 시, 도, 군 등의 지방자치단체는 공정 거래위원회와 기획재정부의 지휘·감독을 받아 자체 소비자보호과나 물가지도 계, 공정거래계, 소비자보호계 등에서 소비자보호 업무를 맡고 있다.

한편, 소비자정책의 운영체제는 매년 초, 각 중앙행정부처별로 소비자정책을 수립하고, 공정거래위원회 소비자정책국에서는 각 중앙행정부처로부터 제출된 소비자정책을 종합하고, 이를 기초로 소비자정책을 수립하여 소비자정책위원회 의 심의를 거쳐 최종적으로 확정하게 된다. 따라서 우리나라 소비자정책은 공정 거래위원회의 소비자정책위원회에서 정책을 심의·의결하고, 각 행정부처별로 그 소관 사항을 집행하고 있다. 요컨대, 소비자 행정조직은 공정거래위원회에서 소비자 업무를 총괄하고 각 행정부처에서 소관업무를 수행하는 이중적 구조 형 태를 가진다.

우리나라는 1994년 각 중앙행정기관에서 추진하는 소비자정책을 조정·통합 하기 위해 재정기획부(현재 기획재정부)에 소비자정책과를 설치하였다. 1980년 대 중반부터 시작된 소비자정책 추진을 위한 국가 차원의 법령 및 기구의 정비 가 어느 정도 완비되면서 1990년대에는 지방소비자 행정이 소비자정책의 새로 운 과제로 등장하였다. 이에 정부는 1995년 말 소비자기본법을 개정하여 지방자치단체들이 소비자보호 조례를 제정하여 시행할 수 있도록 법적 근거를 마련하였다. 2008년 새 정부 출범과 함께 정부조직의 대대적 개편이 이루어지면서 소비자정책 기본계획 및 종합시행계획 수립, 소비자정책위원회 권한이 기획재정부에서 공정거래위원회로 이관되었다.

공정거래위원회의 주요 기능은 다음과 같다.

첫째, 경쟁촉진 : 각종 진입장벽 및 영업활동을 제한하는 반경쟁적 규제를 개혁하고 경쟁제한적 기업결합을 규율함으로써 경쟁적 시장환경을 조성한다. 시장지배적 지위남용행위, 부당한 공동행위, 기타 불공정거래행위를 금지함으로써 시장에서의 공정한 경쟁질서를 확립한다. 정부 각 부처에서 정책을 수립할 때 경쟁의 원리가 중요한 요소로 고려되도록 하기 위하여 정부에 경쟁원리를 확산시킨다.

둘째, 소비자 주권 확립 : 소비자에게 일방적으로 불리하게 만들어진 약관조항을 시정하고 표준약관을 보급함으로써 불공정 약관으로 인한 소비자 피해를 방지한다. 허위, 과장의 표시, 광고를 시정하고 소비자 선택에 꼭 필요한 중요정보를 공개하도록 함으로써 소비자가 정확한 정보를 바탕으로 합리적인 선택을 할 수 있도록 한다. 할부거래, 방문판매, 전자상거래 등 특수한 거래분야에서 나타날 수 있는 특수한 유형의 소비자 피해를 방지한다.

셋째, 중소기업 경쟁기반 확보 : 하도급대금지급, 물품수령 등 하도급 거래에서 발생할 수 있는 대형업체들의 각종 불공정행위를 시정함으로써 중소 하도급 업체의 발전기반을 확보한다. 대형 유통업체, 가맹사업본부 등이 거래상의 우월적 지위를 이용하여 중소 입점, 납품업체, 가맹점에게 행하는 각종 불공정 행위를 시정한다.

넷째, 경제력 집중 억제 : 대기업집단 계열사 간 상호출자, 채무보증 금지, 부당내부거래 억제 제도 등을 운영함으로써 선단식 경영체제의 문제점을 시정한다.

1) 중앙행정부처

개별 관련행정부처는 소비자보호를 위한 각종 제도의 개발, 소관별 소비자보호 정책의 수립 및 시행, 위해 방지, 물품 및 서비스의 기준설정 및 고시, 시험·검사 및 조사, 물품 표시기준의 설정, 광고의 기준 제정, 소비자 정보의 제공, 소비자 피해의 구제, 시험·검사시설의 설치 등을 수행하고 있다.

2) 공정거래위원회

2008년 2월 정부조직법 개정에 따라 소비자정책 종합·조정 기능을 이관받은 공정거래위원회는 소비자기본법의 제·개정 및 운영 권한을 모두 갖게 됨으로써 우리나라 소비자정책을 총괄하는 기관이 되었다. 이는 경쟁정책과 소비자정책의 연계 추진을 통해 소비자후생을 극대화하고 시장경쟁을 촉진하여 기업 및 국가경쟁력을 제고하기 위한 것으로 보인다.

사실 소비자정책과 경제정책은 소비자후생 증대라는 공통의 목적을 가지고 있으며 상호 보완적으로 작용한다. 경쟁정책을 통해 시장경쟁이 촉진되면 기업이 품질 좋고 값싼 제품을 출시하기 때문에 소비자 선택의 폭이 넓어져 소비자 권익이 증대된다. 또한 소비자정책을 통해 소비자들의 합리적 선택이 보장되면 기업의 경쟁을 촉진시켜 가격 인하, 품질 향상, 기술 개발 등이 촉진된다.

공정거래위원회가 소비자정책을 총괄함에 따라 이러한 선순환 관계에 따른 시너지 효과를 기대할 수 있게 되었고, 부처별 업무 중복을 극복할 수 있어, 보다 효율적인 정책 추진이 가능해졌다.

2023년 공정거래위원회 주요 업무와 추진계획은 다음과 같다.

① 혁신 경쟁이 촉진되는 시장환경 조성

• 경쟁 촉진을 통한 디지털 시장 혁신 제고

혁신 경쟁을 저해하는 독점력 남용행위에 대해서는 엄정하게 대응한다. 특히, 디지털 기반 산업(반도체 · 앱마켓 등), 핵심 플랫폼 분야(모빌리티 · 오픈마켓 등)에서 경쟁자의 사업활동을 방해하는 행위 등 독점력 남용행위를 중점 점검한다.

또한 동태적 혁신을 가로막는 M&A에 대해 면밀히 심사한다. 게임 · 클라우드 등 4차 산업 M&A는 전후방산업 파급 효과 및 소비자 후생 등을 종합 고려하여 균형있게 심사하고, 지배력 확장 우려가 큰 빅테크 기업의 M&A에 대한 면밀한 심사를 위해 기업결합 심사 · 신고기준 보완을 검토할 계획이다.

빅테크 기업 독점력 남용에 대한 효과적 규율체계를 마련할 계획이다. 글로벌 빅테크 기업의 독과점 문제에 공동 대응하고, EU 디지털시장법 시행(2023년 5월)에 따른 국내시장 차별문제 방지를 위해 국제협력을 강화한다. 이와 함께, 내외부 전문가 TF를 구성하여 현행법이 빅테크 독과점 남용 규제에 충분한지, 개선이 필요한지에 대해 종합적으로 검토한다.

• 담합 등 시장 반칙행위 근절

국민부담으로 직결되는 민생 분야, 물가 상승을 초래하는 중간재 분야, 서비스 혁신 플랫폼 분야 담합행위를 중점 조사한다. 아울러, 공공부문 입찰담합 방지를 위해 발주 공공기관 소속 임직원의 담합 관여 방지를 위해 관련 제도를 개선하고, 공정위가 입찰자료의 제출 및 협조를 요청할 수 있는 공공기관의 범위 확대(공정거래법 개정)도 추진한다.

〈표 8-1〉 담합행위 주요 감시대상 분야

민 생	▸ 에너지, 가정용품, 통신장비, APT 유지보수 등
중간재	▸ 건설분야 원부자재, 산업용 부품 · 소재 · 장비 등
플랫폼	▸ 기존 사업자단체의 신규 플랫폼 진입 · 사업활동 방해 등

코로나19 이후 국민 생활에서 비중이 커진 콘텐츠, 여가·건강 업종 등을 중심으로 불공정거래행위를 집중 점검한다.

〈표 8-2〉 분야별 중점 점검대상 불공정행위

콘텐츠	▶[웹소설] 2차 저작물 작성권 제공 강요 ▶[음악저작권] 신규 사업자 진입 방해 ▶[OTT] 거래구조·불공정관행을 전반적으로 점검(실태조사 실시) ▶[연예기획사-연예인 간 거래] 불공정 계약 강요 등 감시
여가·건강	▶[레저용품] 병행수입 방해 등 ▶[숙박앱] 불이익한 거래조건 설정 등 ▶[제약·의료기기] 불법 리베이트 제공 등

• 경쟁 활성화를 위한 규제 개선

자동차 수리부품 시장·휴대폰 유통시장 등 독과점이 장기간 지속되거나 국민 생활에 불편을 초래하는 분야에서 경쟁 촉진을 위한 제도 개선을 추진한다.

〈표 8-3〉 분야별 제도 개선 계획(예시)

자동차 수리 부품시장	▶독립·중소 부품사들의 인증 대체부품 활성화
이동통신 단말기 유통시장	▶대리점·판매점 추가지원금 상한(現 15%) 확대
농수산물 도매시장	▶도매시장법인 재지정 요건 법제화

중소벤처기업의 경쟁력 제고를 위해 非금융 지주회사가 보유할 수 있는 CVC에 창업기획자를 추가하고, 산학연협력 기술지주회사의 대기업집단 계열편입 유예를 확대한다.

기업들의 원활한 사업재편 지원을 위해 경쟁제한성이 적은 M&A에 대한 신고면제를 확대하고, 경쟁제한성이 우려되는 M&A의 경우 자율적 시정방안 제출 제도 마련 등도 추진한다.

② 중소기업 · 소상공인의 공정한 거래기반 강화

• 중소기업에 대한 정당한 대가 보장

'납품단가 연동제'의 법적 근거를 마련(하도급법 개정)하고, 연동제가 시장에 안착될 수 있도록 연동기준 · 계약사항 등 세부기준을 시행령 등을 통해 명확히 제시할 계획이다.

이와 함께, 적용 예외조항(당사자 간 합의 등) 악용 시에는 탈법행위로 엄중 제재하고, 법제화의 실효성을 보강하기 위해 자율적 연동계약에 대기업의 추가 참여 및 2 · 3차 협력사까지 확산을 추진하도록 한다.

하도급 대금의 신속한 지급을 유도하기 위해 피해기업이 원하는 경우 대금 미지급 사건에서 공정위는 법 위반 여부만 명확히 판단하는 방식으로 사건을 신속히 처리할 계획이다.

• 하도급 분야 불공정관행 개선

SW(시스템통합 · 클라우드 · 게임 등), 콘텐츠(드라마 · 영화 등) 및 광고 업종 의 불공정한 용역 하도급 거래관행(중점 점검대상 : 외주제작 과정에서의 구두 계약, 부당특약, 검수 · 대금지급 지연 등)을 점검할 계획이다.

아울러 제조업 경쟁력의 근간을 이루는 뿌리산업[6대 기반 공정(주조, 금형, 용접 등), 8대 차세대 공정(사출 · 프레스, 정밀가공, 로봇, 센서 등)]의 부당대금 결정, 설계변경 비용 미지급 행위 등 불공정 하도급 관행도 중점 점검한다. 기술 이 핵심 경쟁요소인 자동차부품 · 에너지 · 기계업종 등을 중심으로 기술자료 제 3자 제공, 기술 해외유출 등을 집중 감시할 계획이다. 신속하고 두터운 피해구제 를 위해 징벌적 손해배상 한도(현행 3배) 상향, 손해액 산정 · 추정기준 도입 등 의 제도 개선도 추진할 계획이다.

• 소상공인의 부담을 실질적으로 경감

가맹점주의 과도한 비용부담 완화를 위해 필수품목 판단기준을 명확히 제시하고, 외식업을 중심으로 구입강제 등을 집중 점검할 계획이다. 대형유통업체가 납품업체에게 '다른 유통채널에서의 판매가격 인상을 요구하는 행위' 등 경영간섭행위 금지의 법제화를 추진한다. 영세 대리점주의 고충 처리, 법률 조력 서비스 제공 등을 위해 '대리점종합지원센터'도 설립·운영(2023년 3월)할 계획이다.

• 플랫폼과 입점업체 간 자율규제 적극 지원

오픈마켓·배달앱 분야에서 현행법으로 규율하기 어려운 계약관행 개선 등을 위해 자율규제를 적극 유도한다. 표준입점계약서 마련 등 소상공인의 협상력 제고에 기여할 수 있는 방안을 도출하고, 성과 우수 플랫폼에 대한 인센티브 부여 방안 등도 마련한다.

③ 대기업집단 제도의 합리적 운영

• 부당내부거래에 대한 엄정한 법 집행

공정경쟁 기반을 저해하는 부당내부거래를 집중 감시하고 법 위반 적발 시 엄정하게 제재한다. 경영권 승계를 위한 편법적 부의 이전, 독립·중소기업의 경쟁력을 잠식하는 부당지원 및 부실계열사 부당지원[부실계열사(자본잠식 등)의 유상증자에 상당히 유리한 조건으로 참여하거나 일감을 몰아주는 행위 등)] 등을 모니터링한다.

TRS(Total Return Swap, 총수익스와프 : 계약기간 내 기초자산의 거래에서 발생하는 총수익을 상호 교환하는 파생상품) 등 부당지원 또는 채무보증금지의 우회수단으로 활용될 우려가 있는 금융상품 실태를 점검하고 규율방안을 검토한다.

사익편취 규제의 부당성 판단기준, 적용 예외사유 등을 합리화하기 위해 「사익편취 심사지침」을 개정하고, 완전모자회사 간 내부거래의 규제범위 개선도 추진하는 등 부당내부거래에 대한 법적용 기준을 명확히 한다.

• 정책환경 변화에 따른 대기업집단 시책 합리화

경제규모 증가, 상호출자제한기업집단 지정기준(GDP 0.5%)과의 정합성 등을 고려하여 공시대상기업집단 지정기준[(현행) 자산총액 5조 원 이상('09년~) → (개선) GDP와 연동 또는 기준금액 조정]의 합리적 조정을 추진한다.

아울러, 예측가능성과 효율성 제고를 위해 동일인 판단기준·변경 절차(기업집단과 공정위의 판단이 상이한 경우 기업집단에 의견제시 기회 제공 등 절차 마련) 등에 대한 지침도 마련할 계획이다.

정보의 효용성은 높이고 기업부담은 낮추도록 공시제도를 개선한다. 내부거래 공시대상 기준금액을 상향(50억→100억)하고 소규모 내부거래(5억 원 미만)는 제외한다. 중복되거나 효용성이 낮은 항목(비상장사 임원변동 등)은 정비하고, 빈번한 공시 주기는 합리적으로 조정(주식소유 현황 등 8개 항목: 분기→연 공시)한다.

또한, 학계·법조계·이해관계자 등이 참여하는 정책네트워크를 구성하여 대기업집단 제도 합리화 과제도 발굴·논의할 계획이다.

④ 소비자의 권익이 보장되는 거래환경 조성

• 신뢰할 수 있는 디지털 소비환경 조성

온라인 시장의 소비자 기만행위를 적극 차단한다. 현행법의 사각지대를 활용한 대형 플랫폼들의 눈속임 상술(다크패턴: [예시] 별도의 추가 고지 없이 서비스 자동갱신·결제, 가입은 쉽게 해지는 어렵게 설정 등)에 대한 실효적 규율방안을 마련하고, 플랫폼에 입점한 중소업체들의 뒷광고·이용후기 조작에 대한 점검 및 자진시정을 강화[중점 점검분야: 보건·위생용품(화장품 등), 식료·기호품(건강기능식품 등) 등]할 계획이다.

중고거래·리셀(resell) 등 개인 간 거래(C2C)에서 발생하는 소비자 피해 예방을 위해 플랫폼 사업자와 함께 자율적인 분쟁 해결방안을 마련할 계획이다.

온라인 시장에서의 동시다발적인 소비자 피해 확산을 신속히 차단할 수 있도록 임시중지명령의 발동요건을 완화할 계획[예시: (현행) 법 위반이 '명백'한 경우 → (개선) 법 위반이 '현저히 의심'되는 경우]이다.

또한, 집단분쟁조정이 활성화될 수 있도록 다수의 소비자 피해가 '예상'되는 경우에도 집단분쟁조정 신청이 가능하도록 신청요건을 완화할 계획이다.

• 소비생활 안전 확보를 위한 제도적 기반 강화

안전관리 체계 강화를 위해 「소비자안전기본법」 제정을 추진한다. 정부 부처 간 안전관리의 사각지대를 해소하고, 관련 정책의 종합·조정을 위한 컨트롤타워로서 '민관 합동 소비자안전위원회'를 구성한다.

사업자의 안전책임 강화를 위해 표시·광고 제도를 개선할 계획이다. 그린워싱(Green washing : 친환경적이지 않은 제품을 친환경적인 것처럼 표시·광고하는 행위) 방지를 위한 세부 판단기준을 마련하고, '인체무해', '안전성 입증' 등 광고에 대한 엄밀한 입증책임 부과를 추진한다.

• 일상 생활 속 소비자 피해 방지

최근 수요가 증가한 분야의 불공정약관을 점검할 계획이다.

〈표 8-4〉 소비자 피해 불공정약관 중점 점검 내용

구분	중점 점검 내용
신유형	구독서비스(오디오북 등), 라이브커머스, 모빌리티 업종 등에서 자기책임을 회피하거나, 소비자에게 부담을 전가하는 조항 시정
여행·숙박	환불·면책 관련 조항 시정 및 중소업자 대상 교육 강화
청년	공유오피스·청년주택 임대차(중도해지, 항변권 제한) 및 유명브랜드의 리셀(재판매 금지의무 부과) 관련 약관의 불공정성 점검

소비자 피해가 빈발하는 업종에서의 불공정행위도 점검한다.

〈표 8-5〉 불공정행위 중점 점검 내용

구분	중점 점검 내용
신산업 · 신기술	스마트폰 · 오픈마켓 등의 과장광고 중점 감시
청년	아이돌 굿즈 · 완구 등 온라인 시장의 구매취소 방해 등 점검
투자	유사투자자문업 분야 미신고 전화권유판매, 청약철회 거부, 과도한 위약금 부과 등 집중 점검

⑤ 국민과 시장의 신뢰를 받는 법집행 시스템 구축

• 사건처리 기준 · 절차 개선

조사관행 개선을 위해 '조사권의 내용과 한계'를 명확히 한다.

현장조사 시 조사공문에 법위반혐의 관련 거래분야 · 유형, 중점 조사대상 기간의 범위를 보다 명확하게 기재하여 고지할 계획이다. 조사공문에 기재한 조사 범위를 넘어서서 수집된 자료에 대해 피조사기업의 반환 청구 절차(이의제기 절차)를 도입할 계획이다. 기업의 준법경영 노력을 저해하지 않도록 준법지원부서에 대한 조사기준을 마련한다.

절차적 권리 강화를 위해 조사 · 심의 제도를 정비한다. 기초사실 · 쟁점사항을 명확히 하기 위해 피조사기업과 사건관리자(국과장) 간 공식적인 대면회의 절차(예비의견청취절차)를 도입할 예정이다.

충실한 변론권 보장을 위해 일정 기준 충족 사건(사건의 규모 · 성격 등 고려)에 대해 심의를 2회 이상 실시할 계획이다. 피조사기업과 신고인이 사건담당자, 진행상황 등을 온라인을 통해 쉽게 확인할 수 있도록 '자기사건 조회시스템'도 개편한다.

신속한 피해구제를 위해 '사건유형별 관리 시스템'을 구축한다. 장기 · 시효임박 사건은 단계별(관리 · 주의 · 경보 단계) 특별관리 체계를 마련하고, 처리기간 준수를 부서장 평가에도 반영할 계획이다.

분쟁조정통합법 제정 등 대체적 분쟁해결 수단을 활성화하고, 단순 질서위반 사건 등은 지자체로 이양할 계획이다.

- 엄정한 법집행을 위한 '사건처리 역량 강화'

부서장이 기록물 관리실태를 직접 점검 · 결재하고 비공식적 요청(구두요청 등)에 따라 제출된 자료들도 편철을 의무화하여 자료 누락을 방지한다.

조사기법 외에 조사절차 준수, 기록물 관리 및 심의대응 등 단계별 교육을 확대하고, 교육 수단도 다양화한다.

- 법집행 시스템 개선을 뒷받침하기 위한 '조직개편'

사건처리에 대한 관리 · 감독 및 책임성을 강화하고, 분야별 전문성 · 효율성을 제고할 수 있도록 조사−정책 부서를 분리하여 운영할 계획이다.

피심인과 심사관에게 동등한 위원 보고 기회를 부여하고, 조사 → 심판 부서 인사이동을 제한하는 등 조사−심판 부서 간 분리 운영을 강화할 계획이다.

3) 한국소비자원

한국소비자원은 소비자의 권익을 증진하고 소비생활의 향상을 도모하며 국민경제의 발전에 이바지하기 위하여 국가에서 설립한 전문기관이다.

소비자기본법 제33조(설립)
소비자권익 증진시책의 효과적인 추진을 위하여 한국소비자원을 설립한다.
한국소비자원은 법인으로 한다.
한국소비자원은 공정거래위원회의 승인을 얻어 필요한 곳에 그 지부를 설치할 수 있다.
한국소비자원은 그 주된 사무소의 소재지에서 설립등기를 함으로써 성립한다.

제37조(유사명칭의 사용금지) 이 법에 따른 한국소비자원이 아닌 자는 한국소비자원 또는 이와 유사한 한국소비자보호원 등의 명칭을 사용하여서는 아니 된다.

제44조(준용) 한국소비자원에 관하여 이 법에 규정하지 아니한 사항에 관하여는 「민법」 중 재단법인에 관한 규정을 준용한다.

소비자의 권익을 증진하고, 소비생활의 향상을 도모하기 위하여 1987년에 발족한 공공기관(위탁집행형 준정부기관)으로, 발족 당시에는 한국소비자보호원이라는 이름을 썼으나 2007년 3월 한국소비자원으로 명칭을 변경했다.

한국소비자원의 주요 업무는 다음 각 호와 같다(소비자기본법 제35조 제1항).

① 소비자의 권익과 관련된 제도와 정책의 연구 및 건의
② 소비자의 권익증진을 위하여 필요한 경우 물품 등의 규격·품질·안전성·환경성에 관한 시험·검사 및 가격 등을 포함한 거래조건이나 거래방법에 대한 조사·분석
③ 소비자의 권익증진·안전 및 소비생활의 향상을 위한 정보의 수집·제공 및 국제협력
④ 소비자의 권익증진·안전 및 능력개발과 관련된 교육·홍보 및 방송사업
⑤ 소비자의 불만처리 및 피해구제
⑥ 소비자의 권익증진 및 소비생활의 합리화를 위한 종합적인 조사·연구
⑦ 국가 또는 지방자치단체가 소비자의 권익증진과 관련하여 의뢰한 조사 등의 업무
⑧ 그 밖에 소비자의 권익증진 및 안전에 관한 업무

① 정책 연구

우리나라의 소비자정책을 효과적으로 추진하기 위해 소비자법령 정비, 소비자보호제도 개선, 소비자정책의 선진화 등 다양한 연구를 수행하고 있다. 또한, 연구 결과를 토대로 관련 행정기관과 국회에 정책과 입법을 건의하는 한편 정책결정의 참고자료로 활용하도록 기초자료를 제공하고 있다.

소비자 문제의 원인과 양상을 규명하며 실태 조사·사례 분석·대안 평가 등

다양한 방법으로 도출한 개선방안을 관계 당국에 건의하며 필요시 행정당국이 바로 시행에 옮길 수 있도록 법령과 제도의 구체적인 시안을 마련한다.

그동안 소비자기본법(소비자보호법), 제조물책임법, 약관규제법, 할부거래법, 방문판매법, 전자상거래소비자보호법, 소비자생활협동조합법 등 우리나라의 주요 소비자법률의 제·개정 작업을 주도하였다.

향후에는 글로벌 시장의 개방 확대, 정보통신기술의 진보, 신기술의 출현 등 정책 환경의 변화에 따른 새로운 소비자 문제에 적극 대응하기 위해 지속적으로 노력할 계획이다.

② 거래개선

한국소비자원은 소비생활과 관련된 상품과 서비스의 거래 전 과정에서 소비자중심의 시장을 형성하고 기업과 소비자가 함께 발전할 수 있는 건강한 소비시장 구현을 위하여 부당한 거래 관행과 제도를 개선하고 있다.

일반적인 상품 및 서비스로부터 금융·보험, 정보통신과 같은 전문서비스 분야를 비롯하여 전자상거래에 이르기까지 다양한 거래형태에 대한 부당성 조사와 허위·과장된 표시·광고·약관에 대한 시정활동, 왜곡된 유통구조의 개선을 위한 실태조사 및 개선안 마련을 통해 소비자 권익증진을 위한 정책 수립에 반영하고 있다.

기업 스스로 소비자 친화적인 시장 환경을 조성하도록 CCM(소비자중심경영) 인증제도를 운영한다. 공정거래위원회가 인증하고 한국소비자원이 운영하는 CCM 인증제도는 기업이 수행하는 모든 활동을 소비자 관점에서, 소비자 중심으로 구성하고 관련 경영활동을 지속적으로 개선하고 있는지를 평가한다.

③ 피해구제

평생을 살아가는 과정에서 불가피하게 직면하게 되는 소비자 피해와 관련하여 사업자로부터의 적정한 보상조치를 신속하게 받을 수 없는 경우에는 헌법에 보장된 소비자 기본권에 대한 침해가 문제된다. 그동안 소비자 피해구제의 문제가 소비자 문제로서 중요한 정책적 과제로 등장한 것도 이러한 이유라고 할 수 있다. 특히, 소비자 피해의 원인 규명이 대체적으로 쉽지 않다는 점, 사업자와 소비자 개인 간의 역량이 대등하지 않은 점 등을 감안하여 헌법에서도 제124조에 소비자보호를 위한 국가의 역할규정을 두고 있다.

• 피해구제 가이드라인

소비자 피해를 야기한 사업자에게 합리적인 보상을 권고하기 위해서는 물품의 사용 또는 용역의 이용과정에서 발생한 손해액 전부를 원칙으로 하되, 손익상계와 과실상계 절차를 거쳐 최종 손해액을 정하게 된다.

또한 합리적 보상권고를 위해 당사자 간의 법적 권리와 책임을 분석하기 위해서는 「방문판매등에관한법률」 등 특수거래관련 소비자기본법령과 「의료법」 「자동차관리법」 등 각 품목관련 소비자기본법령이 우선적으로 활용되고 있다.

그 밖에 피해구제 업무를 담당하는 실무자들의 피해보상 권고 가이드라인으로는 공정거래위원장이 소비자기본법 제16조 제2항 및 시행령 제8조 내지 제9조의 규정에 의하여 고시하는 「소비자분쟁해결기준」이 주로 활용되고 있으며, 그 밖에 민법 또는 민사특별법과 판례 등에 따라 처리된다.

「소비자분쟁해결기준」은 소비자기본법 시행령 제9조의 규정에 의해 분쟁 당사자 간에 보상방법에 대한 별도의 의사표시가 없는 경우에 한하여 분쟁 해결을 위한 합의 또는 권고의 기준이 된다. 소비자 피해의 발생원인 및 책임규명은 피해와 관련된 현물의 확인, 또는 과학적 시험검사와 사실조사 결과 등 객관적 증거자료에 의해 처리되고 있다.

• 피해구제 제외 대상

한국소비자원은 소비자 피해를 구제함에 있어 소비자기본법 제35조 제2항 및 동법 시행령 제28조에 의거하여 다음과 같은 경우에는 피해구제 처리대상에서 제외하고 있다.

- 사업자의 부도·폐업 등으로 연락이 불가능하거나 소재파악이 안 되는 경우
- 신청인(소비자)의 주장을 입증(입증서류 미제출 포함)할 수 없는 경우
- 영리활동과 관련하여 발생한 분쟁, 임금 등 근로자와 고용인 사이의 분쟁, 개인 간 거래 등 소비자와 사업자 사이의 분쟁이 아닌 경우
- 국가 또는 지방자치단체가 제공한 물품 등으로 인하여 발생한 피해인 경우
- 소비자분쟁조정위원회에 준하는 분쟁조정기구에 피해구제가 신청되어 있거나 피해구제절차를 거친 경우
- 법원에 소송 진행 중인 경우 등

• 피해구제 절차

한국소비자원의 피해구제를 받기 위해서는 먼저 소비자상담센터(1372번)에 상담 신청이 필요하다. 상담직원은 소비자 피해에 대한 적절한 처리방법 등을 안내하고, 당사자와의 원만한 처리가 어렵다고 판단되는 건에 대해서는 한국소비자원에 피해구제를 신청하도록 안내하고 있다.

한국소비자원에 접수된 피해구제 신청 건은 피해구제 부서로 이관되어 사건 처리 담당직원의 사실조사가 시작된다. 사실조사는 우선 사업자에게 접수사실을 통보하고 지정된 양식에 의해 해명을 요구하게 된다.

이러한 사실조사와 법률조사를 통해 사업자에게 피해보상을 권고하며, 양 당사자가 이를 수용하면 종결 처리된다. 만일 당사자 일방이라도 보상안을 수용하지 않는 경우에는 소비자분쟁조정위원회에 조정을 신청하여 조정 결정으로 처리하게 된다.

출처 : 한국소비자원(http://www.kca.go.kr)

[그림 8-1] 소비자 피해구제 절차

④ 소비자 안전

한국소비자원은 소비자 위해(危害)정보를 수집·분석·평가하고 위해 다발 품목에 대한 심층적인 조사 및 제품 안전성 시험검사를 통하여 소비자 안전을 도모한다.

소비자 안전은 사업자가 제공하는 제품이나 시설물, 용역(서비스)의 결함으로 인해 발생하였거나 발생할 우려가 있는 신체 또는 재산상의 위해를 모두 포함한다.

지속적으로 증가하는 소비자 위해정보를 체계적으로 수집·관리하기 위하여 CISS(Consumer Injury Surveillance System, 소비자위해감시시스템)를 운영하고 있다. CISS는 위해정보제출기관인 전국의 병원 및 소방서와 1372 소비자 상담센터, 소비자 위해정보 신고 핫라인(080-900-3500) 등을 통해 위해정보를 수집하고 분석·평가하여 관련 조치를 취할 수 있도록 구축된 소비자 위해상황 상시감시 시스템이다.

소비자안전센터는 소비자의 안전을 확보하기 위한 업무를 수행하기 위해 소비자기본법에 의해 설치된 법적 기구로, CISS를 통해 수집·분석된 위해정보를 바탕으로 물품 등 안전성에 관한 사실 공표와 위해 물품 제공 사업자에 대한 시정권고 권한을 갖고 있다. 이를 통해 관계 기관에 리콜 및 제도개선을 건의하고, 사업자에게 시정을 촉구하며, 소비자에게 안전정보를 제공하는 등 소비자 안전 확보를 위해 노력하고 있다.

⑤ 시험검사

한국소비자원은 소비자의 일상생활과 밀접한 각종 상품의 품질·성능·안전성 등을 시험·검사하여 소비자에게 상품 정보를 신속하게 제공하고 업체의 품질 향상을 유도한다. 소비자 분쟁의 대상이 된 상품은 과학적 시험을 통해 인과관계를 규명함으로써 공정한 분쟁 처리의 근거를 제시한다.

한국소비자원은 상품 시험검사를 통해 제품의 기능·내구성과 같은 품질 정보와 더불어 소비자 관점에서 상품의 가치를 평가함으로써 소비자에게 합리적인 상품 선택정보를 제공하고, 관련 기업의 품질 경쟁력 향상에 기여하고 있다.

또한 관리의 사각지대에 있거나 새롭게 국내에 유입되는 상품, 생명공학 등 첨단기술을 이용한 상품과 같이 새로운 소비자 문제를 야기할 수 있는 제품에 대한 시험검사기법과 평가방법의 연구 및 모니터링을 통해 관련법의 제·개정을 유도함으로써 소비자 안전 확보를 위한 제도마련에 기여하고 있다. 특히, 영·유아용 제품, 국민다소비 식품, 피해다발 제품 등에 대한 신속하고 정확한 안전성 시험과 평가를 통해 소비자 위해환경 개선에 앞장서고 있다.

한국소비자원은 현재 식품영양분석실, 위해세균분석실, 유해화학물질분석실, 기능성의류평가실, 제품안전평가실, 생활용품평가실, 소음음향특성평가실, 전자파특성평가실 등 약 40여 개의 시험실과 다양한 정밀시험기기를 갖추고 있다. 전문지식과 경험을 겸비한 직원들이 국가·지방자치단체, 소비자·소비자단체가 의뢰하는 시험을 객관적이고 공정한 절차와 기준에 따라 실시한다.

⑥ 소비자교육

한국소비자원은 소비자 피해 예방, 소비자 행정, 기업체 소비자 업무, CCM 인증 업무 등 다양한 주제로 학교·정부·기업 등을 대상으로 소비자 교육 및 연수를 실시하고 있다.

교사·학생을 대상으로 하는 교사 연수·소비자교육 시범학교·견학 프로그램, 소비자 행정 담당 공무원 교육, 소비자 상담 담당자 교육, 기업체 소비자 업무 담당자 교육, 소비자중심경영(CCM: Consumer Centered Management)인증 기업 교육 등이 있다. 또한 소비자 교육 전문기관으로서 다양한 소비자 교육 수요에 대응하기 위해 외부 기관에서 요청 시 전문지식을 갖춘 강사를 파견하고 있다.

한국소비자원은 소비환경의 빠른 변화에 소비자들이 능동적으로 대처하고 학교, 민간단체, 공공기관 등 교육 수요가 있는 곳에서 활용할 수 있도록 분야별·계층별 소비자교육 콘텐츠를 기본서, 동영상, PPT 등 다양한 형태로 제작해 보급한다.

⑦ 소비자정보

한국소비자원은 소비자 법령·정책 자료, 각종 시험검사·조사·연구 보고서, 소비자 피해 사례·예방 정보, 소비자 선택 정보 등 각종 분야의 정보를 온·오프라인을 통해 제공한다.

한국연구재단 등재지인 '소비자 문제연구'는 소비자 관련 법령·정책, 시장·조사, 안전·피해 등 소비 생활 환경 전반에 걸친 주제의 논문을 수록한다. 이외에도 각 부서에서 수행한 시험검사와 조사·연구 결과를 보고서로 발간한다. 1988년 1월에 창간한 월간 〈소비자시대〉는 현명한 소비 생활에 도움을 주는 상품·서비스 정보, 피해 사례와 예방 정보 등을 담은 소비자 전문지이다. 이들 자료는 한국소비자원에서 PDF 등 전자파일로도 열람할 수 있다.

온라인 커뮤니케이션 환경이 발전함에 따라, 이메일링(소비자정보뉴스레터 · 소비자정책동향), SNS(블로그 · 트위터) 서비스 등 다양한 온라인 채널을 통해 신속하게 정보를 제공한다. 공정거래위원회가 구축하고 한국소비자원이 위탁 운영하는 '스마트 컨슈머'는 소비자정보를 종합적으로 제공하는 포털사이트로서 소비자들의 합리적 선택에 도움이 되는 다양한 정보를 제공한다.

스마트컨슈머에서는 한국판 컨슈머리포트인 비교정보 콘텐츠 '비교공감'과 소비자가 직접 평가하고 정보를 공유하는 '소비자톡톡' 등 소비자가 구매에 참고할 수 있는 정보를 제공한다.

4) 소비자중심경영(CCM) 인증제도

소비자중심경영(CCM: Consumer Centered Management) 인증제도는 기업이 상품 및 서비스를 기획하고 판매하는 모든 활동에서 소비자를 중심으로 생각하는지, 소비자를 위해 얼마나 노력하는지 공정거래위원회가 주관하고 한국소비자원이 운영하는 인증제도이다.

소비자중심경영의 기본 개념은 전사적으로 모든 임직원이 제품 및 서비스의 기획부터 개발 및 생산 · 판매에 이르기까지 소비자가 필요(Needs)로 하는 것과 원하는 것을 끊임없이 예측하고 탐구하여 제품과 서비스에 그 가치를 담아 소비자 만족도를 지속적으로 향상시킴으로써 궁극적으로 기업의 경쟁력을 제고하고, 소비자의 효용을 극대화시켜 나가는 경영 활동이다. [그림 8-2]는 소비자중심경영의 기본 개념을 설명하고 있다.

출처 : 한국소비자원(www.kca.go.kr)

[그림 8-2] 소비자중심경영 기본 개념

① 목적 및 필요성

기업의 소비자 지향적 경영 문화 확산과 소비자 친화적인 시스템 구축·정비를 통한 대내외 경쟁력 강화와 소비자 권익 증진 노력을 통한 소비자 후생 증대가 소비자중심경영의 목적이다. 기업은 아래의 필요성에 따라 자율적으로 소비자중심경영의 시스템을 구축·운영하고 지속적으로 개선하며 실천해야 한다.

• 소비자 측면

소비자는 소비생활에서 안전이 확보되어야 하고, 위해로부터 적극적인 보호를 받을 수 있어야 한다. 인터넷과 모바일 환경의 발전으로 소비자는 다양하고 신속하게 많은 정보를 습득하고 있으며, 또한 주도적인 커뮤니티 활동과 합리적이고 똑똑한 소비를 추구하는 '스마트 컨슈머'가 증가하고 있다. 기업은 소비자중심경영을 통해 모든 소비자에게 최상의 제품과 서비스를 제공하도록 노력해야 한다.

• 사회 및 비즈니스 측면

– 기업의 경쟁력 강화

소비자중심경영은 수집하고 분석된 소비자의 소리(VOC) 정보를 상품·서비스 품질 향상과 개선, 주요 경영 자원으로 활용하여 소비자 관점에서 기업을 운영하는 것이다. 이러한 활동은 임직원의 소비자에 대한 이해도를 높이고 고객지향성을 확보하여 소비자불만을 예방할 수 있다. 궁극적으로 소비자중심경영은 고객의 만족도를 높여 경영 효율을 극대화하고, 이러한 기업의 실천노력을 대외에 알림으로써 소비자에 대한 신뢰 제고와 이미지를 개선하여 기업의 가치를 높이고 경쟁력을 향상시킨다.

– 기업에 대한 사회적 기대

소비자중심경영은 기업 및 경영자의 부적절한 행위를 예방하기 위하여 윤리경영을 실천하도록 요구하고 있다. 더 나아가 기업의 사회적 책임을 강조하고 소비자를 포함한 이해관계자에 대한 배려와 진정성 있는 실천을 요구하고 있다.

이러한 사회적 기대에 충족하는 것은 기업의 지속가능경영을 위한 필수적인 요소이다.

– 다른 회사와 경쟁

소비자중심경영은 제품과 서비스로 인한 소비자의 효용 증대를 요구하고 있다.

소비자로부터 선택을 받고 기업 간 경쟁에서 우위를 점할 수 있는 기회를 소비자중심경영을 통해 실현한다.

② 인증기업 인센티브

심의를 거쳐 인증기업으로 선정되면 공정거래위원회는 해당기업에 CCM 인증을 부여하고 인증마크 사용 권한 및 관련 인센티브를 제공한다. 인증기업은 공정거래위원회 명의의 CCM 인증서와 함께 인증마크를 사업장에 게시하거나 홍보물, 광고 등에 사용하여 소비자에게 홍보할 수 있게 되며, 공정거래위원회에서 제공되는 인센티브의 적용을 받는다(공정거래위원회, 2015.12.24).

공정거래위원회가 제공하는 인센티브의 첫 번째는 공정거래위원회에 신고되는 '표시·광고의 공정화에 관한 법률', '방문판매 등에 관한 법률' 및 '전자상거래 등에서의 소비자보호에 관한 법률' 위반 사건 중 개별소비자피해사건에 대해 인증기업에 우선 통보하여 당사자의 자율처리를 유도하고 있다. 이에 대하여 소비자가 그 결과를 수락하는 경우 공정거래위원회는 별도로 조사 및 심사절차를 진행하지 않는다.

두 번째로 인증기업이 '표시·광고의 공정화에 관한 법률', '방문판매 등에 관한 법률', '전자상거래 등에서의 소비자보호에 관한 법률', '약관의 규제에 관한 법률', '가맹사업거래의 공정화에 관한 법률', '대규모소매점에 있어서의 특정불공정거래행위의 유형 및 기준 지정고시', '경품류 제공에 관한 불공정거래행위의 유형 및 기준 지정고시' 및 '신문업에 있어서의 불공정거래행위 및 시장지배적지위남용 행위의 유형과 기준' 등 공정거래위원회가 운영하는 소비자 관련 법령의 위반으로 공표명령을 받은 경우에는 제재수준을 경감해 주고 있다.

세 번째로 소비자의 날 포상기업으로 추천될 수 있는 자격을 가지게 된다. CCM 인증기업에 대한 추천은 현장평가점수(20점 배점)·성과관리(20점 배점)·운영기간(20점 배점)·피해구제처리(10점 배점)·홍보/광고실적(10점 배점)·네트워크실적(20점 배점) 등 6개 항목(100점 만점)을 평가하여 선정하고 있다.

CCM 인증기업 임직원에 대한 추천은 직급 및 근무기간(50점 배점)·CCM 운영실적(30점 배점)·대외협력실적(20점) 등 3개 항목(100점 만점)을 평가하여 선정하고 있다.

마지막으로 인증기업에게는 인증마크 사용권이 부여되어 인증마크를 사업장에 게시하거나 홍보물, 광고 등에 사용이 가능하다.

　이러한 인증기업으로서의 권한과 인센티브의 유효기간은 인증일로부터 2년이며, 2년이 경과한 이후에는 재평가를 통하여 지속적으로 인증을 갱신해야 한다. CCM 인증기업은 인증을 획득함과 동시에 CCM을 모범적으로 운영함으로써 소비자불만이나 피해가 줄어들어 소비자 후생에 기여할 수 있도록 관리해야 할 의무를 함께 가지게 된다(공정거래위원회, 2011).

　이러한 CCM 인증제도가 인증기업들에게만 이로운 것이 아니라 소비자측면과 공공부문 측면에서도 기대효과를 가늠해 볼 수 있다. 우선 소비자는 상품 및 서비스 선택정보 제공 효과를 통해 인증기업과의 소비자 문제 발생 시 CCM 운영체계에 따라 신속하고 합리적인 해결이 가능하다. 더불어 공공부문에서는 사후 분쟁 해결 및 시정조치에 필요한 비용 절감 효과도 기대해 볼 수 있다(김태영, 2013).

◎ 인증 및 운영기관
* 인증기관 : 공정거래위원회
* 운영기관 : 한국소비자원

◎ 인증기업 인센티브
* 공정거래위원회에 신고된 소비자피해 사건 자율처리 권한 부여
공정거래위원회에 신고된 표시광고법, 방문판매법, 전자상거래소비자보호법 위반 사건 중 개별 소비자피해 사건을 인증기업에 우선 통보하여 당사자의 자율 처리 유도하여 소비자가 결과를 수락하는 경우, 공정거래위원회의 별도 조사 및 심사절차 면제

* 법 위반 제재수준 경감
인증기업이 표시광고법 등 공정거래위원회가 운영하는 소비자 관련 법령의 위반으로 공표 명령을 받은 경우 제재수준 경감(※ 근거 규정: 공정거래위원회로부터 시정명령을 받은 사실의 공표에 관한 운영 지침)
인증기업이 표시광고법 등 공정거래위원회가 운영하는 소비자 관련 법령의 위반으로 과징금을 받은 경우 해당 과징금 고시에서 규정하는 범위 내에서 과징금 경감(※ 근거 규정 : 표시광고 위반행위에 대한 과징금 부과기준, 전자상거래소비자보호법 위반 사업

자에 대한 과징금 부과 기준 등)

◆ 우수기업 포상
인증기업 및 소속된 개인에 대한 포상

◆ 인증마크 사용 권한 부여
인증기업에게 인증마크 사용 권한 부여
인증기업은 인증마크를 사업장에 게시하거나 홍보물, 광고 등에 사용 가능

◎ 인증마크

[그림 1] 인증마크 기본형

[그림 2] 인증마크 가로형

09 소비자단체 및 한국소비자단체협의회

CHAPTER

1 소비자단체 및 한국소비자단체협의회 활동 내용

소비자단체는 민간 소비자정책 추진 주체로서 소비자들의 현실과 법·제도 사이의 간격을 메워주는 역할을 한다. 이러한 소비자단체의 업무는 소비자기본법에서도 제시되고 있는데, 이는 1980년 소비자보호법에서 시작하여 현재에 이르기까지 약간의 수정을 제외하고는 그대로 유지되고 있다. 소비자기본법에서 제시하는 소비자단체의 업무는 다음과 같다.

- 국가 또는 지방자치단체에 대한 소비자보호시책에 관한 건의
- 물품 등의 규격·품질·안전성·환경성에 관한 시험·검사 및 가격 등을 포함한 거래조건이나 거래방법에 관한 조사·분석
- 소비자 문제에 관한 조사연구
- 소비자의 교육 및 계몽
- 소비자의 불만 및 피해를 처리하기 위한 상담·정보제공 및 당사자 사이의 합의의 권고

이 중 거래조건이나 거래방법에 대한 조사분석과 소비자불만 처리 및 합의의 권고 업무를 수행함에 있어, 정식으로 등록된 소비자단체의 경우 일정한 인센티브를 부여받고 있다. 거래에 관한 조사분석을 위해, 등록소비자단체는 사업자에 대한 자료 및 정보제공요청권을 인정받기 때문이다. 더불어 등록 소비자단체는 소비자단체협의회에 의한 자율적 분쟁조정제도를 이해할 수 있는 등, 시험·검

사 및 조사·분석, 피해구제 및 분쟁조정 업무을 비교적 수월하게 수행할 수 있다.

한편 소비자단체협의회란, 10개의 소비자단체와 255개의 지역단체가 결합하여 소비자운동을 전개하는 조직이다. 현재 한국소비자단체협의회로 명명되는 협의회에는 다음과 같이 10개의 소비자단체가 회원단체로 활동하고 있다.

〈표 9-1〉 소비자단체의 목적과 활동내용

단체명	단체의 목적 및 활동내용 소개
녹색소비자연대	소비자의 권리를 보호하며 환경을 고려하는 소비생활을 함께 실천함으로써 생태환경을 보전하고 안전하고 인간다운 사회를 건설하는 데 이바지함을 목적으로 한다.
한국여성소비자연합	여성·사회·환경·소비자·민간단체로서 가정주부로 하여금 주부의 가치관을 정립시키고 숨겨진 자질과 능력을 향상시켜 건전하고 바람직한 가정을 유지, 발전시킬 수 있도록 하여 사회기능의 담당자로서 지역사회 발전과 국가발전에 이바지함을 목적으로 한다.
소비자교육중앙회	주부의 사회성을 개발하고 봉사정신을 함양함으로써 가정과 지역사회의 복지향상에 기여하며, 민주시민으로서의 역할을 체득하고 실천함을 목적으로 한다.
한국소비자교육원	생활의 모든 영역에서 소비자의 관심사를 찾아내고, 정보를 개발해 내고, 경험들을 지식으로 정리해 내는 통합 운영을 필요로 하는 산업사회의 정보화시대에, 삶의 품질을 향상시키고, 합리적 소비생활을 안내하는 것을 목적으로 한다.
한국 YMCA전국연맹	예수 그리스도의 복음과 삶을 따라 함께 배우고, 훈련하며 역사적 책임의식과 생명에 대한 감성을 일구어 사랑과 정의와 평화의 실현을 위하여 일하며 민중의 복지향상과 민족이 통일 그리고 새 문화 창조에 이바지함으로써 이 땅에 하느님 나라가 이루어지게 하는 것을 목적으로 한다.
한국소비자연맹	21세기 정보시대에 새롭게 대두되는 소비자 문제를 해결하고 소비자권리 향상을 위한 활동을 지속적으로 전개한다. 또한 소비자들에게는 소비자의 권리와 책임을 바탕으로 합리적이고 지혜로운 소비생활을 영위해 나가도록 소비자의식 제고를 위한 활동에 주력한다.
소비자공익네트워크	급속한 사회환경의 변화에 대처할 수 있는 과학적이고 합리적인 소비자 계발과 동시에 현장체험에 바탕을 둔 건전한 소비실천 확산에 중점을 둔다. 환경보전실천운동의 일환으로 자원절약과 재활용의 생활화, 소비행태 연구 및 교육, 실천운동을 통한 환경보존과 안전한 먹거리 확보 등 생활 속의 현명한 소비자 양성에도 중점을 두며, 국내의 소비자관련 연구 및 정보제공 등을 통해 국제화 시대에 능동적으로 대응하는 성숙한 소비자 의식 계발과 시민활동을 계도한다.

소비자시민모임	소비자 주권을 확립하고 소비자의 삶의 질을 향상시키는 데 기여하고자 1982년 11월 창립총회를 개최, 1983년 1월 20일 김동환 변호사를 초대 회장으로 하여 발족된 이래 자발적, 비영리적, 비정치적 전문 소비자단체로서 20년간 꾸준히 소비자운동을 전개해 왔다.
한국부인회	기술화 · 정보화 · 국제화의 발전에 발맞추어 여성의 자주성과 자립심을 고취시키며 잠재능력을 개발하여 정치 · 경제 · 교육 · 문화 · 가정 복지 분야에서 정의사회와 양성평등을 이룩하며 합리적인 소비생활로 복지사회 실현에 기여함을 목적으로 한다.
한국 YWCA 연합회	젊은 여성들이 하나님을 창조와 역사의 주로 믿으며 인류는 하나님 안에서 한 형제자매임을 인정하고 예수그리스도의 가르치심을 자기 삶에 실천함으로써 정의, 평화, 창조질서의 보전이 이루어지는 세상을 건설함을 목적으로 한다.

② 소비자단체 및 한국소비자단체협의회 역할

한국소비자단체협의회와 소비자단체가 현재 수행하고 있는 주요 역할에 대해 살펴보면 다음과 같다.

1) 소비자상담과 피해 구제(Consumer Complaints Service) 총괄

10개의 회원 소비자단체의 소비자상담실 및 전국의 소비자상담실에서는 소비자가 부정불량상품이나 부당한 거래, 서비스 등으로 인해 피해를 입었을 때 이를 보상해 주고 개선을 위한 고발상담 활동을 하고 있는데, 본 협의회에서는 전국의 소비자상담을 총괄하여 실생활에서 발생하는 소비자 문제를 정리하고, 소비자에게 유용한 정보를 제공하며, 소비자를 위한 정책수립 및 시행을 위한 자료로 활용될 수 있도록 관리한다.

2) 정보화 사업

인터넷 시대의 도래로 소비자들이 다양한 정보의 홍수 속에서 소비자에게 필요한 정보를 탐색하여 합리적이고 안전한 생활을 영위할 수 있도록 하기 위하여 전국의 소비자상담실에서 접수되는 소비자고발상담을 데이터베이스로 구축하여 자료의 활용도를 높이고 있다.

3) 소비자운동 자원지도력, 실무지도력 강화(Education)

한국소비자단체협의회에서는 전국의 소비자운동 실무자들을 대상으로 실무지도력 강화를 위하여 매년 실무자교육을 실시하고 있다. 또한 소비자운동에 참여하는 자원지도력의 양성 및 강화를 위하여 자원지도자 및 자원봉사자 교육을 진행한다. 또한 각 회원단체에서는 소비자 의식을 계발하기 위해 전국의 소비자를 대상으로 교육을 실시하고 있다. 경제동향, 소비자의 권리, 환경문제, 상품광고, 소비자관련 법률, 소비자 정보수집, 상품구매요령 등 일상생활에 꼭 필요한 소비지식이다.

4) 월간 〈소비자〉 발간 및 홍보활동(Information)

1978년 9월부터 소비생활의 정보를 모아 월간 〈소비자〉를 발행한다. 상품테스트, 실태조사, 고발처리 등의 결과를 비롯한 각종 소비자 정보를 담은 〈소비자〉는 소비자에게 생활정보를 주는 한편 소비자 주권의식을 높이는 역할을 한다. 여기에 나타난 소비자의 고발, 희망, 기대 등은 기업에 전달되어 품질, 서비스개선 등 소비자의 이익을 위한 방향으로 나아가도록 한다. 월간 소비자는 일반소비자뿐만 아니라 전국의 대학교 도서관 및 초, 중, 고등학교에 배포되어 소비자교육을 위한 교재 및 자료로 이용된다.

5) 정책 연구 및 제안활동(Relations with Government and Industry)

소비자관련 법률 및 제도를 만들기 위한 각종 정책연구와 정책제안활동을 한다. 소비자보호법, 제조물책임법, 약관규제법, 전자상거래보호법, 식품위생법,

주택임대차보호법, 방문판매 등에 관한 법률 등의 제정 및 개정에 소비자단체의 의견을 적극 반영하고 있으며 소비자의 의견을 최대한 수렴하여 정책 및 법률 제정에 반영하고자 세미나 및 공청회를 개최하고 있다.

6) 물가조사 및 감시활동(Monitoring) 총괄

한국소비자단체협의회에서는 전국에서 활동하고 있는 372명의 물가감시원들과 함께 기초생활필수품 및 개인서비스요금에 대한 정기물가조사와 특별물가조사를 실시한다. 소비자의 가계에 미치는 영향이 큰 공공요금을 포함한 기초생필품 및 개인서비스 가격에 대해 전국에서 매월 2회의 정기적인 가격조사를 통해 지역의 가격형성과 물가변동 추이를 살펴보고 담합에 의한 가격인상 등을 견제하며, 지역주민들에게 자세한 가격정보를 공개하여 소비자의 알권리를 만족시키는 활동을 하고 있다.

또한 변화하는 소비환경에 따라 사회적·시기적으로 소비자들에게 민감한 부분에 대해 전국 36개 지역에서 특별물가조사를 실시하여 소비자들에게 유용한 가격정보를 제공하고 합리적인 소비생활을 위한 가이드라인을 제시한다.

7) 캠페인(Campaigns)

합리적인 소비문화 캠페인을 꾸준히 벌여 소비자의 물가 불안 심리로 인한 충동구매, 사재기 등을 억제하고 낭비적인 소비생활태도의 개선을 유도해 왔다. 각 회원 소비자단체별로 다양한 주제에 따라 캠페인을 전개하고 있으며 단체의 연대가 필요한 경우에는 회원 소비자단체들이 함께 캠페인을 전개하기도 한다.

8) 국제협력(International Relationships)

세계 각국의 소비자단체가 서로 정보를 교환하기 위해 정보를 제공하며 악질적 수출에 제재를 가하고 소비자 국제경찰 기구를 설치하여 국제무역의 악성거래를 감시/감독하며 벌칙을 두고 있다.

국제 소비자기구(CI, Consumer International)는 1960년 4월에 설립되어 이러한 목적으로 운영되는 민간소비자기구연합체로서 비정부(NGO)의 성격으로, 현재 100개 이상의 국가에서 200개 이상의 단체가 참여하고 있다. 우리나라에서도 한국소비자단체협의회, 한국소비자연맹, 소비자시민모임 단체가 가입되어 있으며 CI에서 개최하는 세미나, 워크숍, 회의 등에 단체들이 참여하고 있다. 또한 세계시장의 단일화에 따라 나타나는 여러 소비자 문제의 해결 및 사전예방 등을 위하여 CI뿐 아니라 다양한 분야에서 국제 연대와의 협력을 위해 노력하고 있다.

9) 소비자단체소송제도

사업자로부터 집단적으로 피해를 입은 소비자들은 기본적으로 「민사소송법」에 따라 소송을 통해 손해를 배상받을 수 있다. 이러한 소송은 소비자 개인이 할 수 있지만 동일한 피해를 입은 소비자들이 함께 소송을 제기하고 싶다면, 다수의 피해자가 원고가 되어 소송을 진행하는 '공동소송'이나, 피해를 입은 소비자들이 대표자를 선정하고 그에게 자신의 권한을 위임하여 대표자가 소송을 진행하는 '선정당사자' 제도를 활용할 수 있다.

하지만 현실적으로 대부분의 소비자들은 소액의 피해를 입으며, 상호 간 결집력이 약하기 때문에 다수가 함께 모여 이를 진행하는 것은 매우 어려운 게 사실이다. 이러한 문제를 해소하기 위해 소비자단체소송제도가 2006년 「소비자보호법」 개정 당시에 도입되어 2008년부터 시행되고 있다. 이에 소비자단체는, 소비자의 생명·신체 또는 재산에 대한 권익이 직접적으로 침해되고 그 침해가 계속될 경우 법원에 해당 침해행위의 금지·중지를 구하는 소송을 제기할 수 있게 되었다.

이처럼 소비자단체소송제도가 마련되어 있으나, 아직은 유명무실하다는 평가가 이어지고 있다. 소비자단체소송제도가 시행된 2008년 이후 2015년까지 사회적으로 물의를 일으킨 집단적 소비자 피해가 많이 있었음에도 소비자단체소송은 1건만 진행되었다. 2016년에 들어서 이동통신사를 상대로 한 2개의 소비자단체소송이 법원의 허가를 받아 진행되고 있을 뿐이다. 이처럼 집단소송제도의 활용이 부진한 이유는 소비자단체가 엄격한 요건을 충족하여 소비자단체소송을 진행해도 해당 침해행위를 중지할 수 있을 뿐 소비자 구제에 궁극적인 도움을 줄 수 없기 때문인 것으로 해석되고 있다.

10 ESG와 연관된 인증제도

CHAPTER

1 환경상품과 환경마크제도

① 환경상품

환경친화적 상품, 녹색상품, 그린상품, 환경재 등으로 불리기도 하는 환경상품은 상품의 제조 · 사용 · 폐기 시 환경에 유해한 영향을 적게 미치는 상품이라고 할 수 있다. 인간과 동물류의 건강에 유해하지 않은 제품, 제조 · 사용 · 폐기 과정에서 에너지와 자원을 과다하게 사용하지 않는 제품, 과대포장 등으로 불필요한 쓰레기를 많이 배출하지 않는 제품, 환경파괴를 유발하는 물질을 사용하지 않는 제품을 가리킨다.

이러한 환경상품 중에는 제품이나 포장이 재활용 가능한 것, 재료가 재활용된 것, 재충전 및 재사용이 가능한 것, 에너지 효율성이 높고, 폐기 후 생분해가 쉬운 것 등도 있다. 즉, 환경상품은 일반적으로 원자재 구입에서부터 생산, 유통, 그리고 사용 및 사용 후 폐기 단계에 이르기까지 제품의 전 과정에 걸쳐 보다 적은 자원과 에너지를 사용하며, 인체와 자연에 영향이 적거나 없는 제품이라고 할 수 있다.

환경상품이 대거 등장하게 된 것은 대량생산 · 대량소비로 인한 쓰레기가 인류와 지구의 생존마저 위협할 정도가 되었고 기업의 생산활동과 소비자의 소비활동으로 인한 환경오염이 심각한 상태에 이르게 되면서, 환경규제가 크게 강화되어 왔기 때문이다.

특히 기업은 오랫동안 생산 과정에서 발생한 오염물질을 수동적 자세로 적절히 처리해 왔으나, 환경규제가 지속적으로 강화되고 세계무역기구(WTO)에서 무역과 환경의 연계가 심화됨에 따라, 사후처리 방식으로는 오염물질 배출량을 줄이는 데 한계가 있을 뿐 아니라, 그에 따르는 비용 또한 감당할 수 없다는 인식을 하게 된 것이다. 이에 따라 환경오염을 생산 공정에서 원천적으로 줄일 수 있고 비용 절감을 통해 기업 경쟁력을 높일 수 있는 환경상품을 생산하기에 이르렀다.

② 국내 환경마크제도

환경마크제도는 같은 용도의 다른 제품에 비해 '제품의 환경성[4]'을 개선한 경우 그 제품에 로고(환경마크)를 표시함으로써 소비자(구매자)에게 환경성 개선 정보를 제공하고, 소비자의 환경마크 제품 선호에 부응해 기업이 친환경제품을 개발·생산하도록 유도해 자발적 환경개선을 유도하는 자발적 인증제도이다.

1979년 독일에서 처음 시행된 이 제도는 현재 유럽연합(EU), 북유럽, 캐나다, 미국, 일본 등 현재 40여 개 국가에서 성공적으로 시행되고 있으며, 우리나라는 1992년 4월부터 시행하고 있다.

환경마크의 법적 근거로는 「환경기술 및 환경산업 지원법」 제17조(환경표지의 인증)에 따라 같은 용도의 다른 제품에 비하여 제품의 환경성을 개선한 제품에 환경부장관이 환경마크를 부여한다. 환경마크제도는 기업과 소비자가 환경 친화적인 제품을 생산, 소비할 수 있도록 소비자에게는 정확한 제품의 환경정보를 제공하여 환경보전활동에 참여토록 하고, 기업에게는 소비자의 친환경적 구매욕구에 부응하는 환경친화적인 제품과 기술을 개발하도록 유도하여 지속 가능한 생산과 소비생활을 이루고자 하는 것이다.

[그림 10-1]은 2017년 1월 28일부터 환경부에서 시행했던 환경마크, 탄소마크 등 여러 마크를 통합시켜서 '환경통합인증'마크를 개정한 로고이며, 현재 보

---

4) 제품의 환경성이란 재료와 제품을 제조·소비·폐기하는 전 과정에서 오염물질이나 온실가스 등을 배출하는 정도 및 자원과 에너지를 소비하는 정도 등 환경에 미치는 영향력의 정도를 말한다.

다 높은 환경기준을 만족시키는 제품에는 프리미엄 환경마크를 부여하고 있다.

[그림 10-1] 환경마크 로고

③ 외국 환경마크제도

해외에서 시행 중인 대표적인 환경관련 표시제도는 환경마크제도, 에너지관련제도, 재질표시제도 등이 있으며, 해당제도가 개별국가 차원에서 운영되는 경우와 여러 나라에서 공동으로 운영하는 형태 등으로 다양하게 존재한다.

주요 국가의 환경마크 인증에 대해 살펴보면 〈표 10-1〉과 같다.

〈표 10-1〉 주요 국가 인증마크

| 일본
[에코마크(Eco Mark)]
 | 비영리 재단법인 일본환경협회에서 1989년 도입하여 운영하고 있는 일본 대표 환경라벨링제도로 세계에서 가장 활발한 운영 성과를 기록하고 있다.
일본 녹색구매법에 따른 품목별 녹색구매기준과 연계하여 인증기준을 설정하고 있으며, 녹색구매 활성화를 위해 일본녹색구매네트워크(GPN)와 공동사업을 운영하고 있다.
운영기관 : 일본환경협회
http://www.ecomark.jp/english/
현황 : 사무용품, 가구, 건축자재 등에 대한 57개 기준을 운영하고 있으며 인정상품 수 : 50,075, 그중 인정시설 수 : 4,137(기업 수 : 1,460, 라이선스 수 : 4,745 / 2023년 2월 22일 현재) |

중국 **[환경표지(環境標志)]** 	1993년 중국환경표지제도 시행고시에 의거하여 도입되었으며, 국가환경보호총국, 국가품질검사총국 등 11개 관련부처가 환경표지 상품 인증위원회에 참여하고 있다. 국가환경보호총국 산하 환경인증센터(ECC)가 환경표지 인증기준 제정, 환경연합인증센터(CEC)가 인증심사 업무를 담당하고 있다. 운영기관 : 환경연합인증센터(CEC) http://www.mepcec.com 현황 : 건축자재, 가전제품, 사무기기 등에 대한 96개 기준을 운영하고 있으며 149,000여 개 제품 인증 유지(2014.4.)
대만 **[그린마크(Green Mark)]** 	1993년 대만 행정원에 의해 도입된 환경라벨링제도로서 대만환경개발재단(EDF)이 위임받아 기준 개발 및 인증 업무를 수행하고 있다. 1999년 도입된 대만조달법 녹색조달기준에서 대만 공공기관이 그린마크 인증제품을 구매하도록 규정함에 따라 인증제품 수가 급격히 증가하고 있다. 운영기관 : 대만환경개발재단(EDF) https://greenlife.epa.gov.tw/greenLabel 현황 : 사무기기, 가전제품, 건축자재 등에 대한 127개 기준을 운영하고 있으며 12,000여 개 제품 인증 유지(2014.4.)
태국 **[그린라벨(Green Label)]** 	1994년 순수민간단체인 태국환경연구원(TEI)이 산업부(Ministry of Industy)의 후원을 받아 도입·운영하는 환경라벨링제도로, 주로 페인트, 형광램프, 사무기기 품목에 인증이 집중되어 있다. 운영기관 : 태국환경연구원(TEI) http://www.tei.or.th/greenlabel 현황 : 사무기기, 가전제품, 건축자재 등에 대한 73개 기준을 운영하고 있으며 500여 개 제품 인증 유지(2014.4.)

호주 [**환경라벨(Good Environmental Choice)**] 	호주 환경라벨링제도는 2001년 민간 비영리기관에 의해 도입된 자발적 제도이며, GECA가 기준 및 제도 운영, GECS가 인증 업무를 수행하고 있다. 운영기관 : 호주 우수환경선택(Good Environmental Choice Australia) http://www.geca.org.au/ 현황 : 사무기기, 생활용품, 재활용 제품 등에 대한 38개 기준을 운영하고 있으며 2,000여 개 제품 인증 유지(2014.4.)
뉴질랜드 [환경라벨 **(Environmental Choice New Zealand : ECNZ)**] 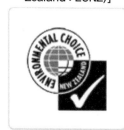	뉴질랜드 환경라벨링제도는 1992년 도입된 정부 프로그램으로서 민간기관에 위탁되어 운영되고 있다. 2005년부터 환경부 주도로 정부 녹색구매 프로그램을 도입하여 환경라벨링 인증제품을 우선적으로 구매하도록 유도하고 있다. 운영기관 : 뉴질랜드환경재단(New Zealand Environmental Trust : NZET) http://www.enviro-choice.org.nz 현황 : 사무기기, 건설자재, 재활용 제품 등에 대한 39개 기준을 운영하고 있으며 2,000여 개 제품 인증 유지(2014.4.)
미국 [**그린실(Green Seal)**] 	1989년 민간 비영리기관인 그린실(Green Seal)에 의해 도입되었으며, 주로 화학제품에 대한 기준을 운영하고 있다. 정부, 학교, 단체 등과 협력하여 공공 및 산업계가 그린실 인증제품 등 녹색제품을 구매하는 것을 지원하고 있다. 운영기관 : 그린실(Green Seal) http://www.greenseal.org 현황 : 생활용품, 건축자재 등에 대한 31개 기준을 운영하고 있으며 3,900여 개 제품 인증 유지(2014.4.)

북유럽 **[노르딕스완(Nordic Swan)]** 	북유럽 5개국(노르웨이, 스웨덴, 핀란드, 덴마크, 아이슬란드)이 노르딕 각료회의(Nordic Council of Ministers)의 결정에 따라 1989년 도입한 환경라벨링 제도로, 노르딕 환경라벨링위원회(NMN)에서 대상품목 선정, 인증기준 설정 등 제도운영에 관한 의사결정을 담당하며, 이에 근거하여 국가별로 지정된 인증기구에서 제품 인증업무를 담당하고 있다. 운영기관 : 노르딕 환경라벨링위원회(NMN) http://www.svanen.se/en/ 현황 : 사무기기, 가전제품, 자동차용품 등에 대한 60개 기준을 운영하고 있으며 6,000여 개 제품 인증 유지(2014.4.)
캐나다 **[에코로고(EcoLogo)]** 	1988년 캐나다 정부에 의해 도입되었으며 민간 기업인 테라초이스가 위임받아 제도를 운영하고 있다. 인증제품이 캐나다뿐만 아니라 미국 북부지역에서도 널리 유통되고 있다. 2010년 테라초이스는 다국적 기업인 UL에 의해 인수·합병되었으나 캐나다 내에서의 에코로고 운영은 캐나다 환경부의 허가하에 운영되고 있다. 운영기관 : 테라초이스(TerraChoice) http://ecologo.org/en/ 현황 : 건축자재, 산업용품, 생활용품 등에 대한 50개 기준을 운영하고 있으며 10,000여 개 제품 인증 유지(2014.4.)
독일 **[블루엔젤(Blue Angel)]** 	1978년 독일 정부에 의해 도입되었으며, 세계 최초로 도입된 환경 라벨링이다. 독일 환경·자연보호·원자력안전부(BMU)에서 소유하고 있으며, 연방환경청(UBA)에서 대상품목 선정 및 인증기준 설정 등 제도운영에 관한 의사 결정을 담당하고 있다. 또한 RAL gGmbH는 이러한 기준에 의해 블루엔젤 인증심사를 한다. 운영기관 : 독일 환경·자연보호·원자력안전부(BMU), 연방환경청(UBA), RAL gGmbH http://www.blauer-engel.de/en/index.php 현황 : 어린이용품, 전기·전자제품, 건축자재 등 120개 제품군, 12,000개 제품 인증 유지(2014.4.)

대만 [녹색건축자재(Green Building Material)] 	2004년 대만 내무부에 의해 건축 내부 인테리어에 사용되는 자재의 실내 환경 및 인체 유해성을 감소시키기 위해 도입되었다. 비정부 기구인 대만 건축·빌딩연구원(TABC)에 의해 운영되며, TABC의 '친환경 건축자재 평가 기준'에 따라 실내장식 재료, 바닥재, 창호, 벽지, 페인트 등에 인증을 부여하고 있다. 운영기관 : 타이완 건축·빌딩 연구원 (Taiwan Architecture & Building Center, TABC) http://www.cabc.org.tw/en/index.htm 현황 : 4개 기준(건강, 생태, 재활용, 고성능), 520개 제품 (2014.4.)

출처 : 한국환경산업기술원(https://el.keiti.re.k) 참고하여 저자 수정

2 국제환경라벨링네트워크

국제적으로는 각국의 환경표시제도 운영기관 협의체인 국제환경라벨링네트워크(GEN : Global Ecolabelling Network)가 지난 94년에 결성되었으며, 현재는 환경마크제도를 시행 중인 대부분의 국가가 회원으로 가입하여 활동 중이다. 전세계 47개국에서 27개 환경라벨링제도를 시행하고 있으며, 특히 EU와 북유럽 5개국은 환경라벨링을 공동으로 운영하고 있다. 국제표준화기구(ISO)에서는 환경정보의 전달방식에 따라 환경라벨 유형을 세 가지로 구분하고 각 유형별로 환경라벨이 갖추어야 할 최소요건을 ISO 14024시리즈로 규정하고 있다.

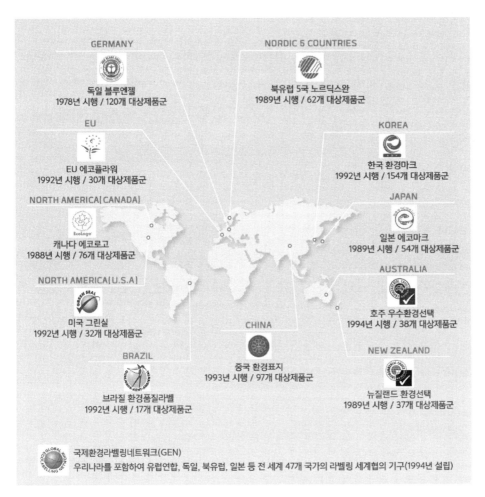

출처 : 환경부(2015.6.)

[그림 10-2] 주요 국가의 환경마크 ISO 14024(제1유형 환경라벨링) 기반 환경마크

3 외국 환경마크제품 소비현황

① 글로벌

아시아 지역의 친환경제품 소비의지가 가장 높은 것으로 나타나고 있다.

2014년 닐슨(Nilsen)의 조사결과 추가적인 비용 부담에도 불구하고 친환경제품을 구매하겠다는 소비자의 비율은 전체 55%로 2011년 대비 10% 증가한 모습을 보여주고 있다.

지역별로는 아시아가 64%로 가장 높고, 북아메리카 42%, 유럽은 40%로 그 뒤를 잇고 있다. 또한 제품 구매 시 포장용기에 부착된 라벨이나 친환경 정보를 확인하는 소비자는 아시아 지역이 60%를 상회하며, 유럽은 36%, 북미는 32% 수준을 보이고 있다.

② EU

소비자의 높은 환경의식과 엄격한 환경규제를 배경으로 친환경소비가 활성화되어 있으며, 친환경과 웰빙 제품의 수요는 지속적인 성장 추세에 있다.

재생과 웰빙은 유럽의 환경트렌드 중 하나로 이러한 제품에 대한 수요는 연평균 약 9%대로 성장 중이다. 일례로 프랑스 친환경 천연화장품 시장은 2012년 3억 3천만 유로로 연평균 10% 이상 성장하고 있으며 2015년은 5억 유로 규모로 예상된다. 또한 독일은 2012년 유럽 친환경시장 매출액의 30%를 점유하고 있다.

③ 일본

탈원전 계획에 따른 에너지 소비 최적화 상품이 유행하고 있다.

가정에서 전력수요를 조절할 수 있는 친환경 스마트 하우스나 에너지 제로하우스 보급이 확대되고 있고 일본 최대 편의점 체인인 세븐일레븐은 5,000개 점포 조명을 LED로 교체하는 등 2011년 대지진 이후 '전력 사용 제한령'에 따라 에너지소비 최적화 상품 소비가 증가하고 있다.

④ 중국

중국의 4대 소비트렌드에 '친환경 녹색소비'가 포함되었다.

2014년 11월 Mintel사 조사결과 2015년 중국의 4대 소비트렌드는 ① 스마트소비, ② 친환경녹색소비, ③ 온·오프연계 소비, ④ 소비자 참여형 소비로 전망됐다.

응답자 중 47%가 환경오염이 호흡기질환 등 질병을 유발하고, 56%가 식품안전에 우려를 표시하고 있는 것으로 볼 때 중국의 친환경제품 시장은 크게 성장할 것으로 예상된다.

〈표 10-2〉 국제표준화기구(ISO)[5)에 따른 환경라벨링 분류

표시마크	유형	특징
친환경 환경부	제1유형(ISO 14024) 제품의 전 과정에 걸친 환경영향을 제삼자가 평가하여 친환경제품임을 인증하고 부착한 로고	제삼자인 공인기관에 의한 인증이므로 객관적인 신뢰성을 보장할 수 있다.
Recycle Ricoh사의 재활용 제품 선언	제2유형(ISO 14021) 제품의 친환경성을 생산자가 스스로 주장하기 위해 부착하는 로고나 문구	제조사가 스스로 주장해 부착한 라벨이므로 그에 따른 책임이 필요하다. (제조사의 무분별한 주장에 따른 가이드라인이 필요함)
CO2 탄소 발자국 000g	제3유형(ISO 14025) 제품의 전 과정에 환경성과를 계량적으로 산출하고 그 결과를 제품에 표시	소비자에게 계량적인 정보를 제공함으로써 수요에 맞는 선택적 구매를 유도할 수 있다.

우리나라는 1997년 '국제환경라벨링 운영기구 협의체(GEN)'에 가입하여 국가 간 상호인정협정(MRA)을 체결하고 공동기준개발 등 국가 간 교류를 활발히 추진하고 있다. 상호인정협정(MRA)은 상대국과 상호 환경라벨제도 및 검증방법의 신뢰성을 상호 인정하고, 인증제품의 상대국 인증취득 신청 시 검증협력 등을 약속하는 협정이다. 특히, 한·중·일 3개국은 PC, 사무용복합기, 비디오 재생·기록기, TV 등 4개 품목에 공통기준개발과 이에 대한 상호인정협정이 체결

---

5) 국제표준화기구(ISO) 물자와 서비스의 국제 간 교류를 용이하게 하고 지적·과학적·기술적·경제적 분야에서 국제 간의 협력을 도모하기 위하여 세계적인 표준화와 그와 관련한 활동을 하는 비정부 기구

되어 있다. 이에 따라 3개국 간에는 상대국가의 환경마크를 취득하고자 할 때 공통기준 항목에 대한 재검증을 면제하고 있다.

4 WWF와 인증제도

세계자연기금(WWF : World Wide Fund for Nature)은 스위스에 국제본부를 둔 세계 최대 규모의 국제 비정부 자연보전 기구로, 전 세계 약 100여 개국에 500만 명 이상의 회원들이 글로벌 네트워크를 통해 함께 활동하고 있다. 멸종위기종 보전을 주목적으로 1961년 설립된 WWF는 인류와 자연이 조화를 이루며 사는 미래를 만드는 것을 궁극적인 목표로 현재 해양, 기후 · 에너지, 담수, 산림, 식량, 야생동물에 이르기까지 전 지구의 자연을 아우르는 종합적인 보전활동을 펼치고 있다.

세계적으로 영향력 있는 WWF는 2014년 공식적으로 한국 법인인 WWF-Korea(세계자연기금 한국본부)를 설립하였으며, 1600+ 판다와 어스아워(Earth Hour/지구촌 전등 끄기) 등 대중이 자연보전에 관심을 가지고 함께 참여할 수 있는 다양한 캠페인을 비롯하여, 해양보전과 기후 · 에너지 이슈에 집중한 프로그램을 운영하고 있다.

① 원자재 시장이 중요한 이유

인류는 현재 지구 가용범위의 1.5배에 달하는 속도로 자연 자원을 소비하고 있어 자연과 인류에 엄청난 부담이 발생하고 있다. 인구 증가 및 소득 증대와 함께 인류의 수요도 증가하고 있다. UN이 발표한 자료에 따르면 향후 40년간 필요한 식량의 총량은 지난 8000년간 재배된 총량을 합친 것보다 많다. 어떻게 하면 인구 증가에 따른 식량, 연료, 섬유 등 원자재 수요 증대를 충족하면서도 식수를 보존하고 기후를 안정시키며 깨끗한 공기와 야생지역을 후세에게 물려

줄 수 있을까?

② 역점분야

WWF는 자연 생태계에 막대한 영향을 미치는 15개의 핵심 원자재(목재, 펄프/종이, 흰살생선, 팜유, 대두, 참치, 면화, 사탕수수, 자연산 새우, 바이오에너지용 작물, 쇠고기, 자연산 사료어, 유제품, 양식 새우, 양식 연어)를 선정하였다. 이 핵심 원자재 생산 활동은 불법 벌목 또는 남획 등과 많은 연관이 있으며, 이러한 잘못된 생산 방법으로 인해 생물다양성 감소와 주요 보전지역이 오염 및 훼손되었다. 또한, 이 원자재는 수억 명의 사람들의 생계와 식량 공급에 영향을 미치는데, 이 중 직접적인 영향을 받는 인구의 상당수는 극빈층에 속한다. 그렇기에 환경적, 사회적, 경제적 이익을 창출할 수 있는 원자재 생산 방식으로 개선할 필요가 있어 WWF는 핵심 원자재에 대해 신뢰할 만한 인증제도가 시장에 새롭게 도입되도록 지원하고 있다.

③ WWF의 영향

• 사회적 영향

신뢰할 수 있는 기준은 현지인의 법적, 관습적 권리를 인정하며, 노동자의 근무조건과 관련한 기준을 제시하고, 생산 업체가 현지 공동체에 긍정적인 영향을 미쳐야 함을 명시한다. 또한 문제를 제기하고 갈등을 해결하는 방법을 다루는 등 거버넌스 개선에도 도움이 된다.

인증제도는 최적관리기법(BMPs, Better Management Practices)을 장려하며 이는 소규모 생산자의 수확량과 소득을 증대시키는 데 기여한다. 일례로 "더 나은 면화(Better Cotton)"를 생산하는 파키스탄 농가에서는 물과 화학약품 사용을 줄여 평균 15%가량 수입을 증가시켰다. 인도의 소규모 대두 생산자들 또한 기술지원을 바탕으로 최고 50%까지 수확량을 증대시켰다.

• 산림파괴

세계산림책임관리회(FSC, Forest Stewardship Council) 인증은 책임감 있게 관리되는 산림을 이용해 목재와 종이 생산이 이루어졌음을 증명하는 제도이다.

FSC 기준에 따라 속성수(fast-growing tree) 농장을 관리할 경우, 목재, 펄프, 섬유 수요가 자연림에 가하는 부담을 줄일 수 있다.

	세계산림책임관리회(FSC)
	FSC 인증은 목재/종이 제품 원자재 시장과 관련된 인증 중에서 환경적, 또 사회적으로 가장 인정받는 인증이다. 산림에 미치는 영향뿐 아니라 일하는 근로자와 지역사회에 피해가 가지 않도록 하기 위한 관리 기준을 가지고 있다. 산림 관리 인증은 산림 경영자 또는 산림 소유자를 대상으로 지속가능한 관리 기준을 세워 잘 부합하는 대상에게 부여된다. 3가지 주요 기준으로는 첫째, 산림 관리 관련 법규와 토지 사용법 준수. 둘째, 지역 사람들의 권리 존중 및 노동자의 권리 존중. 셋째, 환경에 미치는 영향 고려가 있다. FSC Chain of custody (FSC COC) 인증은 목재 또는 종이 제품 생산업체, 제조업체, 유통업체를 대상으로 부여되는 인증이다. 그 모든 경로가 친환경적이어야 하며, FSC 기준에 부합하여야 한다. FSC 인증마크가 부착된 제품은 산림에서부터 내가 사용하기까지 모든 과정에 있어서 친환경적인 방식으로 생산, 제작, 가공, 유통된 제품이다.
	지속가능한 팜유 생산을 위한 협의회(RSPO)
	RSPO 인증은 지속가능한 방식으로 팜유를 생산하고 제조해 환경 및 생태계에 미치는 영향을 줄이도록 하는 인증제도이다. 지속가능한 팜유 생산을 위한 협의회는 전 세계에서 가장 수요량이 많은 식물성 기름인 팜유가 생산 및 제조될 때 환경과 사회적으로 책임을 다할 수 있도록 하는 엄격한 기준을 세웠다. 팜유 생산자는 RSPO 기관이 세운 엄격한 기준에 의해 생산과정을 평가받는다. 처음 무사히 인증을 부여받았더라도, 기준에 맞춰 잘 지켜지지 않을 경우 언제라도 인증 취소가 가능하다. 팜유 생산자는 팜유 농장을 위해 산림 또는 보전 지역을 함부로 훼손해서는 안 된다. 모든 팜유 관련 제품을 다루는 기업들은 RSPO 멤버가 되어 RSPO 기준에 맞춰 생산된 팜유를 지속가능한 수량보다 초과해서 사용하지 않도록 하고, 다른 지속가능하지 않은 방법으로 가공/생산된 팜유와 섞어서 팔지 않아야 한다. 이러한 기준으로 생산, 제조, 가공된 제품에 RSPO 인증마크가 붙어 소비자에게 제공된다.

• 담수

세계양식책임관리회(ASC, Aquaculture Stewardship Council) 기준은 양식장이 수질과 해양 생태계에 미치는 부정적인 영향을 최소화하기 위해 수립되었다. ASC는 폐기물과 영양분 방출, 어류 탈출을 엄격히 통제하고, 예방용 항생제 사용을 전면 금지하며, 서식지와 포식자, 생물다양성에 미치는 영향을 최소화한다. BMP는 면화나 사탕수수 같은 작물경작에 사용되는 물의 양을 크게 줄인다. "더 나은 면화"를 생산하는 인더스 계곡의 면화농가는 물 사용량을 1/3 이상 절감시켰다.

• 해양환경

세계해양책임관리회(MSC, Marine Stewardship Council) 인증을 받은 어업은 책임감 있게 관리되며, 지속가능한 수준으로 조업하여 미래의 어류 자원을 보존한다. ASC 인증 양식장에서 사료로 쓰이는 자연산 어분은 MSC 인증 원료만으로 만들어져야 한다. 또한 ASC는 양식어류 1kg당 사용할 수 있는 자연산 어류의 양을 엄격히 제한한다.

	세계해양책임관리회(MSC)
	MSC 인증은 단순히 친환경 먹거리임을 나타내는 인증이 아니다. MSC 인증을 받은 수산물은 이 제품이 내 식탁에 올라오기까지 어디서, 어떠한 방법으로 어획되어 어떻게 생산, 제조, 유통되었는지 모두 추적 가능하다. MSC 기관에서 인증한 경로를 통해 생산된 수산물 제품은 MSC 인증마크가 부착되어 출시되고, WWF는 레스토랑과 시장을 포함한 소비자에게 MSC 인증 수산물 제품을 취급하도록 권유한다.
	세계양식책임관리회(ASC)
	ASC 인증은 MSC 인증과 비슷하지만, 양식장과 양식 수산물을 관리하는 인증 제도이다. 이 인증 또한 수산물 요리가 어디서, 어떠한 방법으로 양식되어 어떠한 경로를 통해 생산, 제조, 유통되었는지 추적 가능하다.

- 기후

인증 원자재는 숲과 기타 자연생태계를 개조시키지 않고 생산함으로써 기후에 미치는 영향을 감소시켰다.

- 생물 다양성

보전가치가 높은 지역을 보호하고 개선하는 것은 신뢰할 수 있는 인증제도의 중요한 척도이다. FSC 인증 생산자는 본인이 관리하는 숲에 서식하는 멸종 위기종에 대한 보호계획을 수립해야 한다.

MSC 인증 어장은 혼획을 줄이고 바닷새나 바다거북, 고래류 등에 미치는 영향을 줄이기 위한 계획을 수립해야 한다. MSC 인증 조건에 따라 남아프리카 헤이크(민대구과) 저인망 어업은 조류를 쫓는 줄을 도입해 바닷새 사망률을 90%가량 감소시켰고, 목숨을 잃은 알바트로스도 2004년 기준 약 7,200마리에서 2010년에는 80마리로 감소했다.

5 ESG와 연관된 인증제도

인증제도란 평가대상이 그에 적용되는 평가기준에 만족하는지 여부를 판단하기 위해 자격을 갖춘 자가 평가를 직접 수행하거나 제3자의 평가결과를 근거로 입증하는 행위를 말한다. 인증제도는 법적 근거의 유무에 따라 법정인증제도와 민간인증제도로 구분되며 법정인증제도는 또다시 강제성의 유무에 따라 강제인증과 임의인증으로 나뉘어진다. 또한, 각 부처에서 시행하고 있는 인증제도는 인증, 형식승인, 검정, 형식검정, 형식등록 등 인증대상의 특성에 따라 다양한 명칭으로 운영되고 있다.

〈표 10-3〉 그 밖에 ESG와 연관된 인증

	BCI(Better Cotton Initiative)
	2005년 스위스에서 설립된 세계에서 가장 큰 면화 지속가능성 프로그램이다. 면화 경작 시 환경에 미치는 영향을 최소화하고, 생산자의 지역사회 생활개선을 지원하는 비영리 단체다. 독한 농약과 살충제의 사용을 최소화하고, 부당한 노동력과 아동 노동을 금지하며 원면 공급 사슬의 투명성을 증진하고자 하는 데 목적을 두고 있다. 생산자와 브랜드 외에도 의류를 만드는 원사, 편직, 염색, 봉제 등 모든 관련 공급망이 BCI의 허가를 받아야 가입할 수 있기 때문에 생산 과정에 대한 투명한 정보를 받아볼 수 있다.
	B Corps(B Corporation)
	글로벌 비영리 조직 B Lab에서 수여하는 사회 및 환경 부분의 성과에 대한 민간 인증이다. 전 세계 85개 국가와 150여 개의 산업 분야, 5천5백여 개의 구성원을 갖춘 B Corporation의 인증을 받기 위해서는 기업의 전체적인 활동이 사회 및 환경에 미치는 영향력 평가에서 최소 80점 이상을 획득해야 하며, B Corporation의 약속을 회사 관리 문서에 통합해서 명시해야 한다. 또 3년마다 재인증을 받아야 자격이 유지된다. 그러나 이 인증을 받았다고 브랜드가 모든 면에서 윤리적이거나 지속가능한 것은 아니니 평가에 참고해야 한다.
	Bluesign
	직원에게 안전한 작업환경을 제공하고 생태발자국을 최소화하기 위해 노력하는 섬유 제조업체에 수여되는 인증이다. 이 인증마크를 단 브랜드는 섬유제조의 모든 단계에서 환경에 안전하며 자연 자원에 부담을 주지 않는 원료만 사용한다. 소비자보호, 공기오염, 수질오염 및 근로환경 등 4가지 핵심 요소를 비롯해 생산에 필요한 자연자원이 효율적으로 활용되었는지도 평가 기준에 해당된다.
	C2C(Cradle to Cradle)
	'요람에서 요람으로'라는 뜻처럼, 제품이 어떻게 만들어지는가에 대한 윤리뿐만 아니라 인증된 제품이 수명을 다하기 전까지 환경에 미치는 영향에 대해서도 주목한다. 물질건강, 물질 재사용, 재생 에너지 및 탄소관리, 물관리, 사회적 공정성이 5가지 품질범주를 통해 제품을 평가하며, 그 결과에 따라 베이식, 브론즈, 실버, 골드, 플래티넘으로 점수를 매긴다.

	Canopy 산림을 보호하는 데 도움이 되는 비즈니스 솔루션을 개발하기 위해 7백50개 이상의 회사들과 협력하는 국제 비영리 단체다. 정책개발부터 짚으로 만든 종이, 펄프 제품까지 다양한 해법을 제시해 공급망의 혁신을 촉진하고 있다. 이 인증은 섬유 및 종이 공급업체 모두에게 수여될 수 있다.
	Ecocert 프랑스의 유기농 인증기관으로 세계 최대 규모의 인증기관 중 하나. 원래 유기농 농산물에서 시작해 지금은 유기농 섬유 인증의 선구자로서 지난 20년 동안 식물성 원료 사용을 촉진하는 데 힘써 왔다. 이 라벨을 받은 직물은 곧 GOTS(Global Organic Textile Standard), OCS(Organic Content Standard) 및 Ecological & Recycled Textiles 인증을 받았음을 의미한다.
	ETI 윤리적 거래 주도권, 줄여서 ETI는 기업과 노동조합, 비정부기구(NGO)가 주도하는 연합체로 단독으로 일하는 개별 기업이 해결할 수 없는 착취와 차별 문제를 집단적으로 해결함으로써 전 세계 노동자의 권리에 대한 존중을 촉진하고 있다. 기본 강령을 통해 작업 조건이 안전하고 위생적이며 아동 노동과 차별이 금지되고 생활임금 지급이 보장되며 고용은 규칙적, 근무 시간은 제한되어 있음을 보장한다.
	Fair Trade Certified 1983년에 미국에서 시작된 공정거래인증은 빈곤을 퇴치하고 지속가능한 개발을 위한 것으로 책임감 있는 비즈니스, 의식적인 소비주의, 공유 가치의 혁신적인 모델을 구축해 왔다. 이 인증은 노예 노동이나 아동 노동을 금지하고, 안전하고 공정한 노동조건에서 공정한 급여를 받은 이들이 근무하는 공장에서 생산된 제품이라는 것을 의미한다.
	Fair Wear Foundation 공급망에서 가장 노동 집약적인 부분인 의류생산, 특히 바느질 · 재단 · 트리밍 공정에 초점을 맞추고 있다. 1백40개 이상의 브랜드와 보다 공정한 의류 제작방법을 모색하고 있으며 공장, 노동조합, NGO 및 정부와 직접 협력해 공급망 전반에 걸친 새로운 해법을 제시한다.

	Fur Free Retailer 모피를 사용하지 않는 기업과 윤리적인 제품을 찾는 소비자를 연결해 주는 프로그램. 소비자에게 소매업체의 모피 정책에 대한 정확한 정보를 제공해 현명한 쇼핑을 할 수 있도록 돕는다. 전 세계 25개국 이상에서 운영되며 수백만 명의 지지자를 대표하는 주요 동물 및 환경보호 단체인 모피반대연합(Fur Free Alliance)의 국제 이니셔티브이다.
	GOTS(Global Organic Textile Standard) 오가닉 인증마크 중 가장 대중적으로 알려져 있으며 생태학적 및 사회적 기준을 포함해 유기농 섬유에 대한 세계 최고의 섬유가공 표준이다. GOTS의 품질보증 시스템은 전체 섬유 공급망에 대한 현장 검사 및 인증을 기반으로 한다. 국가 간 표준을 통합하고 전 세계 4천 6백여 개의 공장에서 1백40만 명 가량의 작업자를 모니터링하고 있다. 수확 후 처리부터 의류 제조까지 작업자와 도매업체는 연간 현장 검사를 받아야 하며 그 과정이 매우 까다롭기 때문에 가장 신뢰할 수 있는 인증 중 하나로 평가받고 있다.
	GRS(Global Recycled Standard) 국제재생표준인증은 공급망 전체에서 재활용된 원자재를 추적하는 Textile Exchange가 시행하는 자발적인 국제 표준이다. 재활용 재료의 사용을 늘리는 것을 목표로 재활용 원료의 함량뿐만 아니라 사회적, 환경적, 화학적 준수 여부를 엄격하게 평가한다.
	LWG(Leather Working Group) 환경적인 요인을 최소화한 가죽을 검열하는 가죽협회. 전 세계 1천 명 이상의 회원이 활동하고 있으며 환경 보호를 위한 지침에 따라 골드, 실버 또는 브론즈 등급으로 가족 제혁소 및 거래자를 승인하고 평가하고 있다. LWG 감사는 1제곱피트의 가족을 생산하는 데 필요한 에너지, 재활용된 폐기물의 비율 등과 같은 절대적인 기준을 통해 진행된다.

NSF International

위생 및 식품안전요구사항을 표준화하기 위해 미시간대학의 공중보건대학에서 1944년에 설립했다. 전 세계인의 건강을 보호하고 개선하는 것을 목표로 하는 독립적인 글로벌 조직이며 스탠더드팀은 공중보건표준의 개발을 촉진하고 서비스팀은 제품 및 서비스를 테스트, 감사 및 인증한다. 여기에 섬유, 의류 및 신발 회사 등에 맞춤형 교육과 교육 리스트 관리 및 컨설팅 솔루션도 제공한다. GRS, OCS 인증도 포함해서 평가한다.

OCS(Organic Content Standard)

5~100% 유기농 재료를 포함하는 모든 비식품에 적용되는 국제인증기준이다. 제3자 검사를 통해 최종 제품에 있는 유기물질의 존재와 양을 확인하고 출처에서 최종 제품까지 원료의 흐름을 추적한다. 또한 OCS 100은 인증된 유기농 재료가 95% 이상 포함된 제품의 가공, 제조, 포장, 라벨링, 거래 및 유통을 다룬다.

PETA

세계 최대의 동물권리 단체. 가장 많은 수의 동물이 오랜 기간 동안 극심한 고통을 겪는 4가지 영역인 실험실, 식품산업, 의류무역, 연예계에 주목한다. PETA 인증은 의류, 액세서리, 가구 또는 장식 제품에 동물이 사용되지 않았음을 의미하며 브랜드의 자체 감사로 진행되기 때문에 완전 비건(Vegan)임을 확인하기 위해서는 별도의 검증을 거치는 것이 좋다.

SAAS(Social Accountability Accreditation Services)

사회적 책임 기준과 규범을 유지하기 위해 기업이 수행하는 활동을 감독하고 확인하는 인증기관. SA8000이라는 표준을 만들어 조직이 직장에서 사회적으로 허용되는 프랙티스를 개발하고 유지 및 적용하도록 권장한다. 브랜드 혹은 기업이 SAAS 인증을 받았다는 것은 이들이 비즈니스 운영 방식을 개선하기 위해 노력하고 있다는 것을 의미한다. 또한 SAAS가 사용하는 엄격한 평가 및 품질 보증 시스템으로 인해 실제 해당 기업이 더 나은 방향으로 변화하는 중이라고 할 수 있다.

	SAC(Sustainable Apparel Coalition)
	지속가능한 생산을 위한 의류, 신발 및 섬유 산업의 선도적인 연합. 목표는 의류 산업이 불필요한 환경 피해를 일으키지 않고 사람과 지역사회에 긍정적인 영향을 미치는 산업으로 거듭나는 것이다. Higg Index는 환경영향평가를 수치로 변환하도록 만들어진 지수를 활용해 환경과 사회적 노동 영향력을 측정하며 이를 통해 투명성과 효율성, 친환경적인 생산 방식을 도모하게 하는 역할을 한다.
	Standard 100 by OEKO-TEX
	섬유에 대한 안정성을 의미하는 가장 유명한 라벨. 이 마크가 부착된 경우 해당섬유의 모든 구성요소에 대해 유해 물질 테스트를 완료했으며 인체에 무해하다는 의미를 갖는다. 유아용 제품과 같은 가장 엄격한 요구사항을 통과한 클래스 1등급부터 실내 장식품, 액세서리를 포함한 장식 재료에 해당하는 클래스 4등급까지 총 4단계로 나뉘어 있다.
	WRAP(Worldwide Responsible Accredited Production)
	의류, 신발 및 봉제 제품 공급망의 진실성을 유지하는 데 중점을 둔 세계 최대의 독립인증 프로그램. 전 세계에 걸쳐 안전, 보건, 법률 및 인도적이고 윤리적인 제조 공정을 보장하는 12 WRAP 원칙(법률 및 직장 규정 준수, 강제 노동 금지, 아동 노동 금지, 법정 근로 시간 등)에 따라 작업장을 인증하고 있다. WRAP 인증 심사는 전체 생산 프로세스를 검사하며 소비자에게 제품이 윤리적으로 생산된다는 확신을 준다.
	WFTO(World Fair Trade Organization)
	글로벌 커뮤니티이자 공정거래를 실천하는 사회적 기업의 검증기관. WFTO의 보증 제도는 노동자, 농민, 장인의 이익을 최우선으로 하는 사회적 기업에 초점을 맞춘 유일한 국제검증 모델이다. 독립적인 감사를 통해 해당 기업이 비즈니스 및 공급망 전반에 걸쳐 공정무역의 10가지 원칙(경제적으로 취약한 생산자를 위한 기회창출, 투명성과 책임, 공정거래 관행 등)을 준수하는 기업임을 확인하고, 확인된 회원은 WFTO의 보장공정무역 제품 라벨을 무료로 사용할 수 있다.

출처 : Harper's BAZAAR Korea(2022.11.)

ESG와 기업

PART

5

ESG를
생각하는
소비와 소비자

11 ESG와 성공 기업

CHAPTER

1 ESG 성공 - 해외 기업

지난 10여 년 동안 기업을 둘러싼 경영 환경은 불확실성의 연속이었다. 그리고 그 불확실성은 코로나로 가속화되고 극대화됐다. 기업들은 지속가능한 경영을 위해 그 어느 때보다 이해관계자들과 소통하고자 노력해야 했다. 기업의 비재무적 요소인 ESG가 지속가능한 가치 창출에 더 많은 영향을 미치게 된 이유다.

ESG의 목적은 장기적 관점에서 투자 기회와 위험 요인을 식별해 수익률을 개선하는 것이다. 환경·사회·지배구조라는 전방위적인 리스크에 얼마나 잘 대응하고 지속적으로 경영을 이어갈 수 있는지가 ESG의 핵심이다. 그런 관점에서 ESG는 코로나 사태와 같은 위기 상황에서 유연하게 대처할 수 있게 해주는 '백신'과도 같은 역할을 한다. 평소 ESG 리스크에 잘 대비한 기업이라면 어떠한 리스크가 닥쳐도 그 노하우를 살려 잘 대처할 수 있다. 실제로 평소 사업장의 작업 환경이나 근로자 복지 개선에 힘쓴 기업들은 회복탄력성이 좋아 코로나 사태에서도 위기 극복이 빠르게 이뤄졌다.

이러한 길고 복잡한 진화과정 속에서 국내외 기업들은 어떻게 ESG에 대응했을까? 소비자들의 렌즈로 바라본 성공적인 ESG 사례들을 살펴보자.

1) 환경적(E) 책임 활동

① 업종 전환으로 기업 가치 올린 '소니'

세계에서 가장 ESG 경영을 잘하는 기업은 어디일까? 평가기관마다 기준과 방식이 다르지만, 미국의 월스트리트저널(WSJ)이 선정한 '2020년 지속가능한 세계 100대 기업(The 100 Most Sustainably Managed Companies in the World)'의 1위는 '소니(Sony)'였다. 워크맨과 브라비아TV, 노트북 등으로 세계 전자업계를 호령했던 소니는 2000년대 들어 한국·중국 업체에 밀리면서 위기가 시작됐다. TV·노트북 사업이 부진을 면치 못하던 2011년에는 역대 최악인 4,600억 엔 적자를 기록하기도 했다. 하지만 소니는 기술력과 콘텐츠를 융합해 하나의 콘텐츠를 가전·스마트폰·게임기에서 모두 사용할 수 있게 제작해 수익을 극대화하는 이른바 '원소스-멀티유즈(One Source-Multi Use)' 전략으로 반전을 모색했다. 그 결과 2020년 소니 매출 비율은 게임이 31%, 전자 22%, 음악 19%로 완벽하게 소프트웨어·미디어 기업으로 변신했다. 순이익은 1조 엔을 달성했는데, 이는 1946년 소니가 창립된 이래 처음 있는 일이었다. 업의 전환은 실적뿐 아니라 ESG 평가에도 영향을 미쳤다. 탄소 배출이 필연적으로 많을 수밖에 없는 '제조업'에서 상대적으로 탄소 배출이 적은 '콘텐츠업'으로 체질이 변하면서 ESG 등급도 MSCI(모건스탠리캐피털인터내셔널사가 발표하는 세계 주가지수) 기준 A등급에서 AA를 거쳐 마침내 최고등급인 AAA로 상승했다.

소니는 2050년까지 환경에 대한 영향을 '0'으로 만들기 위한 '로드 투 제로(Road to Zero)' 목표를 수립하고 이 목표를 이루기 위해 2025년까지 환경 중기 목표인 'Green Management 2025'를 설정해 실행하고 있다. 주요 목표는 ▶제품 1대당 플라스틱 사용량 10% 절감 ▶신규 설계 소형 제품의 플라스틱 포장재 전면 폐지 ▶사무실 온실가스 배출량 5% 절감 ▶총전력사용량 중 신재생 에너지 전력 사용량 15% 이상 증가 등이다.

② 지구촌 물 부족, 탄소 제로에 도전하는 'MS'

ESG 경영에 IT를 접목시켜 ESG 평가는 물론, 높은 기업가치와 실적까지 보인 기업도 있다. 바로 '마이크로소프트(MS)'이다. MSCI가 평가한 MS의 ESG 등급은 최고 등급인 AAA. 시가총액은 1조 7,000억 달러로 애플에 이어 세계 2위를 기록하고 있다(2021년 7월 말 기준).

MS는 지난해 9월 지구촌 물 부족 문제를 해결하기 위해 '워터 포지티브 (Water Positive)' 프로젝트를 발표했다. 2030년까지 전 세계 자사 캠퍼스의 물 사용량을 줄이고, 물 재활용 시스템을 통해 재생수를 보급하겠다는 것이 골자이다. 이 프로젝트에 사용된 기술은 자사 클라우드 서비스 애저(Azure)의 '현실 인지 엔진(Perception Reality Engine)'. 현실 인지 엔진은 강수량, 지표수 양, 식물 성장 등을 데이터로 지역의 물 공급 상황을 파악하고 위험 지역을 식별해 물 부족을 미연에 방지한다. 또 '애저 IoT 중앙 정부 앱 템플릿'에서 실시간으로 수질 및 물 소비량, 기후변화에 따른 위험 사항까지 모니터링할 수 있다. MS는 이 기술을 에너지 전문기업 슈나이더 일렉트릭(Schneider Electric), 펌프 전문회사 그런포스(Grundfos) 등에 제공하며 수익원을 새롭게 창출하기도 했다.

'해저 데이터센터' 구축을 위한 '나틱 프로젝트(Project Natick)'도 MS의 ESG 혁신 계획 중 하나다. 데이터센터에서 발생하는 열을 해수로 자연 냉각시키고, 데이터 입출력과 연산에 필요한 전력은 조력·파력발전으로 조달한다는 것이 핵심으로 지난해 실용성을 입증했다. 이처럼 MS는 탄소를 제거하거나 감소시키는 기술을 연구하고 있다. 관련 사업을 진행하는 기업과 조직에 2025년까지 10억 달러를 투자하는 등 기후혁신 계획을 적극적으로 실현 중이다.

③ 기타 기업 사례

아마존(Amazon) 제프 베조스(Jeff Bezos) CEO는 주주 서한을 통해 친환경 기업으로 거듭나겠다는 강력한 의지를 표명했다. 기후협약을 최초로 서명한 회사로, 파리 기후 협약을 10년 앞당긴 2040년까지 탄소 배출량을 0으로 만들겠다고 약속했다. 약속 이행을 위해 2022년까지 배송용 차량 1만 대를 전기차로 바꾸고, 2030년까지는 총 10만 대를 업무에 투입하겠다는 계획을 밝혔다. 아울러 재생에너지 사용률을 2024년까지 80%, 2030년까지는 100%로 각각 달성하겠다는 목표를 제시하고, 포장재 낭비를 줄이기 위한 노력을 하겠다는 약속도 했다.

유럽 최대 정유 회사인 네덜란드 '셸(Shell)'은 풍력·수소·태양광 산업 투자 자금을 마련하기 위해 연간 석유 생산량의 6%(100억 달러 가치)를 차지하는 텍사스 유전 매각을 추진하고 있다. 세계 최대 화학회사 '바스프(BASF)'는 유럽 전역의 공장을 신재생 에너지로만 가동하기 위해 해상 풍력발전소를 인수하고 2조 원을 투자해 시설을 확장하고 있다.

영국 '브리티시 페트롤리엄(BP)'은 10년 안에 석유와 가스 생산을 40% 줄이고, 신규 국가에서 화석연료 개발을 중단하겠다고 선언했다. 대신 브라질에서 재배한 사탕수수에서 바이오연료인 에탄올을 생산하고, 수소 에너지 투자도 확대한다는 계획이다.

미국 파타고니아(Patagonia)는 ESG 경영의 교과서라고 불릴 만큼 경쟁력 있는 기업 중 하나로 "덜 사고 더 요구하세요"라는 슬로건으로 유명하다. 환경보호가 사업의 목적이고, 품질의 기준이 되는 기능성, 내구성, 수선가능성, 관리용이성, 미학가치, 환경영향 등의 소비자 이슈를 경영 핵심가치로 내재화하였다. 또한 매출 1%를 환경단체에 기부하고 각 세계지사를 지역 환경운동에 참여하는 교두보로 이용하고 있다.

2) 사회적(S) 책임 활동

① 비즈니스 및 인권에 관한 교육 프로그램 개발 '유니레버'

유니레버는 2019년에 직원들을 대상으로 웨비나, 영상 및 대면 모듈을 사용하여 비즈니스 및 인권에 관한 지역 수준(regional level)의 특정 문제를 해결하기 위한 새로운 교육 프로그램(Training Program on Business and Human Rights)을 개발했다. 총 5단계로 구성된 '비즈니스 및 인권 교육 프로그램'은 주요 인권 문제 및 대응 방법에 대한 인식 구축을 위한 웹 기반 학습 프로그램으로 외부 전문가와 협력하여 직원들에게 인권에 대한 본질적인 이해를 돕기 위해 개발되었다. 이 프로그램은 사례 기반, 지역별 맞춤화되어 일상 업무과정에서 발생하는 주요 인권 문제에 중점을 두고 있으며, 전 세계적으로 배포되기 전 미국과 싱가포르에서 시범적으로 운영되었다.

② 청년 대상 자금 지원 프로그램 및 고용 기회 제공 'Tesco'

Tesco는 청년들이 취업을 위한 능력을 개발하고 경력을 쌓을 수 있도록 다양한 자금 지원 프로그램을 운영하고 있는데, Prince's Trust & Institute of Grocery Distribution(IGD)과 파트너십을 통한 중등부 청소년 지원 프로그램과 정부의 Kickstart 프로그램이 대표적이다.

Prince's Trust & Institute of Grocery Distribution(IGD): 2018년부터 Prince's Trust와 IGD 파트너십을 통해 중등부 청소년들의 생활 기술 개발을 위한 Achieve Club 40개 운영 자금을 지원하고 콘텐츠 개발 및 자원봉사 기회 등을 제공한다. 또한, 2021년부터는 Achieve Club에 참여하고 있는 영국 전역 청소년들의 심리 및 정신 건강을 위해 Young Mind와 협력하여 관련 프로그램을 운영하고 있으며 현재까지 약 4만 명 이상의 청소년들이 참여했다.

Kickstart Program: Tesco는 장기 실업 위험에 처한 청년들에게 고용 기회 및 경력을 쌓을 수 있도록 정부 차원에서 마련된 Kickstart Program에 자금 지원뿐만 아니라 교육 및 기술 개발 투자, 그리고 취업의 기회를 제공하고 있다. 2020년 11월에는 이 프로그램에 참여한 청년들 900명을 영국, 스코틀랜드, 웨일스 내 청년 실업률이 높은 지역에 있는 Tesco 매장 직원으로 고용했다.

③ 기타 기업 사례

슈나이더 일렉트릭(Schneider Electric)은 16년 동안 엄격한 '자체 ESG 지수'를 운영하며 ESG 경영을 적극 실천해 왔다. 구성원의 성별과 나이를 다양화하고, 젊은 직원이 장년층 직원을 도와주는 '역방향 멘토링' 등 포용적 문화를 장려하고 있다. 남녀 성비도 2025년까지 50대 50을 목표로 하고 있는데, 기업의 지속 가능성 및 양성평등 증진에 기여한 노력과 성과를 인정받아 4년 연속 블룸버그

성평등 지수(Gender-Equality Index) 기업에 선정됐다.

Ericsson은 산업 안전 및 보건(Occupational Health and Safety)에 관한 사고를 예방하고 그에 따른 위험을 줄이기 위해 Ericsson Care Program을 통해 사업장의 소싱 과정 및 작업 방식을 검토하고 있다. Ericsson Care Program은 안전을 위한 조직 전체의 리더십, 안전 관련 지식 및 인식 제공, 표준화된 작업 방식 및 프로세스 구축, 직원 및 공급업체와의 협력을 통해 건강, 안전 및 웰빙 문화 육성에 초점을 맞추고 있으며, 이러한 과정을 디지털화하여 전 세계 사업장 및 직원들에게 배포될 수 있도록 시스템을 마련하고 있다. Ericsson Care Program과 함께 현장 서비스 공급업체에게 적용되는 규정 준수를 강화하기 위한 Consequence Management Process를 통해 사업장 내에서 빈번하게 발생하는 문제들을 발견하고 위반한 공급업체들에게 레드카드와 옐로카드를 발급하여 개선 조치를 취할 것을 요구하거나 위반에 따른 결과(추가적인 검사/감사 이행, 재정적 벌금, 서면 경고, 사업 종료/사업량 감소 등)를 이행하도록 하고 있다.

3) 지배구조적(G) 책임 활동

① Global Compliance Program 구축 및 ESG 리스크 관리감독 강화 'Walmart'

2013년, 글로벌 의류 브랜드의 하청업체가 밀집한 방글라데시의 라나플라자 붕괴로 1,127명의 사상자가 발생한 후 이러한 하청업체로부터 납품을 받던 Walmart는 ESG 이슈를 기존의 리스크 관리 및 컴플라이언스 프로그램에 통합한 Global Compliance Program 체계를 구축했다. 컴플라이언스란 기업경영이 법령, 규정, 윤리 또는 사회통념에 맞도록 하는 내부통제 장치를 말한다. Walmart의 Compliance program에서는 14개의 ESG 관련 이슈들을 포섭하고 있고 각각의 주제와 관련된 법과 글로벌 기준들의 준수를 검토하고 있다. 이러한 Compliance program은 Global Chief Ethics & Compliance Officer(CECO)가 총괄하고 CECO가 부회장 등에게 보고된다. Compliance program은 이사회에서 감시 감독되는데 이사회는 컴플라이언스 이슈에 대해 정기적으로 보고를 받는 것은 물론 매년 이사회 산하 감사위원회와 경영개발위원회가 컴플라이언스 목적을 설정하고 이사회는 이러한 목적을 실현하기 위해 각 실무부서에 역할과 책임을 배분해 준다. 그리고 Compliance leader와 그 밖의 고위 경영진들로 구성된 'Ethics, Compliance, and Risk Committee'를 만들어 컴플라이언스 및 리스크 관련 이슈들을 종합적으로 논의한다.

② 윤리 사무국(Ethics Office) 설치 및 운영 'Cisco'

Cisco는 기업 윤리 의식이 기반이 된 문화를 정착시키고 고객, 정부 및 이해관계자를 위한 올바른 비즈니스 결정을 내릴 수 있는 도구로써 '비즈니스 행동 강령(Code of Business Conduct, COBC)'을 지속적으로 개선하고 있다. 또한, 직원들로부터 기업 윤리 정책 및 행동 강령에 관한 우려사항, 방향성 등을 빠르게 소통하고 수집 및 보고될 수 있도록 별도 관리 부서인 Cisco's Ethics Office를 설치하였다. Ethics Office에서는 NAVEX Global(기업윤리 및 컴플라이언스 솔루션 플랫폼)에서 제공하는 'Ethics Webform'이라는 외부 플랫폼을 활용하여 기업 윤리적으로 문제된 위법 행동을 목격하거나 의심되는 경우, 행동강령 위반 사례 등을 온라인으로 보고할 수 있으며, 익명성을 보장하고 있다. 그리고 국가별, 다국어로 제공되는 EthicsLine을 설치하여 개인정보 침해에 대한 우려 없이 언제든 이용가능하며 해당 사안에 대한 후속 조치가 이루어질 수 있는 서비스를 제공하고 있다.

③ 반부패 관련 정책 및 부패 방지 카드 제공 'CocaCola Company'

CocaCola Company는 2015년~2017년 사이, 기업의 활동 및 비즈니스 관계가 인권에 미치는 영향과 리스크를 식별하고자 전 세계 180명 이상의 전문가와 함께 워크숍을 진행하였고 그 결과 13가지 주요 인권 이슈를 선정하였다. '공급망을 통한 부패 리스크(Corruption & anti-bribery risks through value chain)'는

13가지 주요 인권 이슈 중 하나로, CocaCola는 전 세계 거의 모든 국가에서 사업을 운영하는 기업으로서 '부패' 관련 이슈는 해결하기 쉽지 않으면서도 동시에 반드시 방지해야 할 문제임을 강조하였다. 이에 따라 CocaCola는 공급업체를 포함한 전반적인 시스템에 적용될 비즈니스 행동 강령 및 반부패/뇌물 방지 정책을 제정하였고(2020년 6월 10일 개정), 웹 기반 및 대면 교육뿐만 아니라 보고, 모니터링 및 인증 시스템 등이 포함된 '반부패 컴플라이언스 프로그램'도 운영하고 있다. CocaCola는 직원들에게 '정부 및 공무원 대상 소통 방법/교육'과 '반부패 전문 과정'을 이수하도록 하고 있으며, 고위험군으로 간주되는 공급업체를 선별하여 당사의 반부패 정책 준수 동의서를 받기 위한 글로벌 실사 프로그램(global due diligence program)도 운영하고 있다.

부패에 관한 무관용 정책 이행 사례: 미얀마에서 교통 경찰이나 도로 교통 지자체가 CocaCola 트럭을 운전하는 기사들에게 뇌물을 요구하거나 받는 사례가 자주 발생함에 따라, CocaCola는 운전 기사들에게 부패에 관한 무관용 선언 내용을 명시한 '부패방지 카드(anti-corruption card)'를 제공하였다. 이 카드에는 'CocaCola에 고용된 모든 운전자는 어떠한 형태의 뇌물 또는 지원금도 받지 않을 것이며, 이는 부패방지법 위반 사항으로 반드시 경영진에게 보고해야 한다'는 내용이 영어와 미얀마어로 명시되어 있다. 이후, 운전자들은 뇌물 요구 상황에 직면할 때마다 즉시 반부패 카드를 제시했고, 시간이 지남에 따라 경찰들의 뇌물 요구 사례가 뚜렷하게 감소한 긍정적인 결과를 도출한 바 있다.

2 ESG 성공 – 국내 기업

1) 스타벅스코리아의 환경적(E) 책임 활동

① 플라스틱 대신 종이 빨대

종이 빨대는 2020년까지 전 세계 모든 스타벅스 매장에서 플라스틱 빨대를 제거한다는 목표에 따라 미국 스타벅스 본사가 국내 매장에 적용한 것이다. 스타벅스는 이 정책을 통해 연간 1억 8,000만 개의 플라스틱 빨대 사용을 줄였다고 설명했다.

종이 빨대가 금방 부드러워진다는 불만이 여기저기서 터져 나왔지만 스타벅스는 종이 빨대를 개선하기 위한 노력을 멈추지 않았다. 천연 펄프색인 갈색을 흰색 대신 사용하고, 친환경 내구성을 높이기 위해 업체도 바꿨다. 또 종이 빨대와 함께 아이스 음료에도 '빨대 없는 리드(컵 뚜껑)'를 도입해 빨대 사용량을 줄였다. 그동안 매장에서 언제든 자유롭게 쓸 수 있던 빨대와 스틱 등 일회용품은 모두 수거하고 고객이 요청할 때만 제공한다는 방침으로 변경했고 음료를 젓기 위해 사용하는 플라스틱 스틱도 나무 스틱으로 바꿨다.

② 생분해성 포장재

2018년까지는 플라스틱 대신 종이류를 사용할 계획이었지만 현재 스타벅스는 종이봉투와 사탕수수 섬유로 만든 생분해성 종이, 옥수수 전분으로 만든 친환경 생분해성 포장재를 사용하고 있다. SK그룹의 화학 계열사인 SKC가 2009년 개발해 세계 최초로 상용화한 'PLA 필름'은 옥수수 성분으로 만든 것으로 땅에 묻으면 유해 성분을 남기지 않고 100% 생분해를 할 수 있다. 스타벅스코리아는 이 기술을 이용해 2019년부터 바나나 포장재, 케이크 보호 플라스틱, 식품 포장재 등에서 플라스틱을 사용하지 않는다.

③ 폐기물 리사이클을 위한 노력

스타벅스는 4년간의 연구개발 끝에 재생용지를 이용한 일회용 컵을 만드는 데 성공했으며, 매장에서는 음료를 머그컵에 담는 것을 표준으로 정해 실천하고 있다. 작년 말, 스타벅스는 아르마니 익스체인지와 함께 리사이클 소재를 활용한 플래너를 선보였다.

아르마니 익스체인지로부터 의류를 만들고 남은 원단을 제공받아 2021년 플래너를 제작했다. 이 밖에도 '그라운드 포 유어 가든(grounds for your garden)' 캠페인을 통해, 매장에서 한번 사용하고 버려지는 커피 원두를 퇴비나 탈취제 등으로 고객이 활용할 수 있도록 무료로 제공하고 있다.

④ 커피박 재활용

올사이즈 아메리카노 한 잔을 만들 경우 14g의 원두는 한 번 쓰고 버려져 천연 비료로 쓰인다. 커피 원두에는 질소나 인산, 칼륨 등이 풍부하고 중금속이 없어 질 좋은 비료가 되는 동시에 환경을 보호한다. 스타벅스코리아는 지난 2015년부터 경기도와 제휴해 지역 농가에 커피 찌꺼기를 공급하고 있다.

2019년 4월에는 평택시와 협력해 친환경 퇴비를 재배한 농산물을 스타벅스 제품으로 만들어 스타벅스 매장에서 판매하기로 MOU 상생협약을 체결했다. 스타벅스가 기부한 화학 비료는 1만 봉을 시작으로 현재 4만 포를 넘어섰다.

⑤ 일회용 컵 없는 매장 시범 운영

일회용 컵 없는 매장에서 판매되는 모든 음료는 숏(Short) · 톨(Tall) · 그란데(Grande) 사이즈로 매장용 머그, 개인컵, 다회용 컵에 제공된다. 회수된 다회용 컵은 세척 전문기관에서 외관상태를 확인하고 애벌세척, 소독침지, 고압자동세척, 물기 제거 및 자연건조, UV살균 건조 등의 일곱 단계를 거쳐 안전하고 깨끗하게 세척된다.

스타벅스에 따르면 세척 후 포장이 끝난 제품은 샘플 표면의 오염도를 측정해 최종 오염 여부를 검사하며 철저한 청결도를 유지해 안전하게 재사용하도록 한다.

2) 스타벅스코리아의 사회적(S) 책임 활동

① 장애인 파트너에게 동등한 승진기회 부여

2007년부터 장애인 채용을 시작한 스타벅스는 2012년 업계 최초로 한국장애인고용공단과 고용증진 협약을 맺고 장애 유형과 장애 정도를 가리지 않고 분기별로 장애인 채용을 진행하고 있다.

또 장애인 파트너에게도 동등한 승진기회를 부여해 장애인 파트너 51명이 중간관리자 이상 직급으로 일하고 있다.

② 장애 인식개선 활동을 강화

서울대 치과병원점의 모든 구매 품목에 300원의 기금을 적립해 하트-하트 재단에 전달하고 장애인 인식개선 활동을 강화하게 된다. 조성된 기금은 장애청년 그림 공모전 지원, 장애 여부와 상관없이 매장을 찾는 모든 고객이 읽을 수 있는 베리어프리(Barrier free) 도서 제작, 장애인 공연 지원 등 다양한 장애 인식개선 활동에 쓰일 예정이다.

스타벅스는 2014년 10월 국내 첫 커뮤니티 쇼핑몰인 대학로점을 열면서 고객이 구매하는 모든 품목에 대해 300원의 기금을 적립해 초록우산 어린이재단과 함께 청년 인재 육성 프로그램에 사용하고 있다.

③ 글로벌 사회 공헌 캠페인

스타벅스는 "Shared Planet"이라는 글로벌 사회 공헌 캠페인을 통해 Conservation International(국제환경단체) 및 TransFair USA(미 공정무역단체), FLO(국제공정무역 상표인증 기구)와 공동으로 친환경 재배 기술 개선과 윤리적 원두 구매 활동에 앞장서며, 전 세계 약 185,000여 명의 커피 농부들을 지원하는 등 글로벌 사회 공헌을 통해 기업으로서의 사회적 책임을 다하려는 노력을 보여주고 있다.

④ 일자리 창출

스타벅스는 2025년까지 채용을 대폭 확대해 나가며 일자리 창출에도 기여한다. 특히 스타벅스가 현재 진행 중인 장애인, 중장년, 경력 단절여성 등의 취업 취약계층 일자리 지원 역시 강화해 나간다.

3) 스타벅스코리아의 지배구조(G) 책임 활동 : 유통과정의 투명한 공개

유통과정을 투명하게 공개한다. 스타벅스는 원두 생산지를 비롯해 모든 유통과정을 기록하고 최종 소비자에게 전달되는 과정을 블록체인을 이용해 공개했다. 원두의 품질을 지키고 소비자의 신뢰를 얻기 위해, 어디에서 생산되고 어떻게 여기까지 왔는지를 '빈 투 컵(Bean to cup)' 프로그램을 통해 투명하게 제공한다.

원두 포장에 붙어 있는 QR코드를 스마트폰으로 스캔하면 원두 재배지와 생산지는 물론 스타벅스가 현지 농부들을 어떻게 지원하는지도 확인할 수 있다. 커피의 원산지부터 농장, 농부, 커피의 로스팅 시기와 테이스팅 노트 등 상세 정보도 모두 공개했다. 또 커피 원두를 구매한 소비자의 반응을 반영해 좋은 품질의 원두를 생산하는 커피 농부들을 지원키로 했다. 스타벅스에 제공되는 원두의 품질이 계속 향상되는 이유다.

4) 스타벅스코리아의 ESG 중장기 전략

스타벅스의 ESG 중장기 전략은 향후 30% 탄소 감축을 목표로 하는 '플래닛(Planet)'과 30% 채용 확대 등을 골자로 하는 '피플(People)' 분야를 양대 축으로 5가지 세부과제가 2025년까지 진행된다.

〈표 11-1〉 스타벅스의 2025년 ESG 중장기 전략 'Better Together' 개요

분야	추진과제	2025년 최종 세부 목표
플래닛	일회용품 절감	• 일회용 컵 사용률 0% • 친환경 소재 상품 개발 확대
	식물기반제품 및 물류시스템 구축	• 오트밀크/대체육 도입 등 식물기반 제품 확대
	친환경 매장 및 물류시스템 구축	• 국내외 기관의 친환경 인증 획득 매장 확대 • 전기배송트럭 도입 및 전국 확대
피플	일자리 창출	• 20년 말 기준 파트너 수 대비 30% 채용 확대 • 취약계층 일자리 비중 전체 파트너 10% 수준 확대 및 간접 채용 지원 확대
	사회적 가치 확산	• 사회공헌형 매장 확대 • 고객참여형 프로그램 개발을 통한 공감대 확대

출처 : 스타벅스코리아(https://www.starbucks.co.kr/)

① 1회용품 절감(Reduce Waste)

전국 스타벅스 매장에서 일회용 컵을 대신할 리유저블(Reusable)컵 사용을 점진적으로 도입해, 2025년도 일회용 컵 사용률 0%에 도전한다.

그 첫 시작점으로 2021년 하반기 중 시범 매장을 선정하고, 리유저블컵을 도입해 운영한다. 해당 시범 매장에서는 일회용 컵을 대신해 일정 금액의 보증금이 있는 리유저블컵을 고객에게 제공하게 되며, 사용하고 난 컵은 리유저블컵 운영 매장의 무인 반납기 등을 통해 반납하면, 보증금이 반환되는 형태로 운영될 예정이다. 스타벅스는 2021년 시범 매장 운영 이후 향후 보완점 등을 개선해 2025년에는 전국의 스타벅스 매장으로까지 리유저블컵 사용을 확대, 일회용컵 사용을 전면 중단한다는 목표다.

② 식물 기반 제품(Plant-Based Products) 및 지역상생제품 확대

메탄가스를 유발하지 않는 식물 기반의 대체 상품과 이동 거리 단축 등으로 탄소 배출량을 줄일 수 있으면서도, 지역과의 상생이 가능한 국산 재료 기반 제품 개발에도 박차를 가한다.

음료 분야에서 오트밀크를 선택 옵션으로 도입해 운영하고, 식물 기반 음료 및 푸드 제품과 대체육 원재료 등도 지속 개발해 관련 제품 카테고리를 확장해 나간다. 국내 소비자들 사이에서도 탄소감축 효과 및 건강을 고려한 음식에 대한 관심도가 높아지고 있는 만큼 관련한 고객 경험을 확대해 나간다는 목표다.

아울러 다양한 지역의 특산물을 이용한 제품 라인업 강화를 통해 우리 농가와의 협업을 통한 상생을 강화해 나간다. 스타벅스는 지난 2016년 문경 오미자 피지오를 필두로 광양 황매실 피지오, 공주 보늬밤 라떼, 이천 햅쌀 라떼 등의 신토불이 음료를 현재까지 꾸준히 개발, 출시해 오고 있다. 올해에는 우리 농산물을 활용한 신제품 음료 5종 출시를 목표로 개발에 박차를 가하고, 매년 개발 범위를 늘려, 2025년도에는 최대 10종까지 확대해 나갈 방침이다.

③ 친환경 매장 확대 및 물류시스템 구축

LEED(Leadership in Energy and Environmental Design) / GSEED(Green Standard for Energy and Environmental Design) 등의 국내외 인증을 받은 친환경 콘셉트 매장을 적극 도입하고, 소비전력 효율 개선 제품 및 대기전력 저감장비 도입 등을 전국매장으로 확대해 나갈 예정이다.

이와 관련 2021년 3월 26일 서울시 중구 퇴계로 스테이트타워 남산에 오픈한 '별다방'이 국내 카페 최초로 올해 안에 LEED '실버' 등급 인증에 도전한다. '별다방'은 매장 내 센서 설치를 통해 고객이 없을 경우 조명 자동 차단, 채광에 따라 내부 밝기 조절 시스템 등을 통한 전기료 절감효과 및 다양한 친환경 내장재 및 기자재를 다양하게 사용한 매장이다.

이외에도 스타벅스는 올해 서울지역에 전기배송트럭 도입을 시작으로 2024년부터는 전국의 스타벅스 물류배송 트럭을 친환경 전기트럭으로 확대 변경해 나간다.

④ 일자리 창출

2025년까지 채용을 대폭 확대해 나가며 일자리 창출에도 기여한다. 스타벅스에는 현재 1만 8천 명의 파트너가 근무 중으로, 2025년까지 현재 인력의 30%를 웃도는 약 5천5백여 명 규모의 추가 채용 확대를 통해, 총 2만 3천500명 수준 이상의 파트너를 고용하겠다는 목표다.

특히 스타벅스가 현재 진행 중인 장애인, 중장년, 경력 단절여성 등의 취업 취약계층 일자리 지원 역시 강화해 나가며 2025년에는 전체 임직원의 10% 정도를 취업 취약계층에서 채용하는 것을 목표로 한다. 스타벅스에는 현재 708명의 장애인 파트너(법적 장애인 수 기준)를 포함, 경력단절 여성의 재취업 지원 프로그램을 통한 리턴맘 바리스타 160명 등이 근무 중에 있으며, 지난해부터는 40대 이상의 재기를 꿈꾸는 소상공인 대상으로 재창업과 스타벅스 취업을 지원하는 프로그램을 중소벤처기업부와 함께 운영 중에 있다.

향후, 이와 같은 취업 취약계층 대상 직접 채용 외에도 현재 스타벅스 드라이브스루 매장에서 근무 중인 어르신 교통안내원, 현재 10곳에서 운영 중인 스타벅스 재능기부카페 바리스타 등의 간접 채용 지원도 함께 지속적으로 확대해 나간다는 방침이다.

⑤ 사회적 가치 확산

사회적 가치에 대한 공감과 실현을 위해 고객과의 커피 경험 공유 확대 프로젝트를 추진해 나간다. 매장 수익금 일부를 기부하는 이익 공유형 매장인 스타벅스 커뮤니티스토어와 인테리어 및 기자재 리모델링과 스타벅스 현직 파트너들의 교육 지원 등으로 운영되고 있는 재능기부카페 등도 현재 14곳(재능기부카페 10곳, 커뮤니티스토어 2개점, 환구단점, 서울대 치과병원점)에서 2025년도 30곳으로 확대해 나가기로 했다.

이외에도 재활용 소재를 활용한 타 브랜드와의 협업 및 관련 상품 출시, 환경단체와의 프로젝트 공동진행, 지속 가능성을 주제로 고객이 참여할 수 있는 다양한 캠페인 프로그램을 개발 진행하며 사회적 가치와 관련한 공감대를 지속적으로 확대해 나간다는 목표다.

12 ESG와 실패 기업

CHAPTER

1 ESG 실패 - 해외 기업

1) 환경적(E) 실패 활동

① 엑슨모빌

엑슨모빌은 기후위기를 소극적으로 대처해 실적이 하락하는 결과를 낳았다. 1911년 설립된 미국의 거대 에너지기업이던 엑슨모빌은 1970년대부터 화석연료 사용에 따른 기후위기를 인지했음에도 미온적으로 대처했다. 엑슨모빌에 친화적인 싱크탱크에 거액의 자금을 제공해 온난화에 대한 일반인의 잘못된 인식을 유도했다는 평가도 있다. 1978년에는 기후변화 보고서가 임원들에게 보고되기도 했으나, 엑슨모빌은 사업운영 방식을 바꾸지 않았다. 미국의 환경단체와 뉴욕주 등은 기후위험을 묵인했다며 엑슨모빌을 고소하기도 했다. 2020년까지 엑슨모빌은 석유·가스와 비교해 신재생에너지 분야 투자는 소극적으로 나섰다. 결국 엑슨모빌은 실적 부진을 겪었다. 심지어 1984년 설립된 신재생에너지 기업 넥스테라에너지가 지난해 엑스모빌의 시가총액을 앞지르는 굴욕을 맛봐야만 했다.

② 코카콜라

1999년 코카콜라는 인도 케랄라주에 음료 공장을 세웠다. 하지만 공장 설립 후 마을의 우물이 말라버렸다. 지하수를 과다 사용하면서 지역사회의 물부족 사태를 초래한 것이다.

마을 주민들은 코카콜라를 상대로 소송을 제기했고, 소송이 진행되고 세상에 알려지며 코카콜라의 평판에는 금이 갔다. 이후 코카콜라는 사용한 물을 다시 자연에 돌려주는 '물 재충전 캠페인'을 전개하는 등 친환경 기업으로 탈바꿈하기 위해 전방위적인 노력을 펼쳤다.

③ BP

BP 멕시코만 기름유출 사고(2010): 2010년 4월 20일 미국 멕시코만에서 석유 시추시설이 폭발하고, 이후 5개월 동안 약 7억 7천만 리터의 원유가 유출된 사고. 시추시설 폭발에 의해 11명의 노동자가 사망하고, 18명이 부상당했다.

2) 사회적(S) 실패 활동

① 나이키

나이키는 하청공장에서 인권문제가 발생해 매출이 감소한 적이 있다. 지금으로부터 25년 전인 1996년 나이키의 제3세계 하청공장에서 노동착취와 인권침해가 발생한 사실이 공개됐다. 작업 도중 화장실에 가지 못하도록 물 마시는 행위를 금지하는 등 해외 일부 하청공장에서 신체적 학대행위가 발생한 것이다. 남아시아 공장의 절반 이상에서 주당 60시간 이상의 노동을 요구하고, 시간 외 노동을 거부할 경우 처벌하는 경우도 있었다. 나이키는 협력사의 노동문제가 자신의 책임 영역이 아니라는 입장을 밝혔다. 오히려 경쟁사들의 노동정책에 문제를 제기하며 쟁점을 회피하거나, 나이키가 해당 국가의 일자리 창출과 경제에 기여했다고 주장했다. 여론은 바로 등을 돌렸다. 이듬해 나이키에 대한 대대적 불매운동이 전개되면서 1년 사이에 매출이 37% 감소했다.

1990년대, 나이키에서 파키스탄 시알코트 지역을 포함한 제3국의 가난한 아동들을 착취해 제품을 만들고 있다는 주장이 제기되었다. 1996년, 미국의 '라이프'지에 가난한 아동이 나이키 축구공을 바느질하는 모습이 게재되며 '나이키의

제3세계 저임금 착취' 주장이 힘을 얻었고 이는 미국 소비자단체를 중심으로 한 불매운동의 확산과 주가하락에도 영향을 끼쳤다.

② 폭스콘

애플의 제품을 생산하는 하청업체 폭스콘 사에서 2010년을 시작으로 20명이 넘는 근로자가 투신하는 사건이 벌어졌다. 이에 대해 근로자의 열악한 근무환경(최저임금 미만 임금지급, 과도한 초과노동)이 그 원인이라는 분석이 제기되었고 애플을 포함하여 폭스콘과 계약한 델, 소니 등의 기업에서 제품공급망(Supply Chain) 안정성 측면에서의 지속가능성 이슈가 대두되었다.

③ 바이엘

독일 화학제약기업인 바이엘은 글리포세이트 성분의 라운드업 제초제와 유전자 변형작물(GMO)로 유명한 미국 종자기업 몬산토를 2018년 6월 630억 달러에 인수하였다. 그러나 몬산토 제조체의 안전성 관련해 12만여 건에 이르는 손해배상 소송이 바이엘에 제기되었고, 2018년 8월 캘리포니아 법원이 라운드업 제조제로 암에 걸린 학교 관리인에 7,850만 달러 배상판결, 항소심에서도 글리포세이트의 암 발생 연관성을 인정해 바이엘에 2,040만 달러를 배상하라고 판결했다. 또한 라운드업 사용으로 암에 걸렸다고 주장하는 원고 12만 5천여 명 중 75%를 대리하는 변호인들과 109억 달러 규모의 조정안에 합의하기도 했다. 이 과정에서 바이엘의 부채가 급증하고 2018년 한 해 동안 주가는 40%까지 하락했으며, 독일 시총 1위기업이던 위상이 제품 화학적 안전성 문제로 크게 실추되었다. 바이엘의 MSCI ESG등급도 2018년 BBB등급에서 몬산토 제조제 사건이 터지면서 BB등급으로 하향되었고, 화학적 안정성 부문에서는 미흡등급(Laggard)으로 평가받고 있다.

④ 웰스파고

미국 자산기준 4위 은행인 웰스파고의 리테일뱅킹 부서직원들은 2011년부터 고객의 동의 없이 고객의 정보를 도용해 예금계좌를 개설하고 자금을 이체, 신용카드 계좌 개설, 상품 끼워팔기 등을 단행했다. 2013년 미국 LA타임스가 웰스파고의 유령계좌 개설 의혹을 보도하면서, 연방 소비자금융보호국(CFPB)의 조사가 시작되었고, 2016년 9월 웰스파고가 5년간 고객 200만 명의 명의를 무단도용한 유령계좌 스캔들이 폭로되었다. 웰스파고의 사기적 판매 관행은 내부직원들에 의해 인사팀, 내부통제부서 등에 수년간 보고가 이루어졌으나 조치가 이루어지지 않았고, CEO가 이사회 의장을 겸직하면서 이사회 차원에서도 관련내용이 논의되었으나 해결되지 않았다. 이러한 유령계좌 사건의 배경은 웰스파고의 수수료 중심 수익 모델, 교차판매, 실적주의 경영전략 등을 들 수 있으며, 영업목표 할당 및 교차판매에 연동된 직원의 보수 결정으로 직원을 압박하면서 수수료를 높이고 성과급을 받기 위해 직원들은 유령계좌를 개설하였다. 이로 인해 웰스파고는 청문회 개최, CEO 사퇴 압력, 미 연준(FRB)으로부터 자산규모 동결 및 이사진 교체 지시, 미 통화감독청(OCC)으로부터 경영진 제재서한 등의 조치를 받았다. 또 웰스파고는 2017년 7월 고객 집단소송 합의금(1억 4,200만 달러), 2018년 12월 미 주정부에 합의금(5억 7,500만 달러), 2019년 3월 주주들이 이사들이 불법영업행위를 관리감독하지 않아 손실을 입었다며 제기한 주주대표소송에 손해배상금(2억 4천만 달러)을 지급했다. 이러한 금융상품의 안정성, 열악한 지배구조 및 내부통제시스템 등으로 인해 발생한 웰스파고의 유령계좌 사건으로 MSCI ESG등급에서 금융상품 안정성 부문에서 미흡등급(Laggard)으로 평가받고 있다. 웰스파고는 유령계좌 사건을 겪으면서 성과연봉제 폐지, 경영진 성과급 환수 이외에도 내부통제 강화를 위해 경영진 및 이사진 교체, 독립 이사회 의장 선출, 새로운 감독포지션 신설, 상품판매 관행 및 은행업무, 고객들의 불만신고 조사 전담팀 별도 설립계획발표 등 다각도로 노력 중이다.

⑤ KFC

2010년 KFC는 유방암 퇴치를 상징하는 핑크색 버킷에 치킨을 담아 판매하면서 한 버킷마다 50센트씩 유방암단체에 기부하는 'Bukets for the Cure' 캠페인을 진행했다. 그러나 이 캠페인은 시작되자마자 수많은 비판 여론에 직면했다. 치킨을 튀기는 기름이 오히려 유방암을 일으키는 한 원인이 될 수 있는데 프라이드 치킨을 파는 KFC가 유방암 예방을 위한 기금 모금을 한다는 것이 위선적이라는 지적을 받았기 때문이다. 소비자들은 담배회사에서 폐암 치료비를 지불한다는 것과 다를 바 없다며 KFC의 캠페인을 외면했다. 이는 기업의 상품과 캠페인 명분이 어긋나 실패한 사례로 꼽힌다.

3) 지배구조적(G) 실패 활동

① 카릴리언

영국의 2위 건설업체 카릴리언은 지배구조 리스크로 인해 2018년 파산했다. 영국 역사상 가장 큰 규모의 파산이다. 세계적으로 4만 3,000여 명을 고용하고, 2016년 7월까지 약 10억 파운드(약 1조 5,500억 원)의 시가총액, 2016년 기준 52억 파운드(약 8조 500억 원)의 매출액을 기록하던 기업이었다. 2017년 카릴리언에 대한 수익성 저하 경고 이후 시가총액은 6,100만 파운드(약 944억 원)로 쪼그라들었다. 회계컨설팅기업 프라이스워터하우스쿠퍼스(PWC)는 카릴리언의 파산 원인 중 하나로 지배구조에 대한 리스크를 지목했다. 파산 당시 카릴리언은 326개에 이르는 계열사의 이사회 명단조차 파악하지 못했고, 기업 수익이 악화했음에도 경영진에 과도한 보너스를 지급했다. 경영진은 개선 필요성을 외면했고, 이사회의 재무정보 감독과 사후조치에 미진했던 점 역시 파산을 부추겼다.

② 골드만삭스

나집 라작 전 말레이시아 총리가 설립한 말레이시아 개발 유한회사 1MDB가 공적자금으로 비자금을 조성한 혐의로 기소되면서 세계 최대 투자은행인 미국 골드만삭스도 부패스캔들에 연루된 것이 밝혀졌다. 골드만삭스는 2012년부터 5년간 제3중개인을 통해 말레이시아와 아부다비 고위 관료에게 16억 달러가량의 뇌물을 제공하고, 2012년~2013년 1MDB의 채권발행을 대행해 6억 달러의 수수료를 수취했다. 골드만삭스는 컴플라이언스 시스템이 잘 갖추어져 있고, 사업 전반 리스크관리를 담당하는 글로벌 컴플라이언스 부서도 존재했지만, 골드만삭스 내 고위임원이 부정행위를 행하고 은폐해 리스크를 통제하지 못했다. 이에 따라 골드만삭스는 2020년 10월 해외부패방지법 위반으로 기소되어 미 법무부 형사벌금 23억 달러, 미 SEC 민사벌금 4억 달러, 추징금 6억 680만 달러로 총 33억 달러에 달하는 해외부패방지법 최대규모의 벌금을 부과받게 되었다. 또한 말레이시아 정부에 벌금 29억 달러, 영국, 싱가포르, 홍콩에 합의금 6억 달러도 지급해야 한다. 골드만삭스는 내부적으로 이사회를 통해 전현직 경영진의 급여 1억 7,400만 달러를 회수하기로 결정했다. 골드만삭스의 MSCI ESG등급은 BBB이며 특히 Corporate Behavior부문에서 미흡등급으로 평가되고 있다.

③ 모건스탠리

미국 투자은행 모건스탠리는 2016년 자산관리와 관련된 업무의 일환으로 외주업체를 통한 데이터센터 해체작업 진행 과정에서 감독업무를 소홀히 해 개인정보가 노출되는 사건이 발생하였다. 이에 미국 통화감독국은 2020년 10월 모건스탠리의 불안전하거나 불건전한 영업행위에 대해 6천만 달러의 과징금을 부과하였다. 구체적 사유는 모건스탠리가 하드웨어 해체와 관련된 위험을 효과적으로 평가하지 못했고, 제3자 벤더 이용 시 위험을 적절히 평가하지 못했으며, 장비들에 저장된 고객 정보를 제대로 유지하는 데도 실패했고, 제3자 벤더 선정

시 적절한 실사(DD)를 하지 않고 이들의 성과모니터링에도 실패했다는 것이다. 2019년에도 모건스탠리는 WAAS(Wide Area Application Services)의 폐기와 관련해 유사한 벤더관리문제가 있었지만 시정조치를 취한 바 있다. 이와 관련해 모건스탠리 고객 100여 명이 은행이 개인식별정보를 제대로 보호하지 않아 이름, 고객번호, 계좌번호, 사회보장번호, 여권번호, 연락처, 생년월일, 자산관련정보 등의 개인정보가 노출되었다고 주장하며 500만 달러 규모의 집단소송을 제기하기도 했다. 모건스탠리는 MSCI ESG등급이 AA임에도 불구하고 데이터 파괴 및 삭제절차 감독실패를 비롯한 금융시스템 불안정성으로 Corporate Behavior 부문에서는 미흡등급(Laggard)으로 평가받고 있다.

2 ESG 실패 – 국내 기업

1) 환경적(E) 실패 활동

① 이니스프리

아모레퍼시픽의 뷰티브랜드 이니스프리는 2022년 4월 그린워싱 논란으로 몸살을 앓았다. 이니스프리의 스킨케어 제품 중 '페이퍼 보틀 리미티드 에디션'을 종이를 이용해 제작한 용기로 홍보했다. 특히 페이퍼 보틀 리미티드 에디션은 제품 겉면에 '안녕, 나는 종이병이야(Hello, I am paper bottle)'라고 적혀 있어 용기 전부가 종이로 만들어졌다는 생각이 들게 했다.

그러나 페이퍼 보틀 리미티드 에디션의 겉면을 쪼개보면 안에는 플라스틱이 들어 있었다. 이니스프리의 행태를 두고 기만이라고 생각한 소비자들은 당시에 SNS(소셜미디어)상에서 '그린워싱 불매합니다', '이니스프리불매', '그린워시' 등 해시태그를 붙인 게시글을 올렸다.

소비자들은 "패키지에 '나 종이 보틀이야'라고 쓰여 있고 환경패키지 신제품이라고 해서 구입했는데 사기성 짙은 제품인 줄 알았다면 안 샀을 것"이라고 했다. 페이퍼 보틀 리미티드 에디션은 제품 설명을 종이에 인쇄해 플라스틱 통을 감싸는 형태로 만들어졌다. 이니스프리는 이 제품에 대해 기존 제품과 비교해 51% 적은 플라스틱을 사용했다고 표기했다.

이를 두고 녹색소비자연대는 "해당 제품은 겉에 있는 플라스틱 포장지를 종이로 바꿔 안쪽 플라스틱 병을 분리배출할 수 있도록 바꾼 제품"이라며 "자세히 들여다보지 않은 소비자들은 당연히 종이병이라고 생각했을 것"이라고 지적했다.

이니스프리는 그린워싱 논란에 직면하자 즉각적인 사과에 나섰다. 이니스프리는 "제품 네이밍으로 인해 용기 전체가 종이 재질로 인식될 수 있다는 부분을 간과했다"며 "보다 정확하게 정보를 전달하지 못하고 혼란을 드려 죄송하다"고 사과했다. 아모레퍼시픽은 논란된 이니스프리 외에도 주요 친환경 서비스 중 하나인 '리필 스테이션'을 지적받고 있다. 아모레퍼시픽 리필스테이션은 전용 플라스틱 용기만 사용해야 한다는 점에서 비판을 받고 있다. 여기에 파우치형 리필팩, 일회용 샘플 등 일회용 포장용기도 배치돼 친환경으로 보기는 어렵다는 비판이다.

② 스타벅스코리아

2021년 10월 28일 오전 10시 35분, 서울 종로구 한 스타벅스 매장에서 커피 1잔을 주문하자 '143번째 메뉴로 준비 중'이라는 안내가 떴다. 음료를 받은 건 1시간이 지난 11시 35분. 음료 픽업대에는 비대면으로 주문해 놓고 아직 찾아가지 않은 음료 30여 잔이 쌓여 있었다. 마포구 한 스타벅스 매장에서도 음료를 기다리는 사람들로 긴 줄이 늘어섰고, 한 명이 음료 8~10잔을 주문해 가져가는 모습도 눈에 띄었다. 이날 하루 스타벅스커피코리아가 전국 매장에서 음료를 주문하면 다회용 컵을 함께 제공하는 '리유저블컵 데이' 행사를 진행하면서 빚어진 풍경이다. 스타벅스 쪽은 이날만 음료를 사면 사실상 무료로 컵을 받을 수 있도록 했다. 이 때문에 '한정판 굿즈'를 얻으려는 사람들로 매장이 붐볐다.

비대면으로 음료를 주문할 수 있는 스타벅스 앱에도 한때 동시 접속자가 8천 명이 넘어가면서 접속이 지연되었고, 일부 매장에서는 이날 오후 3시쯤 "다회용 컵이 매진됐다"고 공지하기도 했다. 스타벅스는 이번 행사가 "일회용 컵 사용 절감이라는 친환경 메시지를 전달하기 위해 기획됐다"고 밝혔다. 2025년까지 전국 매장에서 일회용 컵 사용을 중단한다는 계획을 세운 스타벅스가 이를 소비자들에게 알리고 다회용 컵 사용 동참을 권하는 취지의 행사라는 것이다.

그러나 이러한 행사가 오히려 플라스틱 사용을 늘린다는 지적도 나오고 있다. 한정판 컵을 가지려고 불필요한 소비를 하거나, 재판매 목적으로 여러 잔을 구매하는 사람들이 있어서이다. 스타벅스가 만든 다회용 컵은 다회용이라는 이름에 걸맞지 않게 '권고 재사용 횟수'가 20여 회에 불과하다.

2) 사회적(S) 실패 활동

① 남양유업

2013년 대리점 상품 강매 사건은 사회적으로 큰 파장을 불러일으키며 소비자들에게 남양유업이 '비도덕적인 기업'이라는 부정적 낙인이 찍히는 결정적 계기가 된다. 가맹점주에게 협박과 폭언을 서슴지 않는 본사 영업사원의 목소리가 담긴 녹취록은 소비자들에게 큰 충격을 안겨주었고 불매운동을 촉발시키는 도화선이 됐다. 여기서 그치지 않고 경쟁사 제품을 비방할 목적으로 카세인나트륨 등 첨가물이 해로운 것처럼 홍보를 하는 등 사건이 알려지면서 논란이 끊이지 않았다. 특히, 임신할 경우 퇴사를 압박하거나 여직원이 결혼할 경우 계약직으로 전환하는 등의 차별 이슈는 남양유업의 이미지를 완전히 바닥으로 추락시키는 직격탄이 되고 만다.

2019년 상반기 남양유업의 광고대행사가 매일유업 등 경쟁사를 대상으로 우유에서 쇠맛이 난다며 인터넷 커뮤니티와 맘 카페를 중심으로 허위 비방글을 집중적으로 게시한 사건이 알려지면서 논란이 다시 불거졌다. 경찰 조사 결과 A사의 원유를 납품하는 목장이 원전 근처에 있고 우유에서 쇠맛이 난다는 글은 남양유업의 홍보대행사에서 50개의 아이디로 수십 개의 비방글을 작성한 것으로 드러났다. 소비자들은 남양유업의 행태는 변하지 않았다며 불매운동을 이어나갔다. 특히, 맘 카페를 언론조작의 창구로 이용하면서 남양유업이 주력 소비자층인 맘 카페를 중심으로 불매운동이 심화했다. 남양유업 제품 불매를 위한 애플리케이션이 개발되기도 했다. 결국, 남양유업의 매출은 2018년부터 꾸준히 내리막길을 걸어 2020년 9,489억 원으로 쪼그라들었다. 매출 1조 원 클럽에 가입한 지 11년 만에 다시 1조 원 이하로 매출이 축소된 셈이다.

남양유업은 사실상의 과점 시장에서도 ESG 경영에 실패하면 회사가 최악의 상황에 처할 수 있다는 하나의 교훈으로 남게 됐다.

② 명품플랫폼 기업 : 발란 · 트렌비 · 머스트잇 · 오케이몰 등

발란 · 트렌비 · 머스트잇 · 오케이몰 등 국내 4개 온라인 명품플랫폼에 입점한 판매업체들이 소비자들에게 과도한 반품비를 고의적으로 청구, 반품 철회를 유도하고 있다.

발란의 경우 2022년 8월 발표된 반품비 개선 정책에서, 해외 구매대행 반품비를 최대 10만 원으로 책정하는 반품비 상한제를 도입해, 실제 반품에 소요된 비용만 고객에게 청구하도록 개선하였지만 발란과 머스트잇, 트렌비 등 입점업체들 사이에서는 일명 '반품비 과다청구 꼼수'가 암암리에 판을 치고 있어 소비자들의 피해가 잇따라 발생하고 있다.

머스트잇과 트렌비의 사정도 비슷하다. 이들 플랫폼에서 제품을 구매한 소비자들이 직접 제품을 받아본 결과 마음에 안 들어 단순변심으로 환불을 요청했지만, 판매업체로부터 "해외 직수입의 경우 관부가세 등의 세금이 높아 반품비를 높게 받을 수밖에 없다"는 답변을 받은 것이다. 제품 가격의 3분의 1에 해당되거나, 더 초과되는 반품비 가격을 소비자에게 요구하기도 한 것으로 드러났다.

이에 공정거래위원회는 국내 4개 명품플랫폼 사업자들의 서비스이용약관을 심사했고, 해당사업자들은 심사과정에서 8개 불공정 약관 조항을 스스로 시정했다고 2022년 12월 21일 밝혔다.

불공정 약관 조항은 ▲청약철회의 제한 및 환불 불가 ▲플랫폼 사업자의 책임을 부당하게 면제 ▲임의로 게시물을 삭제할 수 있도록 한 조항 ▲계약해지, 서비스 이용제한 및 제재 조항 ▲재판매금지 등 부정행위 제재 ▲영수증 미포함에 대한 고객의 동의의제 조항 ▲부당한 재판관할 합의 조항 ▲위조상품 피해보상 관련 시효 등이다.

시정내용을 보면, 발란·트렌비·머스트잇은 해외구매 및 해외배송이라는 이유로 전자상거래법상의 청약철회권을 인정하지 않거나, 청약철회가 제한되는 사유를 전자상거래법보다 광범위하고 불명확하게 규정해 왔다. 공정위의 시정지시에 따라 이들 사업자는 전자상거래법상 청약철회권이 보장되게 하고, 불명확한 청약철회 제한사유들은 삭제해, 해외배송의 특성을 감안하여 주문 이후 배송단계에서의 취소는 불가능하나, 제품 수령 후에 교환 및 반품할 수 있도록 수정했다. 또한 입점사업자(판매회원)와 소비자(구매회원) 간 분쟁에 플랫폼이 관여하지 않고 모든 책임을 회원들이 부담하도록 한 부분도, 소비자에게 발생한 손해에 대하여 플랫폼이 면책되도록 한 부분도 불공정약관에 해당된다.

이 같은 약관에 대해 공정위는 회원 간 분쟁이나 소비자피해발생 원인이 플랫폼의 상품 검수과정 등 사업자의 책임과 관련 있을 수 있음에도 플랫폼의 관여나 책임을 면제하는 조항은 고객에게 부당하게 불리한 조항이라고 판단했다.

이들 3개 사업자들은 회원 간 분쟁이나 소비자피해 발생에 회사의 고의 또는 과실이 있다면 책임을 부담하는 것으로 시정했다. 발란·머스트잇은 회원이 자신의 개인정보를 유출하거나 개인정보를 수정하지 않아 발생한 손해에 대해서 플랫폼은 책임을 지지 않는다는 규정을 두었다. 하지만 플랫폼은 정보통신망법상 정보통신서비스 제공자이며 개인정보보호법상의 개인정보처리자이므로, 회사의 과실이 복합적으로 작용한 경우에 회사의 모든 책임을 면제하는 것은 부당하다는 지적에 따라, 개인정보유출에 회원의 부주의가 있었다 하더라도 회사의 고의 또는 과실이 있는 경우 책임을 부담하도록 시정이 이뤄졌다. 머스트잇은 서비스 중단에 대한 사업자 면책 조항이 문제가 됐다. 정보통신설비의 수리, 교체 등에 따른 서비스 제공 중단으로 회원에게 손해가 발생한 경우에도 사업자는 고의나 중과실이 있는 경우에만 책임을 부담하도록 한 부분이다.

공정위는 플랫폼 서비스의 정상적인 제공은 플랫폼 사업자의 본질적 의무이므로, 서비스를 차질 없이 제공할 의무이행에 있어서 사업자의 고의·중과실은 물론 경과실이 없어야 면책될 수 있다는 판단을 내렸다. 결국 머스트잇은 서비스 이용 장애로 인한 손해에 대해 회사의 고의 또는 과실이 있는 경우 책임을 부담하도록 시정했다.

아울러 발란·머스트잇은 회원의 게시물이 제3자의 저작권을 침해하는 경우 명품 플랫폼은 어떠한 책임도 지지 않는다고 규정하고 있었지만, 3자의 저작권 침해로 인한 손해에 대해 회사의 고의 또는 중과실이 있는 경우 책임을 부담하도록 약관을 바꿨다.

발란·트렌비·머스트잇은 이용계약 해지의 사유를 내부 운영규정에 위임하거나, 불명확하게 규정하고 있으며 이용계약 해지 시 사전통지 및 소명 절차도 규정하지 않았지만, 사용계약 해지·서비스 이용제한 사유를 구체화하고, 사전통지 및 소명절차를 마련하는 것으로 시정했다.

한편 발란·오케이몰은 재판매목적 등으로 상품을 다수 구매하는 경우 회원자격을 제한하고 있어, 사실상 회원의 재구매·재판매를 금지하고 있다. 이 같은 약관은 물건의 소유권자는 법률에 반하지 않는 한 물건을 임의대로 처분할 수 있고, 소유권 방해에 대한 타인의 간섭을 배제할 수 있다.

이에 재판매 자체를 금지하는 조항을 삭제하고, '동일 상품을 5회 이상 반복적으로 주문취소한 후 재주문하는 경우'와 같이, 전자거래 등 부정행위를 막기 위한 규정은 그 요건을 구체화했다.

③ SPC

2022년 10월 15일, 평택시 추팔공업단지의 SPC 계열사 에스피엘에서 20대 여성 A씨가 샌드위치 소스를 배합하는 기계에 빠지면서 몸이 끼어 사망하는 사고가 발생했다. 이날 사고 당시 현장 생산라인에는 10여 명의 근로자가 작업하고 있었던 것으로 전해진다. 사고가 발생한 곳은 가로 1.5m, 높이 1m의 소스 배합기가 있던 공간이다. 배합기는 생산라인과 구분된 별도 공간에 자리 잡고 있다. 배합기를 직접 촬영하는 CCTV는 없으며 배합기가 자리 잡은 별도 공간을 문 밖에서 비추는 CCTV밖에 없었다.

사망 사고 일주일 전 에스피엘에선 또 다른 안전사고가 발생했었다. 이 사고는 피해자가 비정규직 파견 근로자라는 이유로 사실상 방치했다는 의혹도 제기된다.

현재 진행되는 2022 SPC 불매운동의 시작은 평택 SPL 제빵공장의 기계 끼임 사망 사고라고 볼 수 있으나, SPC는 그간 노동자의 열악한 근로 환경 이슈로 인해 언론에 오르내리며 여론의 따가운 시선을 받은 전적이 있다. 노동자의 기본적인 인권을 고려하지 않은 업무 환경이 가장 큰 문제점이라 볼 수 있다.

가장 최근에 주목받고 있는 제빵공장 근로자 사망 사건 이외에도 과거(2017년) SPC 그룹은, 제빵 기사 불법 파견 문제가 수면 위로 드러나며 고용노동부의 직접 고용을 명령받은 바 있다. 사측은 이에 따라 파리바게뜨 제빵 기사 관리를 위한 피비파트너스를 설립, 제빵 기사를 직접 고용하려는 의지를 피력하기도 했다.

하지만 연이은 노조 탄압에 관한 의혹, 제빵 기사의 식사 시간과 휴무일을 보장하지 않았다는 지적 등이 이어지며 민주노총 전국화학섬유식품산업노동조합 파리바게뜨지회는 SPC 본사 앞에서 수개월에 걸친 시위를 강행하기도 했다.

사측에서 근로자를 어떤 관점에서 고용하고 관리하는지 들여다볼 수 있는 사례 중 하나는 당연 노동자의 근로 환경 처우를 언급할 수 있다. 단편적인 예로, 법적으로 정해진 근로 시간과 그에 따른 휴게 시간은 노동자라면 누구나 보장받을 수 있는 권리다. 근로기준법 제54조 1항에 근거하여, 현행법상 대한민국 노동자라면 누구나 1일 근로 시간에 따른 휴게 시간(근로 시간 4시간인 경우 30분 이상, 8시간인 경우 1시간 이상)을 보장받도록 되어 있다. 하지만 파리바게뜨 제빵 기사에게는 식사 시간과 휴게 시간이 제대로 보장되지 않았다는 제보가 이어졌다.

그간 근로자들이 적합한 안전교육을 받지 못했다는 문제점이 지적되기도 했으나, 이에 관해서는 SPC의 해명이 있었기에 정확한 사실을 단정하는 데 어려움이 있어 보인다. 하지만 기계가 돌아가는 공장 내에서 가장 유의해야 할 안전에 대한 최소한의 보호막이 없었다는 사실은 부정하기 어려운 부분이다. 여기서 언급한 최소한의 보호막은 끼임 사고를 방지할 수 있는 자동 장치(인터록)를 말한다. 보통 사업장에서 배합을 위한 기계에 자동 정지 시스템을 가동하지만, 안타깝게도 사망 노동자가 작업한 기계에는 이 인터록이 설치되지 않았다고 알려졌다.

사실 이러한 비극적인 사고는 근로자의 인권과 안전이 보장되는 상황이었다면 일어나지 않았을 일이라고 판단된다. 인터록 설치는 놓쳤더라도 안전 펜스만이라도 존재했다면 사고를 방지할 수 있었을 것이란 의견도 있다. 또한 공장 근무 시 2인 1조 시스템이 지켜졌다면 사고 시 대처가 가능했을 것이란 안타까움도 공존한다.

3) 지배구조적(G) 실패 활동

① 오스템임플란트

오스템임플란트가 1,880억 원 규모의 대규모 횡령사건으로 ESG 리스크에 직면했다. 특히 거버넌스 측면에서 감사 시스템이 제대로 작동하지 않았다는 비판이 줄을 잇고 있다.

오스템임플란트는 현재 한국거래소 출신의 조재두 상근 감사 1인 체제를 갖추고 있다. 대외적으로 보면 조 감사는 2019년 3월 임기 시작 후 매년 외부감사인과 대면 협의를 지속해 왔다. 2020년에는 6차례에 걸쳐 내부회계관리제도 감사 계획, 핵심감사사항 협의 등을 논의했고, 작년에는 감사팀 구성, 감사인의 독립성, 계획, 부정 및 부정 위험 등에 대해 협의했다.

지정감사인 인덕회계법인도 내부회계관리제도에 대해서는 문제가 없다고 적시했다. 지난 3분기 보고서에선 내부회계관리자(감사)가 제시한 문제가 없었고, 회계감사인의 내부회계관리제도에 대한 중대한 취약점도 없다고 적었다. 회계법인은 또 "직전 회계연도에 대한 감사의 감사보고서상 내부통제에 이상이 없었다"고 밝혔다.

이 같은 의견에도 불구하고 대규모 횡령이 발생하면서 시장에선 감사와 내부회계시스템 모두 개선돼야 할 사항으로 지목되고 있다.

특히 오스템임플란트는 2014년에도 횡령 문제가 있었다는 점에서 더욱 높은 수준의 처방이 요구된다. 앞서 최규옥 회장은 일부 임원과 횡령 및 배임 혐의로 검찰 조사를 받았으며 결국 2019년 대법원에서 징역 3년, 집행유예 4년을 확정받은 바 있다.

이사회도 개편돼야 한다는 목소리가 높다. 특히 기업을 감시, 견제해야 하는 사외이사 역할에 무게가 더 실려야 한다는 지적이다. 현재 정준석 사외이사는 한영회계법인 부회장이지만 제대로 된 감시 역할을 하지 못했다는 비난을 피하지 못하고 있다. 사내이사 중에선 재무를 담당하는 임원도 배제된 상황이다.

② 한국투자저축은행

한국투자저축은행 직원이 부동산 프로젝트파이낸싱(PF) 대출을 통해 수억 원에 달하는 횡령을 저지른 사실이 드러났다. 새해부터 저축은행이 횡령 때문에 찬물을 끼얹은 분위기인 가운데 내부통제에 대한 엄격한 기준과 방식을 적용해야 한다는 지적이 나온다.

2023년 1월 4일 금융권에 따르면, 최근 한국투자저축은행은 금융감독원에 PF 대출 담당 직원이 8억 원의 횡령을 저질렀다고 신고했다. 해당 직원은 위탁매매팀에서 PF 대출 업무를 담당해 왔고 수개월에 걸쳐 대출금을 빼돌린 것으로 알려졌다.

한국투자저축은행은 업계 내에서 5위권에 속하는 대형 저축은행이다. 가장 최근 공시인 지난해 3분기 경영공시에서 7조 1,004억 원의 대출잔액 중 기업대출 비중이 5조 1,872억 원(73.1%)에 달하는 등 기업금융이 주력사업이다. 아울러 PF 대출의 비중을 크게 늘린 것도 눈에 띈다. 지난해 3분기 한국투자저축은행의 부동산 담보대출은 3조 4,953억 원으로 전년동기(2조 4,485억 원)보다 1조 원 넘게 상승했다. 같은 기간 PF 대출 공여액은 6,763억 원에서 9,358억 원으로 상승했고, PF 대출 연체율은 1.25%에서 1.85%로 올랐다.

기업대출을 주력으로 하는 대형 저축은행에서 일어난 횡령 사고인 만큼 파장이 적지 않을 것이라는 풀이가 나온다. 해당 직원은 담당 부서의 대출 승인이 떨어지면 대출금을 조금씩 나눠 입금하는 과정에서 일부를 빼돌리는 방식으로 횡령을 저지른 것으로 알려져 거래기업들의 피해도 우려되는 상황이다.

저축은행은 지난 2021년부터 잦은 횡령 의혹으로 몸살을 앓았다. 지난 2021년 연말 KB저축은행은 94억 원의 자금을 횡령한 직원이 적발돼 수사당국의 조사 끝에 구속됐고, 모아저축은행도 지난해 4월 기업대출 59억 원을 빼돌린 직원이 적발돼 징역 8년의 중형에 처해졌다. 2022년 7월에는 페퍼저축은행에서 돌려막기 수법으로 7년간 3억 원의 자금을 가로챈 직원이 구속됐고, 2021년 9월에는 OK저축은행도 2억 원의 자금을 빼돌렸다. 앞서 청주저축은행도 2021년 2월 허위 서류를 꾸며 대주주와 배우자에게 수억 원에 달하는 회삿돈으로 급여를 지급해 논란이 됐다.

잦은 횡령과 논란으로 저축은행의 내부 기강이 해이해졌다는 지적이 나오기

도 했다. 저축은행에 잦은 사고가 터지던 2022년 금감원은 금융위원회와 태스크
포스(TF)를 설립하고 2022년 10월 사내 상호견제와 사고예방 기능 실효성을 제
고하는 등의 '금융사고 예방지침' 개선과제를 마련했다. 금융당국이 내부통제 강
화를 주문했음에도 불구하고 저축은행에서 새해부터 횡령 의혹이 불거지면서
저축은행이 또 한번 '가시방석'에 앉을 수 있다는 우려가 크다. 그동안 명령휴가
제와 순환근무 강화로 내부통제 제고에 앞장섰음에도 쉽게 잡히지 않는 금융사
고 때문에 속수무책으로 당하는 상황이기 때문이다.

구명진, 김난도, 김소연, 나종연, 여정성, 최현자(2015). 소비가치 측정을 위한 척도개발 연구. 소비자학연구. 26(6): 235-266.

권미화, 이기춘(2000). 청소년소비자의 소비행동의 합리성에 영향을 미치는 요인. 한국 가정관리학회지. 18(2): 175-190.

김난도, 전미영, 최지혜, 이수진, 권정윤, 이준영, 이향은, 한다혜, 이혜원, 추예린(2022). 트렌드 코리아 2023. 미래의창.

김동양, 황유식(2022). ESG 사용설명서. 마인드빌딩.

김명선(2022). 뉴마켓 새로운 기회. 경이로움.

김용섭(2022). ESG 2.0. 퍼블리온.

김용진, 고민정(2017). 빅데이터 활동과 광고사례 기반의 소비자 행동론. 생능출판사.

나석권(2021). ESG 경영의 과거, 현재, 미래. 사회적가치연구원.

대한상공회의소(2022.05.31). ESG경영과 기업의 역할에 대한 국민인식 조사. 대한상공 회의소.

대홍기획데이터플래닝센터(2022.11.). 2023년 소비를 이끄는 7개의 라이프 시그널. 대홍 기획.

더벨-thebell(2022.01.10). 뚫려버린 감사시스템, 거버넌스 재정비 과제로. 신문기사 인용.

데일리임팩트(2021.06.14). 남양유업이 ESG 경영 실패의 '반면교사'가 된 까닭.

매일경제(2021.03.28). 사과껍질 스니커즈, 버섯 핸드백… 에르메스도 나선 '비건 패션' 뜬다. 신문기사 인용.

서여주(2018). 소비자중심경영(CCM) 인증의 공신력이 소비자 성과에 미치는 영향에 관 한 연구-신호이론의 접근을 통해. 고객만족경영연구. 20(3): 1-25.

＿＿＿(2021). 소비와 시장. 2판. 백산출판사.

＿＿＿(2022). 소비자 그리고 라이프스타일. 2판. 백산출판사.

＿＿＿(2022). 소비자행동과 심리. 2판. 백산출판사.

세정일보(2022.12.21). 공정위, 소비자 기만한 발란·트렌비 등 4개 명품플랫폼 불공정 약관 '시정'. 신문기사 인용.

손광표, 황원경(2021.09.). 소비자가 본 ESG와 친환경 소비 행동. KB금융지주경영연 구소.

신지현(2022). 한권으로 끝내는 ESG 수업. 중앙books.

신한카드(2023.01.11). 신한카드가 선정한 2023년 트렌드 키워드 'co-EXIST'.

신현암, 전성률(2022). 왜 파타고니아는 맥주를 팔까. 흐름.

아시아타임즈(2023.01.04). 한국투자저축은행 횡령 파문… 새해부터 저축은행 '가시방석'. 신문기사 인용.

안태욱(2022). ESG관련 우려사안과 기업가치 : ESG 성과, CSR 성과, 기부금지출효과에 관한 실증연구. 동국대학교 대학원 박사학위논문.

원종현, 정재은(2015). 소비가치에 따른 1인 가구 세분화와 구매행동—Sheth의 소비가치 이론을 중심으로. 소비자학연구. 26(1): 73-99.

전국경제인연합회, 김앤장(2021). 글로벌 기준으로 본ESG 경영 사례집 : 분야별 국내외 ESG 사례.

전기홍(2022). ESG경영이 소비자의 참여의도와 기업. 전주대학교 대학원 박사학위논문.

정진섭(2022). 기업의 ESG경영이 기업이미지, 브랜드자산 및 구매의도에 미치는 영향 : 중국 산동성 스타벅스를 중심으로. 충북대학교 대학원 석사학위논문.

지용빈, 서영욱, 박지연(2022). 소비자 변화와 ESG 경영. 크레파스북.

코다이라 류시로(2022). ESG 한번에 이해하기. 유원북스.

한경오피니언(2021.10.12). 왜 패션·자동차업계는 '비건 레더'를 주목하는가. 신문기사 인용.

한국경제신문, 한국경제매거진 전문기자(2021). ESG : K-기업 서바이벌 플랜 : 개념부터 실무까지. 한국경제신문.

한승호(2022). 중소기업에서의 ESG활동과 조직동일시가 직무만족에 미치는 영향. 건국대학교 대학원 박사학위논문.

한지인(2022). ESG 브랜딩 워크북. 북스톤.

EURO Monitor(2023). Top 10 Global Consumer Trends 2023.

Holbrook, M. B.(1999). Introduction to consumer value. Consumer value: A framework for analysis and research. pp.1-28.

Jung, G.(1961). Methods in Experimental Physics.

Kahle, L. R.(1986). The nine nations of North America and the value basis of geographic segmentation. Journal of Marketing. 50(2): 37-47.

McCrae, R. R., & Costa, P. T.(1987). Validation of the five-factor model of personality across instruments and observers. Journal of personality and social psychology. 52(1): 81.

MITEL(2023). 2023 Global Consumer Trends.

Rokeach, M.(1973). The nature of human values. Free Press.

Sheth, J. N., Newman, B. I., & Gross, B. L.(1991). Why we buy what we buy: A theory of consumption values. Journal of business research. 22(2): 159-170.

Vinson, D. E., Scott, J. E., & Lamont, L. M.(1977). The role of personal values in marketing and consumer behavior. Journal of marketing. 41(2): 44-50.

Zeithaml, V. A.(1988). Consumer perceptions of price, quality, and value: A means-end model and synthesis of evidence. Journal of marketing. 52(3): 2-22.

저자
약력

서여주

이화여자대학교 일반대학원 경영학 석사
이화여자대학교 일반대학원 소비자학 박사

前 IDS & Associates Consulting 컨설턴트
    경기연구원 연구원
    한국직업능력개발원 연구원
    과학기술정책연구원 부연구위원

現 알토스랩 대표
    을지대학교, 가천대학교, 강남대학교, 단국대학교 외래교수
    우송대학교 겸임교수

서여주 박사는 소비자에 집중된 수많은 이슈들에 관심을 가진 학자로서 최근에는 소비자가 인식하고 있는 기업의 가치, 즉 진정성(authentic)에 관한 연구를 중점적으로 진행하고 있다. 2016년 소비자정책교육학회와 2018년 고객만족경영학회에서 우수논문상을 수상하였다. 소비자행동, 소비자심리 및 문화 그리고 소비자정책에 관하여 학계는 물론 실무적 영역에서 선도적인 문제제기를 하고 있다. 대학에서는 기업과 소비자에 대한 명확한 이해를 바탕으로 강의를 진행하면서, 소비자 중심적인 시각에서 소비자 만족과 효용을 극대화하는 가교역할을 담당하고 있고, 기업이 소비자 니즈를 재빨리 확인할 수 있는 소비행동에 대한 다양하고 심층적인 정보를 수집·가공하여 소비자 후생 향상에 기여할 수 있는 정책연구 또한 꾸준히 개발하고 있다.
대표 저서로는 『고객서비스 능력 향상을 위한 고객응대실무』, 『소비자행동과 심리』, 『소비와 시장』, 『소비와 프로모션』, 『소셜미디어와 마케팅』, 『인간심리 : 개인, 상황, 관계 중심』, 『365 글로벌 매너 : 당신의 결정적 차이를 만들어 줄 법칙』 등이 있다.

저자와의
합의하에
인지첩부
생략

ESG를 생각하는 소비와 소비자

2023년 2월 20일 초판 1쇄 인쇄
2023년 2월 25일 초판 1쇄 발행

지은이 서여주
펴낸이 진욱상
펴낸곳 (주)백산출판사
교 정 성인숙
본문디자인 구효숙
표지디자인 오정은

등 록 2017년 5월 29일 제406-2017-000058호
주 소 경기도 파주시 회동길 370(백산빌딩 3층)
전 화 02-914-1621(代)
팩 스 031-955-9911
이메일 edit@ibaeksan.kr
홈페이지 www.ibaeksan.kr

ISBN 979-11-6567-628-5 93320
값 17,000원